New HSK

Complete Vocabulary Lists

levels 1, 2, 3, 4, 5, 6

HSK Academy

Copyright © 2016 HSK Academy

All rights reserved.

ISBN-10: 153325883X
ISBN-13: 978-1533258830

DEDICATION

To our followers for their outstanding
encouragement and support

CONTENTS

Introduction 1

HSK 1 2

HSK 2 6

HSK 3 10

HSK 4 17

HSK 5 31

HSK 6 61

INDEX 120

Introduction

What is the HSK?

HSK: Hànyǔ Shuǐpíng Kǎoshì (or 汉语水平考试) means literally: Test of level of Chinese. By design this is the most comprehensive proficiency test of Chinese as a second language. It tests the listening, reading, and writing skills. This test is made of six levels ranging from 1 to 6 with an increasing level of difficulty. Daily life situations are put to the test, as the criteria for the vocabulary lists for each level is the frequency of use of the words. Only mandarin and simplified vocabulary are required for the HSK.

HSK level	Number of new words introduced	Total number of words to know for the test
1	150	150
2	150	300
3	300	600
4	600	1,200
5	1,300	2,500
6	2,500	5,000

Who manages the HSK?

The HSK is designed and administered by Hanban, a Chinese public institution reporting to the Chinese Ministry of Education. Its mission is to spread the Chinese culture internationally to foreign learners through the availability of educational resources and tests.

What is HSK Academy's role?

HSK Academy provides learners of Chinese and candidates to the HSK tests with a platform of excellence available at www.hsk.academy for the vocabulary, characters, audios and quizzes, alongside regular blog articles and an active social media presence. HSK Academy is not endorsed by any institution or company regarding the Official HSK tests and cannot guarantee the accuracy or completeness of any published content, thus cannot be held responsible for any direct or indirect damages resulting from any use of it.

About this book

This book presents each list of the HSK words from level 1 to 6, plus the complete list of all the 5000 words recommended to pass the HSK tests. Each word is presented sorted in alphabetic order (based on pinyin) with:
- its index within the given list
- its writing in simplified Chinese (the traditional writing is presented in the index at the end of the book)
- its writing in pinyin (international standard for the phonetic transcription of Chinese)
- its translation in English (main meaning)

Good luck! 加油！

HSK 1

1	爱	ài	to love	22	读	dú	to read
2	八	bā	eight	23	对不起	duìbuqǐ	I'm sorry
3	爸爸	bàba	father (informal)	24	多	duō	many
4	杯子	bēizi	cup	25	多少	duōshǎo	how much
5	北京	Běijīng	Beijing	26	儿子	érzi	son
6	本	běn	origin	27	二	èr	two
7	不客气	búkèqi	you're welcome	28	饭店	fàndiàn	restaurant
8	不	bù	not (negative prefix)	29	飞机	fēijī	airplane
9	菜	cài	dish (type of food)	30	分钟	fēnzhōng	minute
10	茶	chá	tea	31	高兴	gāoxìng	happy
11	吃	chī	to eat	32	个	gè	classifier for people or objects in general
12	出租车	chūzūchē	taxi	33	工作	gōngzuò	job
13	打电话	dǎdiànhuà	to make a phone call	34	狗	gǒu	dog
14	大	dà	big	35	汉语	hànyǔ	Chinese language
15	的	de	of	36	好	hǎo	good
16	点	diǎn	a little	37	号	hào	day of a month
17	电脑	diànnǎo	computer	38	喝	hē	to drink
18	电视	diànshì	television	39	和	hé	and
19	电影	diànyǐng	movie	40	很	hěn	very
20	东西	dōngxi	thing	41	后面	hòumiàn	rear
21	都	dōu	all, both	42	回	huí	to go back

HSK 1

43	会	huì	can	66	名字	míngzi	name (of a person or thing)
44	几	jǐ	how much	67	明天	míngtiān	tomorrow
45	家	jiā	home	68	哪	nǎ	which? (interrogative, followed by classifier or numeral-classifier)
46	叫	jiào	to call				
47	今天	jīntiān	today				
48	九	jiǔ	nine				
49	开	kāi	to open / to start	69	哪儿	nǎr	where?
50	看	kàn	to look at	70	那	nà	that
51	看见	kànjiàn	to see	71	呢	ne	(question particle for subjects already mentioned)
52	块	kuài	unit of currency				
53	来	lái	to come	72	能	néng	to be able to
54	老师	lǎoshī	teacher	73	你	nǐ	you (informal)
55	了	le	(completed action marker)	74	年	nián	year
				75	女儿	nǚér	daughter
56	冷	lěng	cold	76	朋友	péngyou	friend
57	里	lǐ	inside	77	漂亮	piàoliang	pretty
58	六	liù	six	78	苹果	píngguǒ	apple
59	吗	ma	(question tag)	79	七	qī	seven
60	妈妈	māma	mum	80	前面	qiánmiàn	ahead
61	买	mǎi	to buy	81	钱	qián	coin
62	猫	māo	cat	82	请	qǐng	to ask
63	没关系	méiguānxi	it doesn't matter	83	去	qù	to go
64	没有	méiyǒu	haven't	84	热	rè	heat
65	米饭	mǐfàn	(cooked) rice	85	人	rén	man

HSK 1

86	认识	rènshi	to know
87	三	sān	three
88	商店	shāngdiàn	store
89	上	shàng	on
90	上午	shàngwǔ	morning
91	少	shǎo	few
92	谁	shéi	who
93	什么	shénme	what?
94	十	shí	ten
95	时候	shíhou	time
96	是	shì	to be
97	书	shū	book
98	水	shuǐ	water
99	水果	shuǐguǒ	fruit
100	睡觉	shuìjiào	to go to bed
101	说	shuō	to speak
102	四	sì	four
103	岁	suì	classifier for years (of age)
104	他	tā	he or him
105	她	tā	she
106	太	tài	too (much)
107	天气	tiānqì	weather
108	听	tīng	to listen
109	同学	tóngxué	(fellow) classmate
110	喂	wéi	hello (interj., esp. on telephone)
111	我	wǒ	I, me
112	我们	wǒmen	we
113	五	wǔ	five
114	喜欢	xǐhuan	to like
115	下	xià	down
116	下午	xiàwǔ	afternoon
117	下雨	xiàyǔ	to rain
118	先生	xiānsheng	Mister (Mr.)
119	现在	xiànzài	now
120	想	xiǎng	to think
121	小	xiǎo	small
122	小姐	xiǎojie	young lady
123	些	xiē	some
124	写	xiě	to write
125	谢谢	xièxie	to thank
126	星期	xīngqī	week
127	学生	xuésheng	student
128	学习	xuéxí	to learn
129	学校	xuéxiào	school
130	一	yī	one
131	一点儿	yīdiǎn er	a little (bit)

HSK 1

132	医生	yīshēng	doctor	142	这	zhè	this
133	医院	yīyuàn	hospital	143	中国	Zhōngguó	China
134	衣服	yīfu	clothes	144	中午	zhōngwǔ	noon
135	椅子	yǐzi	chair	145	住	zhù	to live
136	有	yǒu	to have	146	桌子	zhuōzi	table
137	月	yuè	month	147	字	zì	letter / character
138	再见	zàijiàn	goodbye	148	昨天	zuótiān	yesterday
139	在	zài	(located) at	149	做	zuò	to do
140	怎么	zěnme	how?	150	坐	zuò	to sit
141	怎么样	zěnmeyàng	how are things? how?				

HSK 2

#	Hanzi	Pinyin	Meaning
1	吧	bā	modal particle indicating polite suggestion
2	白	bái	white
3	百	bǎi	hundred
4	帮助	bāngzhù	assistance
5	报纸	bàozhǐ	newspaper
6	比	bǐ	particle used for comparison and '-er than'
7	别	bié	do not
8	宾馆	bīnguǎn	guesthouse
9	长	cháng	long / length
10	唱歌	chànggē	to sing a song
11	出	chū	to go out
12	穿	chuān	to wear
13	次	cì	next in sequence
14	从	cóng	from
15	错	cuò	mistake
16	打篮球	dǎlánqiú	play basketball
17	大家	dàjiā	everyone
18	到	dào	to (a place)
19	得	de	(structural particle used after a verb to indicate effect, degree, possibility etc)
20	等	děng	to wait for
21	弟弟	dìdi	younger brother
22	第一	dìyī	first
23	懂	dǒng	to understand
24	对	duì	towards
25	对	duì	right
26	房间	fángjiān	room
27	非常	fēicháng	extraordinary
28	服务员	fúwùyuán	waiter
29	高	gāo	high
30	告诉	gàosu	to tell
31	哥哥	gēge	older brother
32	给	gěi	to (someone)
33	公共汽车	gōnggòngqìchē	bus
34	公司	gōngsī	(business) company
35	贵	guì	expensive
36	过	guo	(used after a verb) to indicate the completion of an action

HSK 2

#			
37	孩子	*háizi*	child
38	还	*hái*	still
39	好吃	*hǎochī*	tasty
40	黑	*hēi*	black
41	红	*hóng*	red
42	火车站	*huǒchēzhàn*	train station
43	机场	*jīchǎng*	airport
44	鸡蛋	*jīdàn*	(chicken) egg
45	件	*jiàn*	item
46	教室	*jiàoshì*	classroom
47	姐姐	*jiějie*	older sister
48	介绍	*jièshào*	to present
49	近	*jìn*	near
50	进	*jìn*	to enter
51	就	*jiù*	just (emphasis) / simply / at once / right away
52	觉得	*juéde*	to think
53	咖啡	*kāfēi*	coffee
54	开始	*kāishǐ*	to begin
55	考试	*kǎoshì*	exam
56	可能	*kěnéng*	might (happen)
57	可以	*kěyǐ*	can
58	课	*kè*	subject
59	快	*kuài*	rapid
60	快乐	*kuàilè*	happy
61	累	*lèi*	tired
62	离	*lí*	to leave
63	两	*liǎng*	both
64	零	*líng*	zero
65	路	*lù*	road
66	旅游	*lǚyóu*	trip
67	卖	*mài*	to sell
68	慢	*màn*	slow
69	忙	*máng*	busy
70	每	*měi*	each
71	妹妹	*mèimei*	younger sister
72	门	*mén*	door / gate
73	面条	*miàntiáo*	noodles
74	男	*nán*	male
75	您	*nín*	you (polite)
76	牛奶	*niúnǎi*	cow's milk
77	女	*nǚ*	female
78	旁边	*pángbiān*	lateral
79	跑步	*pǎobù*	to walk quickly
80	便宜	*piányi*	cheap
81	票	*piào*	ticket
82	妻子	*qīzi*	wife
83	起床	*qǐchuáng*	to get up

HSK 2

84	千	qiān	thousand	106	完	wán	to finish
85	铅笔	qiānbǐ	(lead) pencil	107	玩	wán	to play
86	晴	qíng	clear / fine (weather)	108	晚上	wǎnshang	in the evening
87	去年	qùnián	last year	109	往	wǎng	to go (in a direction)
88	让	ràng	to permit	110	为什么	wèishénme	for what reason?
89	日	rì	day	111	问	wèn	to ask
90	上班	shàngbān	to go to work	112	问题	wèntí	question
91	身体	shēntǐ	(human) body	113	希望	xīwàng	to wish for
92	生病	shēngbìng	to fall ill	114	西瓜	xīguā	watermelon
93	生日	shēngrì	birthday	115	洗	xǐ	to wash
94	时间	shíjiān	time	116	小时	xiǎoshí	hour
95	事情	shìqing	affair	117	笑	xiào	laugh
96	手表	shǒubiǎo	wrist watch	118	新	xīn	new
97	手机	shǒujī	cell phone	119	姓	xìng	family name
98	说话	shuōhuà	to speak	120	休息	xiūxi	rest
99	送	sòng	to deliver	121	雪	xuě	snow
100	虽然...但是...	suīrán...dànshì...	although...still...	122	颜色	yánsè	color
101	它	tā	it (inanimate thing or animal)	123	眼睛	yǎnjing	eye
				124	羊肉	yángròu	mutton
102	踢足球	tīzúqiú	play soccer (football)	125	药	yào	medicine
103	题	tí	topic	126	要	yào	to want
104	跳舞	tiàowǔ	to dance	127	也	yě	also
105	外	wài	outside	128	一下	yīxià	(used after a verb) give it a go

#	汉字	Pinyin	English
129	已经	yǐjīng	already
130	一起	yìqǐ	together
131	意思	yìsi	idea
132	因为...所以...	yīnwèi... suǒyǐ...	because... thus...
133	阴	yīn	overcast (weather)
134	游泳	yóuyǒng	swim
135	右边	yòubian	right side
136	鱼	yú	fish
137	远	yuǎn	far
138	运动	yùndòng	movement
139	再	zài	again
140	早上	zǎoshang	early morning
141	丈夫	zhàngfu	husband
142	找	zhǎo	to try to find
143	着	zhe	particle (after verb) to indicate action in progress, like -ing ending
144	真	zhēn	really
145	正在	zhèngzài	in the process of (doing something or happening)
146	知道	zhīdào	to know
147	准备	zhǔnbèi	preparation / to prepare
148	走	zǒu	to walk
149	最	zuì	most
150	左边	zuǒbian	left

HSK 3

#	汉字	Pinyin	Meaning
1	啊	a	modal particle ending sentence, showing affirmation, approval, or consent
2	阿姨	āyí	maternal aunt
3	矮	ǎi	low / short (of stature)
4	爱好	àihào	interest
5	安静	ānjìng	quiet
6	把	bǎ	to hold
7	搬	bān	to move
8	班	bān	team
9	办法	bànfǎ	means
10	办公室	bàngōngshì	an office
11	半	bàn	half
12	帮忙	bāngmáng	to help
13	包	bāo	to cover
14	饱	bǎo	to eat till full
15	北方	běifāng	north
16	被	bèi	by (indicates passive-voice sentences or clauses)
17	鼻子	bízi	nose
18	比较	bǐjiào	compare
19	比赛	bǐsài	competition (sports etc)
20	笔记本	bǐjìběn	notebook
21	必须	bìxū	to have to
22	变化	biànhuà	change
23	别人	biérén	others
24	冰箱	bīngxiāng	icebox / refrigerator
25	不但...而且...	bùdàn... érqiě...	not only ... but also...
26	菜单	càidān	menu
27	参加	cānjiā	to participate
28	草	cǎo	grass
29	层	céng	layer
30	差	chà	differ from
31	超市	chāoshì	supermarket (abbr.)
32	衬衫	chènshān	shirt
33	城市	chéngshì	city
34	成绩	chéngjì	achievement
35	迟到	chídào	to arrive late
36	除了	chúle	besides
37	船	chuán	a boat
38	春	chūn	spring (time)
39	词典	cídiǎn	dictionary (of Chinese compound words)

HSK 3

40	聪明	cōngming	acute (of sight and hearing)
41	打扫	dǎsǎo	to clean
42	打算	dǎsuàn	to plan
43	带	dài	band
44	担心	dānxīn	anxious
45	蛋糕	dàngāo	cake
46	当然	dāngrán	of course
47	地 (adv)	de	-ly (used after an adverbial)
48	灯	dēng	lamp
49	地方	dìfang	region
50	地铁	dìtiě	subway
51	地图	dìtú	map
52	电梯	diàntī	elevator
53	电子邮件	diànzǐyóujiàn	electronic mail
54	东	dōng	east
55	冬	dōng	winter
56	动物	dòngwù	animal
57	短	duǎn	short or brief
58	段	duàn	paragraph
59	锻炼	duànliàn	to engage in physical exercise
60	多么	duōme	how (wonderful etc)
61	饿	è	to be hungry
62	耳朵	ěrduo	ear
63	发	fā	to send out / hair
64	发烧	fāshāo	have a high temperature (from illness)
65	发现	fāxiàn	to find
66	方便	fāngbiàn	convenient
67	放	fàng	to release
68	放心	fàngxīn	to set one's mind at rest
69	分	fēn	to divide
70	复习	fùxí	to revise
71	附近	fùjìn	(in the) vicinity / nearby
72	干净	gānjìng	clean / neat and tidy
73	感冒	gǎnmào	to catch cold
74	感兴趣	gǎn xìngqù	to be interested
75	刚才	gāngcái	just now
76	个子	gèzi	height
77	根据	gēnjù	according to
78	跟	gēn	with (someone)
79	更	gèng	more
80	公斤	gōngjīn	kilogram (kg)
81	公园	gōngyuán	public park
82	故事	gùshi	story
83	刮风	guāfēng	to be windy
84	关	guān	to close

HSK 3

85	关系	guānxì	relationship (network)	108	几乎	jīhū	almost
86	关心	guānxīn	to care for sth	109	机会	jīhuì	opportunity
87	关于	guānyú	pertaining to	110	极	jí	extremely
88	国家	guójiā	country	111	季节	jìjié	time
89	过	guò	to cross	112	记得	jìde	to remember
90	过去	guòqu	(in the) past	113	检查	jiǎnchá	inspection
91	还是	háishì	or	114	简单	jiǎndān	simple
92	害怕	hàipà	to be afraid	115	健康	jiànkāng	health
93	黑板	hēibǎn	blackboard	116	见面	jiànmiàn	to meet
94	后来	hòulái	afterwards	117	讲	jiǎng	to explain
95	护照	hùzhào	passport	118	教	jiāo	to teach
96	花	huā	to blossom	119	脚	jiǎo	foot
97	花	huā	flower	120	角	jiǎo	horn / angle / corner / 0.10 yuan
98	画	huà	to draw	121	接	jiē	to receive
99	坏	huài	bad	122	街道	jiēdào	street
100	欢迎	huānyíng	to welcome	123	结婚	jiéhūn	to marry
101	环境	huánjìng	environment	124	结束	jiéshù	to finish
102	还	huán	to come back	125	节目	jiémù	program
103	换	huàn	change	126	节日	jiérì	holiday
104	黄河	huánghé	Yellow River	127	解决	jiějué	to settle (a dispute)
105	回答	huídá	to reply	128	借	jiè	to lend
106	会议	huìyì	meeting	129	经常	jīngcháng	day to day
107	或者	huòzhě	or	130	经过	jīngguò	to pass

HSK 3

131	经理	jīnglǐ	manager	154	了解	liǎojiě	to understand
132	久	jiǔ	(long) time	155	邻居	línjū	neighbor
133	旧	jiù	old / former	156	留学	liúxué	to study abroad
134	句子	jùzi	sentence	157	楼	lóu	house with more than 1 story
135	决定	juédìng	to decide (to do something)	158	绿	lǜ	green
136	可爱	kěài	amiable	159	马	mǎ	horse
137	渴	kě	thirsty	160	马上	mǎshàng	right away
138	刻	kè	quarter (hour)	161	满意	mǎnyì	satisfied
139	客人	kèrén	visitor	162	帽子	màozi	hat
140	空调	kōngtiáo	air conditioning	163	米	mǐ	rice
141	口	kǒu	mouth	164	面包	miànbāo	bread
142	哭	kū	to cry	165	明白	míngbai	to understand (clearly)
143	裤子	kùzi	trousers	166	拿	ná	to hold
144	筷子	kuàizi	chopsticks	167	奶奶	nǎinai	(informal) father's mother
145	蓝	lán	blue	168	南	nán	south
146	老	lǎo	old (of people)	169	难	nán	difficult (to...)
147	离开	líkāi	to depart	170	难过	nánguò	feel sorry
148	礼物	lǐwù	gift	171	年级	niánjí	grade
149	历史	lìshǐ	History	172	年轻	niánqīng	young
150	脸	liǎn	face	173	鸟	niǎo	bird
151	练习	liànxí	exercise	174	努力	nǔlì	great effort
152	辆	liàng	classifier for vehicles	175	爬山	páshān	to climb a mountain
153	聊天	liáotiān	to chat	176	盘子	pánzi	plate

HSK 3

177	胖	pàng	fat
178	啤酒	píjiǔ	beer
179	皮鞋	píxié	leather shoes
180	瓶子	píngzi	bottle
181	其实	qíshí	actually
182	其他	qítā	other / the rest
183	奇怪	qíguài	strange
184	骑	qí	to ride (an animal or bike)
185	起飞	qǐfēi	to take off (in an airplane)
186	起来	qǐlái	beginning or continuing an action
187	清楚	qīngchu	(be) clear (about) / to understand
188	请假	qǐngjià	ask for time off
189	秋	qiū	autumn
190	裙子	qúnzi	skirt
191	然后	ránhòu	then (afterwards)
192	热情	rèqíng	cordial
193	认为	rènwéi	to believe
194	认真	rènzhēn	conscientious
195	容易	róngyì	easy
196	如果	rúguǒ	if
197	伞	sǎn	umbrella
198	上网	shàngwǎng	to be on the internet
199	声音	shēngyīn	voice
200	生气	shēngqì	angry
201	世界	shìjiè	world
202	试	shì	to test
203	瘦	shòu	tight
204	叔叔	shūshu	father's younger brother
205	舒服	shūfu	comfortable
206	数学	shùxué	mathematics
207	树	shù	tree
208	刷牙	shuāyá	to brush teeth
209	双	shuāng	pair / double
210	水平	shuǐpíng	level (of achievement etc)
211	司机	sījī	driver / chauffeur
212	太阳	tàiyáng	sun
213	特别	tèbié	especially
214	疼	téng	(it) hurts
215	提高	tígāo	to raise
216	体育	tǐyù	sports
217	甜	tián	sweet / honeyed
218	条	tiáo	strip / item / classifier for long thin things
219	同事	tóngshì	colleague
220	同意	tóngyì	to agree
221	头发	tóufa	hair (on the head)

HSK 3

222	突然	tūrán	sudden / suddenly	245	新闻	xīnwén	news
223	图书馆	túshūguǎn	library	246	新鲜	xīnxiān	fresh (experience, food etc)
224	腿	tuǐ	leg	247	信用卡	xìnyòngkǎ	credit card
225	完成	wánchéng	complete	248	行李箱	xínglixiāng	suitcase
226	碗	wǎn	bowl	249	熊猫	xióngmāo	panda
227	万	wàn	ten thousand	250	需要	xūyào	to need
228	忘记	wàngjì	to forget	251	选择	xuǎnzé	to select
229	为	wèi	because of	252	要求	yāoqiú	to request
230	为了	wèile	in order to	253	爷爷	yéye	(informal) father's father
231	位	wèi	position	254	一直	yīzhí	straight (in a straight line)
232	文化	wénhuà	culture	255	一定	yídìng	surely
233	西	xī	west	256	一共	yígòng	altogether
234	习惯	xíguàn	habit	257	一会儿	yíhuìr	a while
235	洗手间	xǐshǒujiān	toilet	258	一样	yíyàng	same
236	洗澡	xǐzǎo	to bathe	259	以前	yǐqián	before
237	夏	xià	summer	260	一般	yìbān	ordinary
238	先	xiān	early	261	一边	yìbiān	one side
239	相信	xiāngxìn	be convinced (that something is true)	262	音乐	yīnyuè	music
240	香蕉	xiāngjiāo	banana	263	银行	yínháng	bank
241	像	xiàng	(look) like	264	饮料	yǐnliào	(a) drink
242	向	xiàng	direction	265	应该	yīnggāi	ought to
243	小心	xiǎoxīn	to be careful	266	影响	yǐngxiǎng	influence
244	校长	xiàozhǎng	(college, university) president	267	用	yòng	to use

HSK 3

268	游戏	yóuxì	game
269	有名	yǒumíng	famous
270	又	yòu	(once) again
271	遇到	yùdào	to meet
272	元	yuán	Yuan (RMB) / first
273	愿意	yuànyì	to wish
274	月亮	yuèliang	moon
275	越	yuè	to exceed
276	站	zhàn	station
277	张	zhāng	classifier for flat objects, sheet
278	长	zhǎng	elder / older / to grow
279	着急	zháojí	to worry
280	照顾	zhàogu	to take care of
281	照片	zhàopiàn	photo
282	照相机	zhàoxiàngjī	camera
283	只 (adv)	zhǐ	only
284	只	zhī	single / one only
285	只有…才…	zhǐyǒu… cái…	only if… then…
286	中间	zhōngjiān	between
287	中文	Zhōngwén	Chinese written language
288	终于	zhōngyú	at last
289	种	zhǒng	kind
290	重要	zhòngyào	important
291	周末	zhōumò	weekend
292	主要	zhǔyào	main
293	注意	zhùyì	to take note of
294	自己	zìjǐ	self
295	自行车	zìxíngchē	bicycle
296	总是	zǒngshì	always
297	嘴	zuǐ	mouth
298	最后	zuìhòu	final
299	最近	zuìjìn	recent
300	作业	zuòyè	school assignment

HSK 4

#				#			
1	爱情	àiqíng	romance	22	表示	biǎoshì	to express
2	安排	ānpái	to arrange	23	表演	biǎoyǎn	play
3	安全	ānquán	safe	24	表扬	biǎoyáng	to praise
4	按时	ànshí	on time	25	饼干	bǐnggān	biscuit
5	按照	ànzhào	according to	26	并且	bìngqiě	moreover
6	百分之	bǎi fēn zhī	percent	27	博士	bóshì	doctor
7	棒	bàng	a stick	28	不过	búguò	only
8	包子	bāozi	steamed stuffed bun	29	不得不	bùdébù	have no choice or option but to
9	保护	bǎohù	to protect	30	不管	bùguǎn	no matter (what, how)
10	保证	bǎozhèng	guarantee	31	不仅	bùjǐn	not only (this one)
11	报名	bàomíng	to sign up	32	部分	bùfen	part
12	抱	bào	to hold	33	擦	cā	to wipe
13	抱歉	bàoqiàn	sorry	34	猜	cāi	to guess
14	倍	bèi	(two, three etc) - fold	35	材料	cáiliào	material
15	本来	běnlái	original	36	参观	cānguān	to look around
16	笨	bèn	stupid	37	餐厅	cāntīng	dining-hall
17	比如	bǐrú	for example	38	厕所	cèsuǒ	toilet
18	毕业	bìyè	to graduate	39	差不多	chàbuduō	almost
19	遍	biàn	a time	40	尝	cháng	to try (to taste)
20	标准	biāozhǔn	(an official) standard	41	长城	Chángchéng	the Great Wall
21	表格	biǎogé	form	42	长江	Chángjiāng	Changjiang river

HSK 4

43	场	chǎng	large place used for a specific purpose	65	打扮	dǎban	to decorate
44	超过	chāoguò	to surpass	66	打扰	dǎrǎo	to disturb
45	乘坐	chéngzuò	to ride (in a vehicle)	67	打印	dǎyìn	to print
46	成功	chénggōng	success	68	打招呼	dǎzhāohu	to greet sb by word or action
47	成为	chéngwéi	to become	69	打折	dǎzhé	to give a discount
48	诚实	chéngshí	honest	70	打针	dǎzhēn	to give or have an injection
49	吃惊	chījīng	to be startled	71	大概	dàgài	roughly
50	重新	chóngxīn	again	72	大使馆	dàshǐguǎn	embassy
51	抽烟	chōuyān	to smoke (a cigarette, tobacco)	73	大约	dàyuē	approximately
52	出差	chūchāi	to go on an official or business trip	74	大夫	dàifu	doctor
53	出发	chūfā	to start out	75	戴	dài	to put on or wear (glasses, hat, gloves etc)
54	出生	chūshēng	to be born				
55	出现	chūxiàn	to appear	76	当	dāng	to be
56	厨房	chúfáng	kitchen	77	当时	dāngshí	then
57	传真	chuánzhēn	fax	78	刀	dāo	knife
58	窗户	chuānghu	window	79	导游	dǎoyóu	tour guide
59	词语	cíyǔ	word (general term including monosyllables through to short phrases)	80	倒	dào	to move backwards
				81	到处	dàochù	in all places
				82	到底	dàodǐ	finally
60	从来	cónglái	always	83	道歉	dàoqiàn	to apologize
61	粗心	cūxīn	careless	84	得	dé	to have to
62	存	cún	exist	85	得意	déyì	proud of oneself
63	错误	cuòwù	error	86	登机牌	dēngjīpái	boarding pass
64	答案	dáàn	answer	87	等	děng	class

HSK 4

88	低	*dī*	low
89	底	*dǐ*	background
90	地点	*dìdiǎn*	place
91	地球	*dìqiú*	the Earth
92	地址	*dìzhǐ*	address
93	掉	*diào*	to fall
94	调查	*diàochá*	investigation
95	丢	*diū*	to lose
96	动作	*dòngzuò*	movement
97	堵车	*dǔchē*	traffic jam
98	肚子	*dùzi*	belly
99	短信	*duǎnxìn*	text message
100	对话	*duìhuà*	dialog
101	对面	*duìmiàn*	opposite
102	对于	*duìyú*	regarding
103	儿童	*értóng*	child
104	而	*ér*	yet (not)
105	发生	*fāshēng*	to happen
106	发展	*fāzhǎn*	development
107	法律	*fǎlǜ*	law
108	翻译	*fānyì*	to translate
109	烦恼	*fánnǎo*	agonize
110	反对	*fǎnduì*	to fight against
111	方法	*fāngfǎ*	method
112	方面	*fāngmiàn*	respect
113	方向	*fāngxiàng*	direction
114	房东	*fángdōng*	landlord
115	放弃	*fàngqì*	to renounce
116	放暑假	*fàngshǔjià*	take summer vacation
117	放松	*fàngsōng*	to loosen
118	份	*fèn*	part
119	丰富	*fēngfù*	rich
120	否则	*fǒuzé*	if not
121	符合	*fúhé*	in keeping with
122	付款	*fùkuǎn*	pay
123	复印	*fùyìn*	to photocopy
124	复杂	*fùzá*	complicated
125	富	*fù*	rich
126	父亲	*fùqīn*	father
127	负责	*fùzé*	to be in charge of
128	改变	*gǎibiàn*	to change
129	干杯	*gānbēi*	to drink a toast
130	感动	*gǎndòng*	to move (sb)
131	感觉	*gǎnjué*	to feel
132	感情	*gǎnqíng*	feeling
133	感谢	*gǎnxiè*	(express) thanks
134	敢	*gǎn*	to dare
135	赶	*gǎn*	to overtake

HSK 4

136	干	gàn	to do (some work)
137	刚	gāng	just
138	高速公路	gāosùgōnglù	expressway
139	胳膊	gēbo	arm
140	各	gè	each
141	公里	gōnglǐ	kilometer
142	功夫	gōngfu	skill
143	工资	gōngzī	wages
144	共同	gòngtóng	common
145	够	gòu	to reach
146	购物	gòuwù	shopping
147	估计	gūjì	to estimate
148	鼓励	gǔlì	to encourage
149	故意	gùyì	deliberately
150	顾客	gùkè	client
151	挂	guà	to hang or suspend (from a hook etc)
152	关键	guānjiàn	crucial point
153	观众	guānzhòng	spectators
154	管理	guǎnlǐ	to supervise
155	光	guāng	light (ray)
156	广播	guǎngbō	broadcast
157	广告	guǎnggào	to advertise
158	逛	guàng	to stroll
159	规定	guīdìng	to stipulate
160	国籍	guójí	nationality
161	国际	guójì	international
162	果汁	guǒzhī	fruit juice
163	过程	guòchéng	course of events
164	海洋	hǎiyáng	ocean
165	害羞	hàixiū	blush
166	寒假	hánjià	winter vacation
167	汗	hàn	perspiration
168	航班	hángbān	scheduled flight
169	好处	hǎochu	benefit
170	好像	hǎoxiàng	as if
171	号码	hàomǎ	number
172	合格	hégé	qualified
173	合适	héshì	suitable
174	盒子	hézi	case
175	厚	hòu	thick
176	后悔	hòuhuǐ	to regret
177	互联网	hùliánwǎng	the Internet
178	互相	hùxiāng	each other
179	护士	hùshi	nurse
180	怀疑	huáiyí	to suspect
181	回忆	huíyì	to recall
182	活动	huódòng	to exercise
183	活泼	huópo	lively

HSK 4

184	火	huǒ	fire	207	将来	jiānglái	in the future
185	获得	huòdé	to obtain	208	奖金	jiǎngjīn	award money
186	基础	jīchǔ	base	209	降低	jiàngdī	to reduce
187	激动	jīdòng	to excite	210	降落	jiàngluò	to descend
188	积极	jījí	active	211	交	jiāo	to hand over
189	积累	jīlěi	to accumulate	212	交流	jiāoliú	exchange
190	即使	jíshǐ	even if	213	交通	jiāotōng	traffic
191	及时	jíshí	in time	214	郊区	jiāoqū	suburban district
192	寄	jì	to live (in a house)	215	骄傲	jiāoào	arrogant
193	技术	jìshù	technology	216	饺子	jiǎozi	dumpling
194	既然	jìrán	since	217	教授	jiàoshòu	professor
195	继续	jìxù	to continue	218	教育	jiàoyù	to educate
196	计划	jìhuà	plan	219	接受	jiēshòu	to accept
197	记者	jìzhě	reporter	220	接着	jiēzhe	to catch and hold on
198	加班	jiābān	to work overtime	221	结果	jiéguǒ	result
199	加油站	jiāyóuzhàn	gas station	222	节	jié	festival
200	家具	jiājù	furniture	223	节约	jiéyuē	to economize
201	假	jiǎ	fake	224	解释	jiěshì	explanation
202	价格	jiàgé	price	225	尽管	jǐnguǎn	despite
203	坚持	jiānchí	to continue upholding	226	紧张	jǐnzhāng	nervous
204	减肥	jiǎnféi	to lose weight	227	禁止	jìnzhǐ	to prohibit
205	减少	jiǎnshǎo	to lessen	228	进行	jìnxíng	to advance
206	建议	jiànyì	to propose	229	京剧	Jīngjù	Beijing opera
				230	精彩	jīngcǎi	splendid

#	汉字	Pinyin	English
231	经济	jīngjì	economy
232	经历	jīnglì	experience
233	经验	jīngyàn	to experience
234	景色	jǐngsè	scenery
235	警察	jǐngchá	police
236	竞争	jìngzhēng	to compete
237	竟然	jìngrán	unexpectedly
238	镜子	jìngzi	mirror
239	究竟	jiūjìng	after all (when all is said and done)
240	举	jǔ	to lift
241	举办	jǔbàn	to conduct
242	举行	jǔxíng	to hold (a meeting, ceremony etc)
243	拒绝	jùjué	to refuse
244	聚会	jùhuì	party
245	距离	jùlí	distance
246	开玩笑	kāiwánxiào	to play a joke
247	开心	kāixīn	to feel happy
248	看法	kànfǎ	way of looking at a thing
249	烤鸭	kǎoyā	roast duck
250	考虑	kǎolǜ	to think over
251	棵	kē	classifier for trees, cabbages, plants etc
252	科学	kēxué	science
253	咳嗽	késou	to cough
254	可怜	kělián	pitiful
255	可是	kěshì	but
256	可惜	kěxī	it is a pity
257	客厅	kètīng	drawing room (room for arriving guests)
258	肯定	kěndìng	to be sure
259	空	kōng	to empty
260	空气	kōngqì	air
261	恐怕	kǒngpà	to fear
262	苦	kǔ	bitter
263	矿泉水	kuàngquánshuǐ	mineral spring water
264	困	kùn	to be trapped / stranded / to surround
265	困难	kùnnan	(financial etc) difficulty
266	垃圾桶	lājītǒng	rubbish bin
267	拉	lā	to pull
268	辣	là	hot (spicy)
269	来不及	láibují	there's not enough time (to do sth)
270	来得及	láidejí	there's still time
271	来自	láizì	to come from (a place)
272	懒	lǎn	lazy
273	浪费	làngfèi	to waste
274	浪漫	làngmàn	romantic

#	汉字	pinyin	English	#	汉字	pinyin	English
275	老虎	lǎohǔ	tiger	298	马虎	mǎhu	careless
276	冷静	lěngjìng	calm	299	满	mǎn	full
277	理发	lǐfà	a barber	300	毛	máo	hair
278	理解	lǐjiě	to comprehend	301	毛巾	máojīn	towel
279	理想	lǐxiǎng	a dream	302	美丽	měilì	beautiful
280	礼拜天	lǐbàitiān	Sunday	303	梦	mèng	dream
281	礼貌	lǐmào	courtesy	304	迷路	mílù	to lose the way
282	例如	lìrú	for example	305	密码	mìmǎ	code
283	力气	lìqi	strength	306	免费	miǎnfèi	free (of charge)
284	厉害	lìhai	difficult to deal with	307	秒	miǎo	second (of time)
285	俩	liǎ	two (colloquial equivalent of 两个)	308	民族	mínzú	nationality
286	联系	liánxì	connection	309	母亲	mǔqīn	mother
287	连	lián	to link	310	目的	mùdì	purpose
288	凉快	liángkuai	nice and cold	311	耐心	nàixīn	to be patient
289	零钱	língqián	change (of money)	312	难道	nándào	don't tell me...
290	另外	lìngwài	additional	313	难受	nánshòu	to feel unwell
291	流利	liúlì	fluent	314	内	nèi	inside
292	流行	liúxíng	to spread	315	内容	nèiróng	content
293	留	liú	to retain	316	能力	nénglì	capability
294	旅行	lǚxíng	to travel	317	年龄	niánlíng	(a person's) age
295	乱	luàn	in confusion or disorder	318	弄	nòng	to do (to manage)
296	律师	lǜshī	lawyer	319	暖和	nuǎnhuo	warm (weather)
297	麻烦	máfan	inconvenient	320	偶尔	ǒuěr	occasionally
				321	排队	páiduì	to line up

#	汉字	拼音	英文	#	汉字	拼音	英文
322	排列	páiliè	to arrange	345	轻	qīng	light (not heavy)
323	判断	pànduàn	to decide	346	轻松	qīngsōng	gentle
324	陪	péi	to accompany	347	情况	qíngkuàng	circumstances
325	批评	pīpíng	to criticize	348	穷	qióng	exhausted
326	皮肤	pífū	skin	349	区别	qūbié	difference
327	脾气	píqi	temperament	350	取	qǔ	to take
328	篇	piān	piece of writing	351	全部	quánbù	whole
329	骗	piàn	to cheat	352	缺点	quēdiǎn	weak point
330	乒乓球	pīngpāngqiú	table tennis	353	缺少	quēshǎo	lack
331	平时	píngshí	in normal times	354	却	què	but
332	破	pò	broken	355	确实	quèshí	indeed
333	葡萄	pútao	grape	356	然而	ránér	however
334	普遍	pǔbiàn	universal	357	热闹	rènao	bustling with noise and excitement
335	普通话	pǔtōnghuà	Mandarin (common language)	358	任何	rènhé	any
336	其次	qícì	next	359	任务	rènwu	mission
337	其中	qízhōng	among	360	扔	rēng	to throw
338	气候	qìhòu	climate	361	仍然	réngrán	still
339	千万	qiānwàn	ten million	362	日记	rìjì	diary
340	签证	qiānzhèng	visa	363	入口	rùkǒu	entrance
341	敲	qiāo	extort	364	散步	sànbù	to take a walk
342	桥	qiáo	bridge	365	森林	sēnlín	forest
343	巧克力	qiǎokèlì	chocolate (loanword)	366	沙发	shāfā	sofa
344	亲戚	qīnqi	a relative (i.e. family relation)	367	伤心	shāngxīn	to grieve
				368	商量	shāngliang	to consult

HSK 4

#	汉字	Pinyin	English	#	汉字	Pinyin	English
369	稍微	shāowēi	a little bit	393	收入	shōurù	to take in
370	勺子	sháozi	scoop	394	收拾	shōushi	to put in order
371	社会	shèhuì	society	395	首都	shǒudū	capital (city)
372	深	shēn	deep	396	首先	shǒuxiān	first (of all)
373	申请	shēnqǐng	to apply for sth	397	受不了	shòubùliǎo	unbearable
374	甚至	shènzhì	so much so that	398	受到	shòudào	to suffer
375	生活	shēnghuó	life	399	售货员	shòuhuòyuán	salesperson
376	生命	shēngmìng	life	400	输	shū	to transport / to lose
377	生意	shēngyì	life force	401	熟悉	shúxī	to be familiar with
378	省	shěng	to do without	402	数量	shùliàng	quantity
379	剩	shèng	to remain	403	数字	shùzì	numeral
380	失败	shībài	to be defeated	404	帅	shuài	handsome
381	失望	shīwàng	disappointed	405	顺便	shùnbiàn	conveniently
382	师傅	shīfu	master	406	顺利	shùnlì	smoothly
383	十分	shífēn	to divide into ten equal parts	407	顺序	shùnxù	sequence
384	实际	shíjì	actual	408	说明	shuōmíng	to explain
385	实在	shízài	in reality	409	硕士	shuòshì	master's degree
386	使	shǐ	to cause	410	死	sǐ	to die
387	使用	shǐyòng	to use	411	塑料袋	sùliàodài	plastic bag
388	世纪	shìjì	century	412	速度	sùdù	speed
389	是否	shìfǒu	whether (or not)	413	酸	suān	sour
390	适合	shìhé	to fit	414	随便	suíbiàn	as one wishes
391	适应	shìyìng	to suit	415	随着	suízhe	along with
392	收	shōu	to receive	416	孙子	sūnzi	grandson (paternal)

HSK 4

417	所有	suǒyǒu	all / to possess
418	台	tái	desk
419	抬	tái	to lift
420	态度	tàidu	manner
421	弹钢琴	tángāngqín	play the piano
422	谈	tán	to discuss
423	汤	tāng	soup
424	糖	táng	sugar
425	躺	tǎng	to recline
426	趟	tàng	quantifier for the number of trips or runs made
427	讨论	tǎolùn	to talk over
428	讨厌	tǎoyàn	to dislike
429	特点	tèdiǎn	characteristic (feature)
430	提	tí	to carry
431	提供	tígōng	to supply
432	提前	tíqián	to shift to an earlier date
433	提醒	tíxǐng	to call attention to
434	填空	tiánkòng	to fill a job vacancy / to fill in a blank
435	条件	tiáojiàn	circumstances
436	停	tíng	to halt
437	挺	tǐng	to (physically) straighten up
438	通过	tōngguò	to pass through
439	通知	tōngzhī	to notify
440	同情	tóngqíng	compassion
441	同时	tóngshí	at the same time
442	推	tuī	to push
443	推迟	tuīchí	to postpone
444	脱	tuō	to shed
445	袜子	wàzi	socks
446	完全	wánquán	complete
447	往往	wǎngwǎng	often
448	网球	wǎngqiú	tennis
449	网站	wǎngzhàn	website
450	危险	wēixiǎn	danger
451	卫生间	wèishēngjiān	bathroom
452	味道	wèidào	flavor
453	温度	wēndù	temperature
454	文章	wénzhāng	article
455	污染	wūrǎn	pollution
456	无	wú	un- / -less / not to have / no / none / not
457	无聊	wúliáo	nonsense
458	无论	wúlùn	no matter what or how
459	误会	wùhuì	to misunderstand
460	吸引	xīyǐn	to attract (interest, investment etc)
461	西红柿	xīhóngshì	tomato

HSK 4

462	咸	*xián*	salty
463	现金	*xiànjīn*	cash
464	羡慕	*xiànmù*	envious
465	相反	*xiāngfǎn*	opposite
466	相同	*xiāngtóng*	identical
467	香	*xiāng*	fragrant
468	详细	*xiángxì*	detailed
469	响	*xiǎng*	to make a sound
470	橡皮	*xiàngpí*	rubber
471	消息	*xiāoxi*	news
472	小吃	*xiǎochī*	snack
473	小伙子	*xiǎohuǒzi*	lad
474	小说	*xiǎoshuō*	novel
475	效果	*xiàoguǒ*	result
476	笑话	*xiàohuà*	joke
477	心情	*xīnqíng*	mood
478	辛苦	*xīnkǔ*	hard
479	信封	*xìnfēng*	envelope
480	信息	*xìnxī*	information
481	信心	*xìnxīn*	confidence
482	兴奋	*xīngfèn*	excited
483	行	*xíng*	to walk
484	醒	*xǐng*	to wake up
485	幸福	*xìngfú*	happiness
486	性别	*xìngbié*	gender
487	性格	*xìnggé*	nature (temperament)
488	修理	*xiūlǐ*	to repair
489	许多	*xǔduō*	a great deal of
490	学期	*xuéqī*	school term
491	呀	*ya*	(particle equivalent to 啊 after a vowel, expressing surprise or doubt)
492	压力	*yālì*	pressure
493	牙膏	*yágāo*	toothpaste
494	亚洲	*Yàzhōu*	Asia
495	严格	*yángé*	strict
496	严重	*yánzhòng*	serious
497	盐	*yán*	salt
498	研究	*yánjiū*	research
499	演出	*yǎnchū*	to act (in a play)
500	演员	*yǎnyuán*	actor or actress
501	眼镜	*yǎnjìng*	spectacles
502	阳光	*yángguāng*	sunlight
503	养成	*yǎngchéng*	to cultivate
504	样子	*yàngzi*	manner
505	邀请	*yāoqǐng*	to invite
506	要是	*yàoshi*	if
507	钥匙	*yàoshi*	key

HSK 4

508	也许	yěxǔ	perhaps	532	有趣	yǒuqù	interesting
509	叶子	yèzi	foliage	533	于是	yúshì	thereupon
510	页	yè	page	534	愉快	yúkuài	cheerful
511	一切	yīqiè	everything	535	与	yǔ	to give
512	以	yǐ	to use as	536	羽毛球	yǔmáoqiú	badminton
513	以为	yǐwéi	to believe	537	语法	yǔfǎ	grammar
514	意见	yìjiàn	opinion	538	语言	yǔyán	language
515	艺术	yìshù	art	539	预习	yùxí	to prepare a lesson
516	因此	yīncǐ	consequently	540	原来	yuánlái	original
517	引起	yǐnqǐ	to give rise to	541	原谅	yuánliàng	to excuse
518	印象	yìnxiàng	impression	542	原因	yuányīn	cause
519	赢	yíng	to win	543	约会	yuēhuì	appointment
520	应聘	yìngpìn	to accept a job offer	544	阅读	yuèdú	to read
521	勇敢	yǒnggǎn	brave	545	云	yún	cloud
522	永远	yǒngyuǎn	forever	546	允许	yǔnxǔ	to permit
523	优点	yōudiǎn	merit	547	杂志	zázhì	magazine
524	优秀	yōuxiù	outstanding	548	咱们	zánmen	we or us (including both the speaker and the person(s) spoken to)
525	幽默	yōumò	humor				
526	尤其	yóuqí	especially	549	暂时	zànshí	temporary
527	由	yóu	to follow	550	脏	zāng	dirty
528	由于	yóuyú	due to	551	责任	zérèn	responsibility
529	邮局	yóujú	post office	552	增加	zēngjiā	to raise / to increase
530	友好	yǒuhǎo	friendly	553	占线	zhànxiàn	busy (telephone)
531	友谊	yǒuyì	companionship				

#	汉字	Pinyin	English
554	招聘	zhāopìn	recruitment
555	照	zhào	according to
556	真正	zhēnzhèng	genuine
557	整理	zhěnglǐ	to arrange
558	正常	zhèngcháng	regular
559	正好	zhènghǎo	just (in time)
560	正确	zhèngquè	correct
561	正式	zhèngshì	formal
562	证明	zhèngmíng	proof
563	之	zhī	(possessive particle, literary equivalent of 的)
564	支持	zhīchí	to be in favor of
565	知识	zhīshi	intellectual
566	值得	zhíde	to be worth
567	植物	zhíwù	botanical
568	直接	zhíjiē	direct
569	职业	zhíyè	occupation
570	只好	zhǐhǎo	without any better option
571	只要	zhǐyào	if only
572	指	zhǐ	finger
573	至少	zhìshǎo	at least
574	质量	zhìliàng	quality
575	重	zhòng	heavy
576	重点	zhòngdiǎn	emphasis
577	重视	zhòngshì	to attach importance to sth
578	周围	zhōuwéi	surroundings
579	主意	zhǔyi	plan
580	祝贺	zhùhè	to congratulate
581	著名	zhùmíng	famous
582	专门	zhuānmén	specialist
583	专业	zhuānyè	specialty
584	转	zhuǎn	to turn
585	赚	zhuàn	earn
586	准确	zhǔnquè	accurate
587	准时	zhǔnshí	on time
588	仔细	zǐxì	careful
589	自然	zìrán	at ease / free from affectation
590	自信	zìxìn	confidence
591	总结	zǒngjié	to sum up
592	租	zū	to rent
593	最好	zuìhǎo	best
594	尊重	zūnzhòng	esteem
595	左右	zuǒyòu	approximately
596	作家	zuòjiā	author
597	作用	zuòyòng	to act on
598	作者	zuòzhě	writer

599	座	zuò	seat / classifier for buildings, mountains and similar immovable objects	600	座位	zuòwèi	a place to sit

HSK 5

1	哎	āi	hey!	22	保险	bǎoxiǎn	insurance
2	唉	āi	(interjection to express agreement or recognition)	23	宝贝	bǎobèi	treasured object
				24	宝贵	bǎoguì	valuable
3	爱护	àihù	to take care of	25	报到	bàodào	to check in
4	爱惜	àixī	to cherish	26	报道	bàodào	report
5	爱心	àixīn	compassion	27	报告	bàogào	to inform
6	安慰	ānwèi	to comfort	28	报社	bàoshè	general office of a newspaper
7	安装	ānzhuāng	to install	29	抱怨	bàoyuàn	to complain
8	岸	àn	shore	30	悲观	bēiguān	pessimistic
9	暗	àn	dark	31	背	bèi	the back of a body or object
10	熬夜	áoyè	to stay up late or all night	32	背景	bèijǐng	background
11	把握	bǎwò	to grasp (also fig.)	33	被子	bèizi	quilt
12	摆	bǎi	to arrange	34	本科	běnkē	undergraduate course
13	办理	bànlǐ	to handle	35	本领	běnlǐng	skill
14	傍晚	bàngwǎn	in the evening	36	本质	běnzhì	essence
15	包裹	bāoguǒ	wrap up	37	彼此	bǐcǐ	each other
16	包含	bāohán	to contain	38	比例	bǐlì	proportion
17	包括	bāokuò	to comprise	39	必然	bìrán	inevitable
18	薄	báo	thin	40	必要	bìyào	necessary
19	保持	bǎochí	to keep	41	毕竟	bìjìng	after all
20	保存	bǎocún	to conserve	42	避免	bìmiǎn	to avert
21	保留	bǎoliú	to preserve				

HSK 5

43	编辑	biānjí	to edit	67	不然	bùrán	not so
44	鞭炮	biānpào	firecrackers	68	不如	bùrú	not equal to
45	便	biàn	convenient	69	不足	bùzú	insufficient
46	辩论	biànlùn	debate	70	布	bù	cloth
47	标点	biāodiǎn	punctuation	71	步骤	bùzhòu	step
48	标志	biāozhì	sign	72	部门	bùmén	department
49	表达	biǎodá	to voice (an opinion)	73	财产	cáichǎn	property
50	表面	biǎomiàn	surface	74	彩虹	cǎihóng	rainbow
51	表明	biǎomíng	to make clear	75	踩	cǎi	to step on
52	表情	biǎoqíng	(facial) expression	76	采访	cǎifǎng	to interview
53	表现	biǎoxiàn	to show	77	采取	cǎiqǔ	to adopt or carry out (measures, policies, course of action)
54	冰激凌	bīngjīlíng	ice cream				
55	病毒	bìngdú	virus	78	参考	cānkǎo	reference
56	播放	bōfàng	to broadcast	79	参与	cānyù	to participate (in sth)
57	玻璃	bōli	glass	80	惭愧	cánkuì	ashamed
58	博物馆	bówùguǎn	museum	81	操场	cāochǎng	playground
59	脖子	bózi	neck	82	操心	cāoxīn	to worry about
60	不断	búduàn	unceasing	83	册	cè	booklet
61	不见得	bújiànde	not necessarily	84	测验	cèyàn	test
62	不耐烦	búnàifán	impatience	85	曾经	céngjīng	once
63	不要紧	búyàojǐn	unimportant	86	叉子	chāzi	fork
64	补充	bǔchōng	to replenish	87	差距	chājù	disparity
65	不安	bùān	unpeaceful	88	插	chā	to insert
66	不得了	bùdéliǎo	disastrous				

89	拆	*chāi*	to tear open
90	产品	*chǎnpǐn*	goods
91	产生	*chǎnshēng*	to arise
92	常识	*chángshí*	common sense
93	长途	*chángtú*	long distance
94	抄	*chāo*	to copy
95	超级	*chāojí*	transcending
96	朝	*cháo*	imperial or royal court
97	潮湿	*cháoshī*	moist
98	吵	*chǎo*	to make a noise
99	吵架	*chǎojià*	to quarrel
100	炒	*chǎo*	pan-fry
101	车库	*chēkù*	garage
102	车厢	*chēxiāng*	carriage
103	彻底	*chèdǐ*	thorough
104	沉默	*chénmò*	taciturn
105	趁	*chèn*	to avail oneself of
106	称	*chēng*	to weigh
107	称呼	*chēnghu*	to call
108	称赞	*chēngzàn*	to praise
109	成分	*chéngfèn*	composition
110	成果	*chéngguǒ*	result
111	成就	*chéngjiù*	accomplishment
112	成立	*chénglì*	to establish
113	成人	*chéngrén*	adult
114	成熟	*chéngshú*	mature
115	成语	*chéngyǔ*	Chinese set expression of 4 characters or two couplets of 4 characters each
116	成长	*chéngzhǎng*	to mature
117	承担	*chéngdān*	to undertake
118	承认	*chéngrèn*	to admit
119	承受	*chéngshòu*	to bear
120	程度	*chéngdù*	degree (level or extent)
121	程序	*chéngxù*	procedures
122	诚恳	*chéngkěn*	sincere
123	吃亏	*chīkuī*	to suffer losses
124	持续	*chíxù*	to continue
125	池塘	*chítáng*	pool
126	迟早	*chízǎo*	sooner or later
127	尺子	*chǐzi*	rule
128	翅膀	*chìbǎng*	wing
129	充电器	*chōngdiànqì*	battery charger
130	充分	*chōngfèn*	full
131	充满	*chōngmǎn*	full of
132	冲	*chōng*	(of water) to dash against
133	重复	*chóngfù*	to repeat
134	宠物	*chǒngwù*	house pet

HSK 5

135	抽屉	*chōuti*	drawer
136	抽象	*chōuxiàng*	abstract
137	丑	*chǒu*	clown
138	臭	*chòu*	stench
139	出版	*chūbǎn*	to publish
140	出口	*chūkǒu*	an exit
141	出色	*chūsè*	remarkable
142	出示	*chūshì*	to show
143	出席	*chūxí*	to attend
144	初级	*chūjí*	junior
145	除非	*chúfēi*	only if (..., or otherwise,...)
146	除夕	*chúxī*	(New Year's) Eve
147	处理	*chǔlǐ*	to handle
148	传播	*chuánbō*	to propagate
149	传染	*chuánrǎn*	to infect
150	传说	*chuánshuō*	legend
151	传统	*chuántǒng*	tradition
152	窗帘	*chuānglián*	window curtains
153	闯	*chuǎng*	to rush
154	创造	*chuàngzào*	to create
155	吹	*chuī*	to blow
156	词汇	*cíhuì*	vocabulary
157	辞职	*cízhí*	to resign
158	此外	*cǐwài*	besides
159	刺激	*cìjī*	to irritate
160	次要	*cìyào*	secondary
161	匆忙	*cōngmáng*	hasty
162	从此	*cóngcǐ*	from now on
163	从而	*cóngér*	thus
164	从前	*cóngqián*	previously
165	从事	*cóngshì*	to go for
166	粗糙	*cūcāo*	crude
167	促进	*cùjìn*	to promote (an idea or cause)
168	促使	*cùshǐ*	to induce
169	醋	*cù*	vinegar
170	催	*cuī*	to urge
171	存在	*cúnzài*	to exist
172	措施	*cuòshī*	measure
173	答应	*dāying*	to agree
174	达到	*dádào*	to reach
175	打工	*dǎgōng*	to have a part time job
176	打交道	*dǎjiāodào*	to come into contact with
177	打喷嚏	*dǎpēntì*	to sneeze
178	打听	*dǎting*	to ask about
179	大方	*dàfāng*	generous / tasteful / stylish / easy-mannered
180	大厦	*dàshà*	large building

HSK 5

181	大象	dàxiàng	elephant	204	到达	dàodá	to reach
182	大型	dàxíng	large scale	205	道德	dàodé	virtue
183	呆	dāi	foolish	206	道理	dàolǐ	reason
184	代表	dàibiǎo	representative	207	登记	dēngjì	to register (one's name)
185	代替	dàitì	instead	208	等待	děngdài	wait for
186	待遇	dàiyù	treatment	209	等于	děngyú	to equal
187	贷款	dàikuǎn	a loan	210	滴	dī	a drop
188	单纯	dānchún	simple	211	敌人	dírén	enemy
189	单调	dāndiào	monotonous	212	的确	díquè	really
190	单独	dāndú	by oneself	213	地道	dìdao	real
191	单位	dānwèi	unit (to measure)	214	地理	dìlǐ	geography
192	单元	dānyuán	unit (as an entity)	215	地区	dìqū	regional
193	担任	dānrèn	to hold a governmental office or post	216	地毯	dìtǎn	carpet
194	耽误	dānwu	to delay	217	地位	dìwèi	position
195	胆小鬼	dǎnxiǎoguǐ	coward	218	地震	dìzhèn	earthquake
196	淡	dàn	insipid / diluted	219	递	dì	to hand over
197	当地	dāngdì	local	220	点心	diǎnxin	pastry
198	当心	dāngxīn	to take care	221	电池	diànchí	battery
199	挡	dǎng	to resist	222	电台	diàntái	transmitter-receiver
200	倒霉	dǎoméi	have bad luck	223	钓	diào	to fish with a hook and bait
201	导演	dǎoyǎn	direct	224	顶	dǐng	apex
202	导致	dǎozhì	to lead to	225	冻	dòng	to freeze
203	岛屿	dǎoyǔ	island	226	动画片	dònghuàpiān	cartoon

#	汉字	Pinyin	English
227	洞	dòng	cave
228	豆腐	dòufu	tofu
229	逗	dòu	to tease
230	独立	dúlì	independent
231	独特	dútè	distinct
232	度过	dùguò	to spend
233	断	duàn	to break
234	堆	duī	to pile up
235	兑换	duìhuàn	to convert
236	对比	duìbǐ	contrast
237	对待	duìdài	to treat
238	对方	duìfāng	counterpart
239	对手	duìshǒu	opponent
240	对象	duìxiàng	target
241	吨	dūn	ton
242	蹲	dūn	to crouch
243	顿	dùn	to pause
244	多亏	duōkuī	thanks to
245	多余	duōyú	superfluous
246	朵	duǒ	earlobe / classifier for flowers, clouds etc
247	躲藏	duǒcáng	to conceal oneself
248	恶劣	èliè	vile
249	耳环	ěrhuán	earring
250	发表	fābiǎo	to publish
251	发愁	fāchóu	to worry
252	发达	fādá	developed (country etc)
253	发抖	fādǒu	to tremble
254	发挥	fāhuī	to display
255	发明	fāmíng	to invent
256	发票	fāpiào	invoice
257	发言	fāyán	to make a speech
258	罚款	fákuǎn	(impose a) fine
259	法院	fǎyuàn	court of law
260	翻	fān	to turn over
261	繁荣	fánróng	prosperous
262	反而	fǎnér	instead
263	反复	fǎnfù	repeatedly
264	反应	fǎnyìng	to react
265	反映	fǎnyìng	to mirror
266	反正	fǎnzhèng	to put things back in order
267	范围	fànwéi	limit / scope
268	方	fāng	square / side / direction / power (mathematics)
269	方案	fāngàn	plan (for action)
270	方式	fāngshì	way (of life)
271	妨碍	fángài	to hinder
272	仿佛	fǎngfú	to seem

HSK 5

273	非	fēi	non-	296	妇女	fùnǚ	woman
274	肥皂	féizào	soap	297	改革	gǎigé	to reform
275	废话	fèihuà	nonsense	298	改进	gǎijìn	to improve
276	分别	fēnbié	to part or leave each other	299	改善	gǎishàn	to make better
277	分布	fēnbù	distributed	300	改正	gǎizhèng	to correct
278	分配	fēnpèi	to assign	301	概括	gàikuò	to summarize
279	分手	fēnshǒu	to part company	302	概念	gàiniàn	concept
280	分析	fēnxī	to analyze	303	盖	gài	lid / to cover
281	纷纷	fēnfēn	one after another / pell-mell	304	干脆	gāncuì	straightforward / clear-cut
282	奋斗	fèndòu	to strive	305	干燥	gānzào	to dry (of weather, paint, cement etc)
283	疯狂	fēngkuáng	crazy	306	感激	gǎnjī	to express thanks
284	风格	fēnggé	style	307	感受	gǎnshòu	to sense
285	风景	fēngjǐng	scenery	308	感想	gǎnxiǎng	impressions / thoughts
286	风俗	fēngsú	social custom	309	赶紧	gǎnjǐn	to hurry up
287	风险	fēngxiǎn	risk	310	赶快	gǎnkuài	immediately
288	讽刺	fěngcì	to satirize	311	干活儿	gànhuór	to work manually
289	否定	fǒudìng	to negate	312	钢铁	gāngtiě	steel
290	否认	fǒurèn	to deny	313	高档	gāodàng	superior quality
291	幅	fú	width	314	高级	gāojí	high level
292	扶	fú	to support with hand	315	搞	gǎo	to do
293	服装	fúzhuāng	clothing	316	告别	gàobié	to leave
294	辅导	fǔdǎo	to coach	317	格外	géwài	especially
295	复制	fùzhì	to duplicate	318	隔壁	gébì	next door

319	个别	gèbié	individual	342	姑娘	gūniang	young woman
320	个人	gèrén	individual	343	古代	gǔdài	ancient times
321	个性	gèxìng	individuality	344	古典	gǔdiǎn	classical
322	各自	gèzì	each	345	股票	gǔpiào	share
323	根	gēn	root / basis / classifier for long slender objects, e.g. cigarettes	346	骨头	gǔtou	bone
				347	鼓舞	gǔwǔ	heartening (news)
324	根本	gēnběn	fundamental	348	鼓掌	gǔzhǎng	to applaud
325	公布	gōngbù	to announce	349	固定	gùdìng	fixed
326	公开	gōngkāi	public	350	挂号	guàhào	to register (at a hospital)
327	公平	gōngpíng	fair / impartial	351	乖	guāi	well-behaved
328	公寓	gōngyù	apartment building	352	拐弯	guǎiwān	to go round a curve
329	公元	gōngyuán	(year) AD	353	怪不得	guàibude	lit. you can't blame it!
330	公主	gōngzhǔ	princess	354	关闭	guānbì	to close
331	功能	gōngnéng	function / capability	355	官	guān	official
332	工厂	gōngchǎng	factory	356	观察	guānchá	to observe
333	工程师	gōngchéngshī	engineer	357	观点	guāndiǎn	point of view
334	工具	gōngjù	tool	358	观念	guānniàn	thought
335	工人	gōngrén	worker	359	管子	guǎnzǐ	tube
336	工业	gōngyè	industry	360	冠军	guànjūn	champion
337	恭喜	gōngxǐ	congratulations	361	光滑	guānghua	glossy / sleek
338	贡献	gòngxiàn	to contribute	362	光临	guānglín	(honorific) Welcome!
339	沟通	gōutōng	communicate	363	光明	guāngmíng	illumination
340	构成	gòuchéng	to constitute	364	光盘	guāngpán	compact disc
341	姑姑	gūgu	paternal aunt				

HSK 5

#	汉字	Pinyin	English
365	广场	guǎngchǎng	a public square (e.g. Tiananmen Square)
366	广大	guǎngdà	(of an area) vast or extensive
367	广泛	guǎngfàn	extensive
368	归纳	guīnà	to sum up
369	规矩	guīju	established practice
370	规律	guīlǜ	rule (e.g. of science)
371	规模	guīmó	scale / scope
372	规则	guīzé	regulation
373	柜台	guìtái	sales counter
374	滚	gǔn	to roll / to get away / Get lost! / to boil
375	锅	guō	pan / pot
376	国庆节	Guóqìngjié	PRC National Day (October 1st)
377	国王	guówáng	king
378	果然	guǒrán	sure enough / as expected
379	果实	guǒshí	fruit (from work)
380	过分	guòfèn	excessive
381	过敏	guòmǐn	to be allergic
382	过期	guòqī	to be overdue
383	哈	hā	laughter
384	海关	hǎiguān	customs (i.e. border crossing inspection)
385	海鲜	hǎixiān	seafood
386	喊	hǎn	to yell
387	行业	hángyè	industry
388	豪华	háohuá	luxurious
389	好客	hàokè	hospitality
390	好奇	hàoqí	inquisitive
391	何必	hébì	there is no need
392	何况	hékuàng	much less
393	合法	héfǎ	lawful
394	合理	hélǐ	rational
395	合同	hétong	(business) contract
396	合影	héyǐng	joint photo
397	合作	hézuò	to cooperate
398	和平	hépíng	peace
399	核心	héxīn	core / nucleus
400	恨	hèn	to hate
401	猴子	hóuzi	monkey
402	后背	hòubèi	the back (human anatomy)
403	后果	hòuguǒ	consequences
404	呼吸	hūxī	to breathe
405	忽然	hūrán	suddenly
406	忽视	hūshì	to neglect
407	壶	hú	pot / classifier for bottled liquid
408	糊涂	hútu	muddled
409	胡说	húshuō	to talk nonsense

HSK 5

410	胡同	hútòng	lane
411	蝴蝶	húdié	butterfly
412	花生	huāshēng	peanut
413	华裔	huáyì	ethnic Chinese
414	滑	huá	to slip
415	划	huà	to row / worth (the effort)
416	化学	huàxué	chemistry
417	话题	huàtí	subject (of a talk or conversation)
418	怀念	huáiniàn	to cherish the memory of
419	怀孕	huáiyùn	pregnant
420	缓解	huǎnjiě	to ease
421	幻想	huànxiǎng	delusion
422	慌张	huāngzhāng	confused
423	黄金	huángjīn	gold
424	恢复	huīfù	to reinstate
425	挥	huī	to wave
426	灰	huī	ash
427	灰尘	huīchén	dust
428	灰心	huīxīn	lose heart
429	汇率	huìlǜ	exchange rate
430	婚礼	hūnlǐ	wedding ceremony
431	婚姻	hūnyīn	matrimony
432	活跃	huóyuè	active
433	伙伴	huǒbàn	partner / companion
434	火柴	huǒchái	match (for lighting fire)
435	或许	huòxǔ	perhaps
436	基本	jīběn	basic / fundamental
437	机器	jīqì	machine
438	激烈	jīliè	intense
439	肌肉	jīròu	muscle
440	及格	jígé	to pass a test
441	急忙	jímáng	hastily
442	急诊	jízhěn	emergency call
443	极其	jíqí	extremely
444	集合	jíhé	a congregation
445	集体	jítǐ	collective
446	集中	jízhōng	to concentrate
447	寂寞	jìmò	lonely
448	系领带	jìlǐngdài	tie one's necktie
449	纪录	jìlù	record (sports, written account)
450	纪律	jìlǜ	discipline
451	纪念	jìniàn	to commemorate
452	计算	jìsuàn	to count
453	记录	jìlù	to take notes
454	记忆	jìyì	memories
455	嘉宾	jiābīn	esteemed guest

HSK 5

#				#			
456	夹子	jiāzi	clip / clamp / folder / wallet	478	建立	jiànlì	to establish
457	家庭	jiātíng	family	479	建设	jiànshè	to build
458	家务	jiāwù	household duties	480	建筑	jiànzhù	building
459	家乡	jiāxiāng	hometown	481	键盘	jiànpán	keyboard
460	假如	jiǎrú	supposing / if	482	讲究	jiǎngjiu	to pay particular attention to
461	假设	jiǎshe	hypothesis	483	讲座	jiǎngzuò	a course of lectures
462	假装	jiǎzhuāng	to feign	484	酱油	jiàngyóu	soy sauce
463	甲	jiǎ	first (in a list, as a party to a contract, in terms of quality etc)	485	交换	jiāohuàn	to exchange
				486	交际	jiāojì	communication
464	价值	jiàzhí	value	487	交往	jiāowǎng	to associate
465	嫁	jià	(of a woman) to marry	488	浇	jiāo	to pour liquid
466	驾驶	jiàshǐ	to pilot (ship, airplane etc)	489	胶水	jiāoshuǐ	glue
				490	狡猾	jiǎohuá	crafty
467	兼职	jiānzhí	to hold concurrent posts	491	角度	jiǎodù	angle
468	坚决	jiānjué	firm / resolute	492	教材	jiàocái	teaching material
469	坚强	jiānqiáng	staunch	493	教练	jiàoliàn	instructor
470	肩膀	jiānbǎng	shoulder	494	教训	jiàoxun	a lesson
471	艰巨	jiānjù	arduous	495	接触	jiēchù	to touch
472	艰苦	jiānkǔ	difficult	496	接待	jiēdài	to receive (a visitor)
473	剪刀	jiǎndāc	scissors	497	接近	jiējìn	near
474	捡	jiǎn	to pick up	498	结实	jiēshi	rugged
475	简历	jiǎnlì	Curriculum Vitae (CV)	499	阶段	jiēduàn	stage
476	简直	jiǎnzhí	simply	500	结构	jiégòu	structure
477	健身	jiànshēn	to exercise	501	结合	jiéhé	to combine

HSK 5

502	结论	jiélùn	conclusion / verdict
503	结账	jiézhàng	to pay the bill
504	节省	jiéshěng	saving
505	借口	jièkǒu	to use as an excuse
506	届	jiè	to arrive at (place or time)
507	戒	jiè	to guard against
508	戒指	jièzhi	(finger) ring
509	金属	jīnshǔ	metal
510	尽快	jǐnkuài	as quickly as possible
511	紧急	jǐnjí	urgent
512	谨慎	jǐnshèn	cautious
513	尽力	jìnlì	to strive one's hardest
514	尽量	jìnliàng	as much as possible
515	近代	jìndài	modern times
516	进步	jìnbù	progress
517	进口	jìnkǒu	to import
518	精力	jīnglì	energy
519	精神	jīngshén	spirit / mind
520	经典	jīngdiǎn	the classics
521	经商	jīngshāng	to trade
522	经营	jīngyíng	to engage in (business etc)
523	酒吧	jiǔbā	bar
524	救	jiù	to rescue
525	救护车	jiùhùchē	ambulance
526	舅舅	jiùjiu	mother's brother
527	居然	jūrán	unexpectedly
528	桔子	júzi	tangerine
529	俱乐部	jùlèbù	club (i.e. a group or organization)
530	具备	jùbèi	to possess
531	具体	jùtǐ	concrete
532	巨大	jùdà	huge
533	据说	jùshuō	it is said that
534	捐	juān	to contribute
535	决赛	juésài	finals (of a competition)
536	决心	juéxīn	determination
537	绝对	juéduì	absolute
538	角色	juésè	persona / role
539	军事	jūnshì	military affairs
540	均匀	jūnyún	well-distributed
541	卡车	kǎchē	truck
542	开发	kāifā	exploit (a resource)
543	开放	kāifàng	to lift (a ban or restriction)
544	开幕式	kāimùshì	opening ceremony
545	开水	kāishuǐ	boiled water
546	砍	kǎn	to chop
547	看不起	kànbuqǐ	to look down upon

HSK 5

548	看望	kànwang	to visit	568	扩大	kuòdà	to expand
549	靠	kào	to lean against or on / to stand by the side of	569	辣椒	làjiāo	hot pepper
550	颗	kē	classifier for small spheres, pearls, corn grains, teeth, hearts, satellites etc	570	拦	lán	to cut off / to hinder
				571	烂	làn	well-cooked and soft
				572	朗读	lǎngdú	read aloud
551	可见	kějiàn	it can clearly be seen (that this is the case)	573	劳动	láodòng	physical labor
				574	劳驾	láojià	excuse me
552	可靠	kěkào	reliable	575	姥姥	lǎolao	(informal) mother's mother
553	可怕	kěpà	awful	576	老百姓	lǎobǎixìng	ordinary people
554	克	kè	to be able to	577	老板	lǎobǎn	boss
555	克服	kèfú	(try to) overcome (hardships etc) / to conquer	578	老婆	lǎopó	(coll.) wife
				579	老实	lǎoshi	honest / naive
556	刻苦	kèkǔ	hardworking	580	老鼠	lǎoshǔ	rat
557	客观	kèguān	objective / impartial	581	乐观	lèguān	optimistic
558	课程	kèchéng	course / class	582	雷	léi	thunder
559	空间	kōngjiān	space (astronomy)	583	类型	lèixíng	type
560	控制	kòngzhì	control	584	冷淡	lěngdàn	cold / indifferent
561	空闲	kòngxián	idle / free time	585	厘米	límǐ	centimeter
562	口味	kǒuwèi	a person's preferences	586	梨	lí	pear
563	夸	kuā	to boast	587	离婚	líhūn	to divorce
564	夸张	kuāzhāng	to exaggerate	588	理论	lǐlùn	theory
565	会计	kuàijì	accountant	589	理由	lǐyóu	reason
566	宽	kuān	wide / lenient	590	利润	lìrùn	profits
567	昆虫	kūnchóng	insect				

591	利息	lìxī	interest (on a loan)	614	流泪	liúlèi	to shed tears
592	利益	lìyì	benefit	615	浏览	liúlǎn	to skim over
593	利用	lìyòng	exploit	616	龙	lóng	dragon
594	力量	lìliang	power	617	漏	lòu	to leak
595	立即	lìjí	immediately	618	录取	lùqǔ	to recruit
596	立刻	lìkè	forthwith	619	录音	lùyīn	to record (sound)
597	联合	liánhé	to combine	620	陆地	lùdì	dry land (as opposed to the sea)
598	连忙	liánmáng	promptly	621	陆续	lùxù	in turn / successively
599	连续	liánxù	continuous	622	轮流	lúnliú	to alternate
600	恋爱	liànài	(romantic) love	623	论文	lùnwén	treatise / thesis
601	粮食	liángshi	foodstuff	624	逻辑	luóji	logic (loanword)
602	良好	liánghǎo	good	625	落后	luòhòu	to fall behind
603	亮	liàng	bright	626	骂	mà	to scold
604	了不起	liǎobuqǐ	amazing	627	麦克风	màikèfēng	microphone (loanword)
605	列车	lièchē	(railway) train	628	馒头	mántou	steamed roll
606	临时	línshí	at the instant sth happens	629	满足	mǎnzú	to satisfy
607	灵活	línghuó	flexible / nimble	630	毛病	máobìng	fault / defect / problem
608	铃	líng	(small) bell	631	矛盾	máodùn	contradictory
609	零件	língjiàn	part / component	632	冒险	màoxiǎn	to take risks
610	零食	língshí	between-meal nibbles / snacks	633	贸易	màoyì	(commercial) trade
611	领导	lǐngdǎo	to lead / leader	634	媒体	méitǐ	media, esp. news media
612	领域	lǐngyù	domain	635	煤炭	méitàn	coal
613	流传	liúchuán	to spread	636	眉毛	méimao	eyebrow

HSK 5

637	美术	měishù	art	660	模仿	mófǎng	to imitate
638	魅力	mèilì	charm	661	模糊	móhu	vague
639	梦想	mèngxiǎng	to dream of	662	模特	mótè	(fashion) model (loanword)
640	密切	mìqiè	close	663	陌生	mòshēng	strange
641	秘密	mìmì	secret	664	某	mǒu	a certain / such-and-such
642	秘书	mìshū	secretary	665	木头	mùtou	slow-witted
643	蜜蜂	mìfēng	bee	666	目标	mùbiāo	target / objective
644	面对	miànduì	to confront	667	目录	mùlù	catalog
645	面积	miànjī	surface area	668	目前	mùqián	at the present time
646	面临	miànlín	to face sth	669	哪怕	nǎpà	no matter how
647	描写	miáoxiě	to describe	670	难怪	nánguài	(it's) no wonder (that...)
648	苗条	miáotiáo	slim / slender, slender	671	难免	nánmiǎn	hard to avoid
649	敏感	mǐngǎn	sensitive / susceptible	672	脑袋	nǎodài	head / skull
650	名牌	míngpái	famous brand	673	内部	nèibù	interior / internal
651	名片	míngpiàn	(business) card	674	内科	nèikē	medicine
652	名胜古迹	míngshènggǔjì	historical sites and scenic spots	675	嫩	nèn	tender
653	明确	míngquè	to clarify / explicit	676	能干	nénggàn	capable
654	明显	míngxiǎn	obvious / distinct	677	能源	néngyuán	energy
655	明星	míngxīng	star / celebrity	678	嗯	ńg	m-hm (sound used to express agreement or assent)
656	命令	mìnglìng	order / command				
657	命运	mìngyùn	destiny	679	年代	niándài	a decade of a century (e.g. the Sixties)
658	摸	mō	to feel with the hand				
659	摩托车	mótuōchē	motorbike	680	年纪	niánjì	year (in school, college etc)

HSK 5

#		Pinyin	Meaning	#		Pinyin	Meaning
681	念	niàn	to miss (someone) / to read (aloud) / to study (a degree course)	702	批准	pīzhǔn	to approve
682	宁可	nìngkě	preferably	703	披	pī	to drape over one's shoulders
683	牛仔裤	niúzǎikù	jeans	704	疲劳	píláo	fatigue
684	农村	nóngcūn	rural area	705	匹	pǐ	classifier for horses, mules and tissue
685	农民	nóngmín	peasant	706	片	piàn	thin piece
686	农业	nóngyè	agriculture	707	片面	piànmiàn	unilateral
687	浓	nóng	concentrated / dense	708	飘	piāo	to float
688	女士	nǔshì	lady	709	拼音	pīnyīn	pinyin (Chinese romanization)
689	欧洲	Ōuzhōu	Europe	710	频道	píndào	frequency
690	偶然	ǒurán	incidentally	711	凭	píng	to lean against
691	拍	pāi	to take (a photograph) / to clap	712	平均	píngjūn	average
692	派	pài	clique / group / number pi	713	平	píng	flat
693	盼望	pànwàng	to hope for	714	平安	píng'ān	safe and sound
694	培训	péixùn	to cultivate / training	715	平常	píngcháng	ordinary
695	培养	péiyǎng	to educate / to nurture / to breed	716	平等	píngděng	equality
696	赔偿	péicháng	to compensate	717	平方	píngfāng	square (as in square foot, square mile, square root)
697	佩服	pèifú	admire	718	平衡	pínghéng	balance
698	配合	pèihé	matching	719	平静	píngjìng	tranquil
699	盆	pén	basin	720	评价	píngjià	to evaluate
700	碰	pèng	to touch / to bump	721	破产	pòchǎn	to go bankrupt
701	批	pī	to ascertain	722	破坏	pòhuài	destruction
				723	迫切	pòqiè	urgent

HSK 5

724	期待	qīdài	to look forward to	747	亲切	qīnqiè	amiable
725	期间	qījiān	period of time	748	亲自	qīnzì	personally
726	其余	qíyú	the rest	749	勤奋	qínfèn	hardworking
727	奇迹	qíjì	miracle	750	清淡	qīngdàn	light (of food, not greasy or strongly flavored)
728	企业	qǐyè	company				
729	启发	qǐfā	to enlighten	751	轻视	qīngshì	contempt
730	气氛	qìfēn	atmosphere	752	轻易	qīng yì	easily
731	汽油	qìyóu	gas	753	青	qīng	green or blue
732	签	qiān	to sign one's name	754	青春	qīngchūn	youth
733	谦虚	qiānxū	modest	755	青少年	qīngshàonián	teenager
734	前途	qiántú	future outlook	756	情景	qíngjǐng	scene / sight
735	浅	qiǎn	shallow, not deep	757	情绪	qíngxù	feeling
736	欠	qiàn	deficient	758	请求	qǐngqiú	to request
737	枪	qiāng	gun	759	庆祝	qìngzhù	to celebrate
738	墙	qiáng	wall	760	球迷	qiúmí	soccer fan
739	强调	qiángdiào	to emphasize (a statement)	761	趋势	qūshì	trend
740	强烈	qiángliè	intense	762	取消	qǔxiāo	to cancel
741	抢	qiǎng	to fight over	763	娶	qǔ	to take a wife
742	悄悄	qiāoqiāo	stealthily	764	去世	qùshì	to pass away
743	瞧	qiáo	to look at	765	圈	quān	circle / classifier for loops, orbits, laps of race etc
744	巧妙	qiǎomiào	ingenious				
745	切	qiē	to cut	766	全面	quánmiàn	all-around / comprehensive
746	亲爱	qīnài	Dear or beloved (way of starting a letter)	767	权利	quánlì	privilege / right
				768	权力	quánlì	authority / power

HSK 5

#				#			
769	劝	quàn	to advise	792	日用品	rìyòngpǐn	articles for daily use
770	缺乏	quēfá	shortage / be lacking	793	日子	rìzi	a given day (calendar) / time
771	确定	quèdìng	definite	794	如何	rúhé	what way
772	确认	quèrèn	to confirm	795	如今	rújīn	nowadays
773	群	qún	group / crowd	796	软	ruǎn	soft / flexible
774	燃烧	ránshāo	to ignite / combustion	797	软件	ruǎnjiàn	(computer) software
775	绕	rào	to wind	798	弱	ruò	weak / inferior
776	热爱	rèài	to love ardently	799	洒	sǎ	to sprinkle / to spill
777	热烈	rèliè	warm (welcome etc)	800	嗓子	sǎngzi	throat
778	热心	rèxīn	enthusiasm	801	色彩	sècǎi	tint
779	人才	réncái	a person's talent / talented person	802	杀	shā	to kill
780	人口	rénkǒu	population	803	沙漠	shāmò	desert
781	人类	rénlèi	humanity	804	沙滩	shātān	beach
782	人民币	rénmínbì	Renminbi (RMB)	805	傻	shǎ	foolish
783	人生	rénshēng	human life	806	晒	shài	to dry in the sun
784	人事	rénshì	human resources / human affairs	807	删除	shānchú	to delete
785	人物	rénwù	a person	808	闪电	shǎndiàn	lightning
786	人员	rényuán	staff	809	善良	shànliáng	good and honest
787	忍不住	rěnbuzhù	cannot help	810	善于	shànyú	be good at
788	日常	rìcháng	daily	811	扇子	shànzi	fan
789	日程	rìchéng	schedule / itinerary	812	伤害	shānghài	to injure
790	日历	rìlì	calendar	813	商品	shāngpǐn	good
791	日期	rìqī	date (calendar)	814	商务	shāngwù	commercial affairs
				815	商业	shāngyè	business

HSK 5

#	汉字	Pinyin	English	#	汉字	Pinyin	English
816	上当	shàngdàng	taken in (by sb's deceit)	838	失眠	shīmián	(suffer from) insomnia
817	蛇	shé	snake	839	失去	shīqù	to lose
818	舍不得	shěbude	to hate to do sth	840	失业	shīyè	unemployment
819	射击	shèjī	to shoot	841	湿润	shīrùn	moist
820	摄影	shèyǐng	to take a photograph	842	狮子	shīzi	lion
821	设备	shèbèi	equipment	843	诗	shī	poem
822	设计	shèjì	plan	844	实话	shíhuà	truth
823	设施	shèshī	facilities	845	实践	shíjiàn	to practice
824	伸	shēn	to stretch	846	实习	shíxí	to practice / field work
825	深刻	shēnkè	profound	847	实现	shíxiàn	to achieve / to implement
826	身材	shēncái	stature	848	实验	shíyàn	to experiment
827	身份	shēnfèn	status / position	849	实用	shíyòng	practical
828	神话	shénhuà	fairy tale / myth	850	时差	shíchā	jet lag / time difference
829	神秘	shénmì	mysterious / mystery	851	时代	shídài	age / epoch
830	升	shēng	to raise / to promote / metric liter	852	时刻	shíkè	moment / constantly
831	声调	shēngdiào	tone / note	853	时髦	shímáo	in vogue
832	生产	shēngchǎn	to give birth to a child / to produce	854	时期	shíqī	a period in time or history
833	生动	shēngdòng	vivid	855	时尚	shíshàng	fashion
834	生长	shēng zhǎng	to grow	856	石头	shítou	stone
835	绳子	shéngzi	rope / string	857	食物	shíwù	food
836	省略	shěnglvè	to leave out / omission	858	使劲儿	shǐjìnr	to exert all one's strength
837	胜利	shènglì	victory	859	始终	shǐzhōng	from beginning to end

HSK 5

860	事实	shìshí	a fact	884	数	shǔ	number
861	事物	shìwù	thing	885	鼠标	shǔbiāo	mouse (computing)
862	事先	shìxiān	in advance	886	数据	shùjù	data
863	似的	shìde	seems as if	887	数码	shùmǎ	numeral / digital
864	士兵	shìbīng	soldier	888	摔倒	shuāi dǎo	to fall down / to slip and fall
865	市场	shìchǎng	market place	889	甩	shuǎi	to throw
866	试卷	shìjuàn	examination paper	890	双方	shuāngfāng	bilateral
867	收获	shōuhuò	harvest / gains	891	税	shuì	taxes
868	收据	shōujù	receipt	892	说不定	shuōbudìng	can't say for sure
869	手工	shǒugōng	handwork	893	说服	shuōfú	to persuade
870	手术	shǒushù	surgical operation	894	丝绸	sīchóu	silk cloth
871	手套	shǒutào	glove	895	丝毫	sīháo	the slightest amount or degree
872	手续	shǒuxù	formalities	896	思考	sīkǎo	to reflect on
873	手指	shǒuzhǐ	finger	897	思想	sīxiǎng	thought / thinking / ideology
874	首	shǒu	head / classifier for poems and songs	898	撕	sī	to tear
875	受伤	shòushāng	to sustain injuries	899	私人	sīrén	private (citizen)
876	寿命	shòumìng	life span	900	似乎	sìhū	apparently / to seem
877	书架	shūjià	bookshelf	901	搜索	sōusuǒ	to search / internet search / database search
878	梳子	shūzi	comb	902	宿舍	sùshè	dormitory
879	舒适	shūshì	cozy	903	随身	suíshēn	to (carry) on one's person
880	蔬菜	shūcài	vegetables	904	随时	suíshí	at any time
881	输入	shūrù	to import	905	随手	suíshǒu	conveniently
882	熟练	shúliàn	practiced / skilled				
883	属于	shǔyú	classified as				

HSK 5

906	碎	suì	to break down	925	特征	tèzhēng	distinctive feature
907	损失	sǔnshī	loss	926	疼爱	téngài	to love dearly
908	缩短	suōduǎn	to curtail	927	提倡	tíchàng	to promote
909	所	suǒ	place / location / particle used before a verb to form a noun construction / classifier for houses, small buildings, institutions	928	提纲	tígāng	outline / synopsis
				929	提问	tíwèn	to question
				930	题目	tímù	subject
				931	体会	tǐhuì	to know (through learning or by experience)
910	锁	suǒ	to lock up				
911	台阶	táijiē	flight of steps (leading up to a house) / fig. way out of an embarrassing situation	932	体贴	tǐtiē	considerate (of other people's needs)
				933	体现	tǐxiàn	to embody / to reflect
912	太极拳	tàijíquán	shadowboxing or Taiji, T'aichi or T'aichichuan	934	体验	tǐyàn	to experience for oneself
				935	天空	tiānkōng	sky
913	太太	tàitai	married woman / Madam				
914	谈判	tánpàn	to negotiate	936	天真	tiānzhēn	naive
915	坦率	tǎnshuài	frank (discussion)	937	调皮	tiáopí	naughty / unruly
916	烫	tàng	to scald	938	调整	tiáozhěng	adjustment
917	桃	táo	peach	939	挑战	tiǎozhàn	challenge
918	淘气	táoqì	naughty	940	通常	tōngcháng	usual / ordinary
919	逃	táo	to escape	941	统一	tǒngyī	to unify / to integrate
920	逃避	táobì	to evade / to shirk	942	痛苦	tòngkǔ	pain
921	讨价还价	tǎojiàhuánjià	haggle over price	943	痛快	tòngkuài	overjoyed
922	套	tào	cover / a case	944	偷	tōu	to steal
923	特色	tèsè	characteristic	945	投入	tóurù	to participate in / to throw oneself into
924	特殊	tèshū	special	946	投资	tóuzī	investment

HSK 5

947	透明	tòumíng	transparent / open (non-secretive)
948	突出	tūchū	prominent / to protrude
949	土地	tǔdì	territory / genius loci
950	土豆	tǔdòu	potato
951	兔子	tùzi	hare / rabbit
952	吐	tù	to vomit
953	团	tuán	round / circular / group
954	推辞	tuīcí	to decline (an appointment, invitation etc)
955	推广	tuīguǎng	to extend / to popularize
956	推荐	tuījiàn	to recommend
957	退	tuì	to move back / to retreat
958	退步	tuìbù	degenerate
959	退休	tuìxiū	retirement (from work)
960	歪	wāi	askew / noxious
961	外公	wàigōng	(coll.) mother's father
962	外交	wàijiāo	diplomacy
963	完美	wánměi	perfection
964	完善	wánshàn	to perfect
965	完整	wánzhěng	intact / complete
966	玩具	wánjù	plaything
967	万一	wànyī	just in case
968	王子	wángzǐ	prince
969	往返	wǎngfǎn	to go back and forth
970	网络	wǎngluò	Internet
971	危害	wēihài	to jeopardize
972	威胁	wēixié	to threaten
973	微笑	wēixiào	smile
974	唯一	wéiyī	sole
975	围巾	wéijīn	scarf
976	围绕	wéirào	to revolve around
977	维修	wéixiū	maintenance (of equipment)
978	违反	wéifǎn	to violate (a law)
979	伟大	wěidà	huge / mighty
980	委屈	wěiqū	to feel wronged
981	尾巴	wěiba	tail
982	位于	wèiyú	to be located at
983	位置	wèizhi	position / seat
984	未必	wèibì	not necessarily
985	未来	wèilái	future / pending
986	胃	wèi	stomach
987	胃口	wèikǒu	appetite
988	温暖	wēnnuǎn	warm
989	温柔	wēnróu	gentle and soft
990	文件	wénjiàn	document
991	文具	wénjù	stationery

HSK 5

992	文明	wénmíng	civilized / civilization	1014	系统	xìtǒng	system
993	文学	wénxué	literature	1015	细节	xìjié	details
994	文字	wénzì	writing style / written language	1016	瞎	xiā	blind / foolishly
995	闻	wén	to hear	1017	下载	xiàzǎi	to download
996	吻	wěn	to kiss / kiss	1018	吓	xià	to frighten
997	稳定	wěndìng	steady / to stabilize	1019	夏令营	xiàlìngyíng	summer camp
998	问候	wènhòu	to give one's respects	1020	鲜艳	xiānyàn	bright-colored
999	卧室	wòshì	bedroom	1021	显得	xiǎnde	to seem
1000	握手	wòshǒu	to shake hands	1022	显然	xiǎnrán	evident / clear
1001	屋子	wūzi	house / room	1023	显示	xiǎnshì	to show / to illustrate / to display
1002	无奈	wúnài	unfortunately / cannot help but	1024	县	xiàn	county
1003	无数	wúshù	countless	1025	现代	xiàndài	modern times
1004	无所谓	wúsuǒwèi	not to matter / to be indifferent	1026	现实	xiànshí	reality / actuality
1005	武术	wǔshù	martial art	1027	现象	xiànxiàng	appearance / phenomenon
1006	勿	wù	do not	1028	限制	xiànzhì	to restrict / restriction
1007	物理	wùlǐ	physics	1029	相处	xiāngchǔ	get along with each other
1008	物质	wùzhì	matter / substance / material	1030	相当	xiāngdāng	equivalent to
1009	雾	wù	fog	1031	相对	xiāngduì	relatively / opposite / vis-a-vis
1010	吸取	xīqǔ	to absorb / to draw (a lesson, insight etc)	1032	相关	xiāngguān	interrelated / correlation
1011	吸收	xīshōu	to absorb / to ingest / to assimilate	1033	相似	xiāngsì	to resemble / similar
1012	戏剧	xìjù	drama / theater	1034	香肠	xiāngcháng	sausage
1013	系	xì	relation / to connect / department	1035	享受	xiǎngshòu	to enjoy / pleasure

HSK 5

1036	想念	xiǎngniàn	to miss
1037	想象	xiǎngxiàng	to imagine / imagination
1038	象棋	xiàngqí	Chinese chess
1039	象征	xiàngzhēng	emblem / token / to symbolize
1040	项	xiàng	back of neck
1041	项链	xiàngliàn	necklace
1042	项目	xiàngmù	item / project / sports event
1043	消费	xiāofèi	to consume
1044	消化	xiāohuà	digest / digestion
1045	消极	xiāojí	negative / passive
1046	消失	xiāoshī	to disappear / to fade away
1047	销售	xiāoshòu	to sell / sales
1048	小麦	xiǎomài	wheat
1049	小气	xiǎoqi	stingy / narrow-minded
1050	孝顺	xiàoshun	to be obedient to one's parents / filial piety
1051	效率	xiàolǜ	efficiency
1052	歇	xiē	to take a break
1053	斜	xié	inclined
1054	写作	xiězuò	writing / written works
1055	心理	xīnlǐ	mental / psychological
1056	心脏	xīnzàng	heart (lit. and fig.)
1057	欣赏	xīnshǎng	to appreciate / to enjoy
1058	信号	xìnhào	signal
1059	信任	xìnrèn	to trust
1060	形成	xíngchéng	to form / to take shape
1061	形容	xíngróng	to describe
1062	形势	xíngshì	circumstances
1063	形式	xíngshì	shape / outer appearance
1064	形象	xíngxiàng	image / visualization
1065	形状	xíngzhuàng	form / shape
1066	行动	xíngdòng	action / to move
1067	行人	xíngrén	pedestrian
1068	行为	xíngwéi	behavior
1069	幸亏	xìngkuī	fortunately
1070	幸运	xìngyùn	fortunate / luck
1071	性质	xìngzhì	nature / characteristic
1072	兄弟	xiōngdì	older and younger brother
1073	胸	xiōng	chest / bosom
1074	休闲	xiūxián	leisure
1075	修改	xiūgǎi	to amend / to modify
1076	虚心	xūxīn	modest / open-minded
1077	叙述	xùshù	to relate (a story or information)
1078	宣布	xuānbù	to declare / to proclaim

HSK 5

1079	宣传	xuānchuán	to disseminate / propaganda	1101	业务	yèwù	vocational work / professionnal work
1080	学历	xuélì	educational background	1102	业余	yèyú	in one's spare time / amateur
1081	学术	xuéshù	learning / science	1103	夜	yè	night / evening
1082	学问	xuéwèn	learning / academic	1104	依然	yīrán	as before / still
1083	血	xuè	blood	1105	一辈子	yíbèizi	(for) a lifetime
1084	寻找	xúnzhǎo	to seek	1106	一旦	yídàn	in case (sth happens) / once (sth happens)
1085	询问	xúnwèn	to inquire				
1086	训练	xùnliàn	to train / to drill	1107	一律	yílǜ	uniformly / same
1087	迅速	xùnsù	rapid	1108	一再	yízài	repeatedly
1088	押金	yājīn	deposit / cash pledge	1109	一致	yízhì	unanimous / identical (views or opinions)
1089	牙齿	yáchǐ	tooth	1110	疑问	yíwèn	a question / something not understood
1090	严肃	yánsù	solemn				
1091	延长	yáncháng	to prolong	1111	移动	yídòng	to move / portable
1092	演讲	yǎnjiǎng	lecture / to make a speech	1112	移民	yímín	to immigrate / to migrate / emigrant / immigrant
1093	宴会	yànhuì	banquet / dinner party	1113	遗憾	yíhàn	to regret / regret
1094	阳台	yángtái	balcony	1114	乙	yǐ	second in order
1095	痒	yǎng	to itch / to tickle	1115	以及	yǐjí	as well as / and
1096	样式	yàngshì	type / style	1116	以来	yǐlái	since (a previous event)
1097	腰	yāo	waist / loins / middle	1117	义务	yìwù	duty / obligation
1098	摇	yáo	to shake / to rock	1118	亿	yì	a hundred million
1099	咬	yǎo	to bite	1119	意外	yìwài	unexpected / accident
1100	要不	yàobù	otherwise	1120	意义	yìyì	meaning / significance

HSK 5

1121	议论	yìlùn	to comment / discussion
1122	因而	yīnér	therefore / thus
1123	因素	yīnsù	element / factor
1124	银	yín	silver / silver-colored / relating to money or currency
1125	印刷	yìnshuā	to print / printing
1126	英俊	yīngjùn	handsome / smart
1127	英雄	yīngxióng	hero / heroic
1128	营养	yíngyǎng	nutrition / nourishment
1129	营业	yíngyè	to do business
1130	迎接	yíngjiē	to meet
1131	影子	yǐngzi	shadow / reflection / indication
1132	应付	yìngfu	to deal with / to cope
1133	应用	yìngyòng	to use / application
1134	硬	yìng	hard / to manage to do something with difficulty / good (quality)
1135	硬件	yìngjiàn	hardware
1136	拥抱	yōngbào	to embrace / to hold in one's arms
1137	拥挤	yōngjǐ	to be crowded
1138	勇气	yǒngqì	courage
1139	用功	yònggōng	to study hard / to make great effort
1140	用途	yòngtú	use / application
1141	优惠	yōuhuì	preferential / favorable
1142	优美	yōuměi	graceful / fine
1143	优势	yōushì	superiority / dominance
1144	悠久	yōujiǔ	established
1145	油炸	yóuzhá	to deep fry
1146	游览	yóulǎn	to go sight-seeing
1147	犹豫	yóuyù	to hesitate
1148	有利	yǒulì	advantageous / to have advantages
1149	幼儿园	yòuéryuán	kindergarten
1150	娱乐	yúlè	to entertain / amusement
1151	与其	yǔqí	rather than...
1152	语气	yǔqì	tone / manner of speaking
1153	玉米	yùmǐ	corn
1154	预报	yùbào	forecast
1155	预订	yùdìng	to place an order / to book ahead
1156	预防	yùfáng	to prevent / to guard against
1157	元旦	yuándàn	New Year's Day
1158	原料	yuánliào	raw material
1159	原则	yuánzé	principle / doctrine
1160	员工	yuángōng	staff / personnel
1161	圆	yuán	circle
1162	愿望	yuànwàng	wish / desire

HSK 5

#	汉字	Pinyin	English
1163	乐器	yuèqì	musical instrument
1164	晕	yūn	confused / to lose consciousness
1165	运气	yùnqi	luck (good or bad)
1166	运输	yùnshū	transport / transit
1167	运用	yùnyòng	to use / to put to use
1168	灾害	zāihài	disastrous damage / scourge
1169	再三	zàisān	over and over again
1170	在乎	zàihu	to care about / to mind
1171	在于	zàiyú	to be in / to consist in
1172	赞成	zànchéng	to approve / to endorse
1173	赞美	zànměi	to admire / to praise
1174	糟糕	zāogāo	too bad / how terrible
1175	造成	zàochéng	to bring about / to cause
1176	则	zé	thus / standard / norm / rule
1177	责备	zébèi	to blame / to criticize
1178	摘	zhāi	to borrow / to take off (glasses, hat etc)
1179	窄	zhǎi	narrow / narrow-minded
1180	粘贴	zhāntiē	to stick / to paste
1181	展开	zhǎnkāi	to unfold / to carry out / to be in full swing / to launch
1182	展览	zhǎnlǎn	to put on display / exhibition
1183	占	zhàn	to take possession of
1184	战争	zhànzhēng	war
1185	掌握	zhǎngwò	to grasp (often fig.) / to control / to master
1186	涨	zhǎng	to rise (of prices, rivers)
1187	长辈	zhǎngbèi	one's elders / older generation
1188	账户	zhànghù	account (bank or online)
1189	招待	zhāodài	to receive (guests) / to entertain / reception
1190	着火	zháohuǒ	to ignite / to burn
1191	着凉	zháoliáng	to catch cold
1192	召开	zhàokāi	to convene (a conference or meeting) / to convoke
1193	照常	zhàocháng	(business etc) as usual
1194	哲学	zhéxué	philosophy
1195	珍惜	zhēnxī	to cherish / to value
1196	真实	zhēnshí	true / real
1197	针对	zhēnduì	to be directed against
1198	诊断	zhěnduàn	diagnosis / to diagnose
1199	振动	zhèndòng	vibration
1200	阵	zhèn	disposition of troops / burst / classifier for events or states of short duration

#	Chinese	Pinyin	English
1201	争论	zhēnglùn	to argue / to debate / argument / controversy
1202	争取	zhēngqǔ	to fight for / to win over
1203	征求	zhēngqiú	to solicit
1204	挣	zhēng	to struggle to get free / to make (money)
1205	睁	zhēng	to open (eye)
1206	整个	zhěnggè	whole / entire
1207	整齐	zhěngqí	orderly / neat
1208	整体	zhěngtǐ	whole entity / as a whole
1209	政府	zhèngfǔ	government
1210	政治	zhèngzhì	politics
1211	正	zhèng	upright / correct / precisely
1212	证件	zhèngjiàn	certificate / credentials
1213	证据	zhèngjù	evidence / testimony
1214	支	zhī	to prop up / to raise / to bear / to send away / to pay or draw money / classifier for rods such as pens and guns, army divisions, songs and power of light bulbs
1215	支票	zhīpiào	check (bank) / cheque
1216	执照	zhízhào	license / permit
1217	直	zhí	directly / straight / vertical / frank
1218	指导	zhǐdǎo	to guide / to give directions / to coach
1219	指挥	zhǐhuī	commander / to command / to conduct
1220	制定	zhìdìng	to draw up
1221	制度	zhìdù	system (e.g. political, administrative etc) / institution
1222	制造	zhìzào	to engineer / to create
1223	制作	zhìzuò	to make / to manufacture
1224	志愿者	zhìyuànzhě	volunteer
1225	智慧	zhìhuì	wisdom / knowledge
1226	治疗	zhìliáo	to treat / to cure
1227	秩序	zhìxù	order (orderly, sequence, social)
1228	至今	zhìjīn	until now
1229	至于	zhìyú	as for
1230	中介	zhōngjiè	to act as intermediary / agent
1231	中心	zhōngxīn	center
1232	中旬	zhōngxún	middle third of a month
1233	种类	zhǒnglèi	kind / variety / category
1234	重大	zhòngdà	important / significant
1235	重量	zhòngliàng	weight
1236	周到	zhōudao	thoughtful / considerate
1237	猪	zhū	pork

HSK 5

1238	竹子	zhúzi	bamboo
1239	逐步	zhúbù	progressively
1240	逐渐	zhújiàn	gradually
1241	主持	zhǔchí	to take charge of / to preside over / to stand for (justice)
1242	主动	zhǔdòng	to take the initiative
1243	主观	zhǔguān	subjective
1244	主人	zhǔrén	master / host / owner
1245	主任	zhǔrèn	director / head
1246	主题	zhǔtí	theme / subject
1247	主席	zhǔxí	chairperson
1248	主张	zhǔzhāng	to advocate
1249	煮	zhǔ	to cook / to boil
1250	注册	zhùcè	to register / to enroll
1251	祝福	zhùfú	blessings
1252	抓	zhuā	to grab / to catch / to scratch
1253	抓紧	zhuājǐn	to grasp firmly / to make the most of
1254	专家	zhuānjiā	expert / specialist
1255	专心	zhuānxīn	to concentrate / absorption
1256	转变	zhuǎnbiàn	to change
1257	转告	zhuǎngào	to pass on / to transmit
1258	装	zhuāng	to pretend / to load / to install / costume (of an actor in a play)
1259	装饰	zhuāngshì	to decorate
1260	装修	zhuāngxiū	to fit up / to renovate
1261	撞	zhuàng	to hit / to meet by accident
1262	状况	zhuàngkuàng	condition / state
1263	状态	zhuàngtài	state of affairs / situation
1264	追	zhuī	to sculpt / to carve
1265	追求	zhuīqiú	to pursue (a goal etc) stubbornly / to woo
1266	咨询	zīxún	to consult
1267	姿势	zīshì	posture / position
1268	资格	zīgé	qualifications
1269	资金	zījīn	funds / capital
1270	资料	zīliào	material / data / profile (Internet)
1271	资源	zīyuán	resources (natural, manpower etc)
1272	紫	zǐ	purple / violet
1273	字母	zìmǔ	letter (of the alphabet)
1274	字幕	zìmù	caption / subtitle
1275	自从	zìcóng	since (a time)
1276	自动	zìdòng	automatic / voluntarily
1277	自豪	zìháo	pride / to be proud of sth (in a good way)
1278	自觉	zìjué	conscious / aware
1279	自私	zìsī	selfish

1280	自由	zìyóu	freedom / free	1291	组合	zǔhé	to assemble / combination
1281	自愿	zìyuàn	voluntary	1292	组织	zǔzhī	to organize / organization
1282	综合	zōnghé	to sum up / to synthesize	1293	阻止	zǔzhǐ	to prevent
1283	总裁	zǒngcái	chairman / director-general / CEO	1294	最初	zuìchū	first / initial
1284	总共	zǒnggòng	altogether / in sum / in all	1295	醉	zuì	intoxicated / drunk / addicted to
1285	总理	zǒnglǐ	premier / prime minister	1296	尊敬	zūnjìng	to respect / to honour
1286	总算	zǒngsuàn	at long last / finally	1297	遵守	zūnshǒu	to comply with / to respect (an agreement)
1287	总统	zǒngtǒng	president (of a country)	1298	作品	zuòpǐn	work (of art)
1288	总之	zǒngzhī	in a word / in short	1299	作为	zuòwéi	one's conduct / achievement / as (in the capacity of)
1289	组	zǔ	to form / to organize / group	1300	作文	zuòwén	to write an essay
1290	组成	zǔchéng	to form / to compose				

HSK 6

#			
1	挨	ái	to suffer from
2	癌症	áizhèng	cancer
3	暧昧	àimèi	vague / ambiguous
4	爱不释手	àibùshìshǒu	to love sth too much to part with it (idiom)
5	爱戴	àidài	to love and respect
6	安宁	ānníng	peaceful
7	安详	ānxiáng	serene
8	安置	ānzhì	find a place for
9	按摩	ànmó	massage
10	暗示	ànshì	to hint
11	案件	ànjiàn	law case
12	案例	ànlì	case (law)
13	昂贵	ángguì	expensive
14	凹凸	āotū	bumpy
15	熬	áo	(of cooking) to boil for a long time
16	奥秘	àomì	profound mystery
17	巴不得	bābùdé	to be eager for
18	巴结	bājie	to fawn on
19	扒	bā	to hold on to
20	疤	bā	scar
21	拔苗助长	bámiáozhùzhǎng	to spoil things through excessive enthusiasm (idiom)
22	把关	bǎguān	to guard a pass
23	把手	bǎshǒu	handle / grip
24	罢工	bàgōng	a strike / to go on strike
25	霸道	bàdào	overbearing / tyranny
26	掰	bāi	to break with both hands
27	摆脱	bǎituō	to break away from
28	拜访	bàifǎng	pay a visit
29	拜年	bàinián	pay a New Year call
30	拜托	bàituō	request sb to do sth
31	败坏	bàihuài	to ruin
32	斑	bān	spot / striped
33	颁布	bānbù	to issue / to enact (laws, decrees etc)
34	颁发	bānfā	to issue / to award
35	版本	bǎnběn	version
36	伴侣	bànlǚ	partner / mate
37	伴随	bànsuí	to accompany

#	汉字	Pinyin	Meaning
38	半途而废	bàntúérfèi	to give up halfway (idiom)
39	扮演	bànyǎn	play the part of
40	榜样	bǎngyàng	example / model
41	绑架	bǎngjià	to kidnap
42	磅	bàng	pound (unit of weight, about 454 grams)
43	包庇	bāobì	to shield / to cover up
44	包袱	bāofu	cloth-wrapper / burden
45	包围	bāowéi	to surround / to hem in
46	包装	bāozhuāng	package
47	保管	bǎoguǎn	to assure / to take care of / to safeguard
48	保密	bǎomì	to keep sth confidential
49	保姆	bǎomǔ	nanny / housekeeper
50	保守	bǎoshǒu	(politically) conservative / to keep
51	保卫	bǎowèi	to defend
52	保养	bǎoyǎng	to take good care of (or conserve) one's health / to keep in good repair / to maintain
53	保障	bǎozhàng	to ensure / to guarantee
54	保重	bǎozhòng	to take care of oneself
55	饱和	bǎohé	saturation
56	饱经沧桑	bǎojīngcāngsāng	having lived through many changes
57	报酬	bàochou	remuneration / reward
58	报仇	bàochóu	to revenge (oneself)
59	报答	bàodá	to repay / to requite
60	报复	bàofù	to make reprisals
61	报警	bàojǐng	to report sth to the police / to sound an alarm
62	报销	bàoxiāo	submit an expense account
63	抱负	bàofù	aspiration / ambition
64	暴力	bàolì	violence
65	暴露	bàolù	to expose / to reveal
66	曝光	bàoguāng	exposure (e.g. of photosensitive material) / to expose (a scandal to the public)
67	爆发	bàofā	to break out / to erupt
68	爆炸	bàozhà	explosion / to blow up / to detonate
69	卑鄙	bēibǐ	contemptible / despicable
70	悲哀	bēiāi	grieved
71	悲惨	bēicǎn	miserable / tragic
72	北极	běijí	the North Pole
73	备份	bèifèn	backup

74	备忘录	bèiwànglù	memorandum	96	比重	bǐzhòng	proportion / specific gravity
75	背叛	bèipàn	to betray	97	鄙视	bǐshì	to despise / to disdain
76	背诵	bèisòng	recite	98	弊病	bìbìng	malady / evil / drawback
77	被动	bèidòng	passive (not taking initiative)	99	弊端	bìduān	malpractice / abuse
78	被告	bèigào	defendant	100	臂	bì	arm
79	贝壳	bèiké	shell / conch	101	闭塞	bìsè	stop up / inaccessible
80	奔波	bēnbō	rush about	102	编织	biānzhī	to weave / to knit
81	奔驰	bēnchí	to run quickly	103	边疆	biānjiāng	border area
82	本能	běnnéng	instinct	104	边界	biānjiè	boundary
83	本钱	běnqián	capital (finance) / assets / means	105	边境	biānjìng	frontier
84	本人	běnrén	oneself / the person himself	106	边缘	biānyuán	edge
85	本身	běnshēn	in itself / per se	107	鞭策	biāncè	to spur on
86	本事	běnshi	ability / skill	108	扁	biǎn	flat
87	笨拙	bènzhuō	clumsy	109	贬低	biǎndī	to belittle / to degrade / to devalue
88	崩溃	bēngkuì	to collapse / to fall apart	110	贬义	biǎnyì	derogatory sense
89	甭	béng	need not	111	便利	biànlì	convenient / easy
90	蹦	bèng	to leap / to bounce	112	便条	biàntiáo	(informal) note
91	迸发	bèngfā	to burst out	113	便于	biànyú	easy to
92	逼迫	bīpò	to force / to coerce	114	变故	biàngù	an unforeseen event
93	鼻涕	bítì	nasal mucus / snivel	115	变迁	biànqiān	changes / vicissitudes
94	比方	bǐfang	instance / example				
95	比喻	bǐyù	analogy / metaphor				

HSK 6

#	词	Pinyin	Meaning	#	词	Pinyin	Meaning
116	变质	biànzhì	to degenerate / to deteriorate / metamorphosis	137	并列	bìngliè	to stand side by side / to be juxtaposed
117	辨认	biànrèn	to recognize	138	剥削	bōxuē	to exploit / exploitation (man by man)
118	辩护	biànhù	to speak in defense of	139	拨	bō	to push aside / to dial / to allocate / classifier for group, batch
119	辩解	biànjiě	to explain				
120	辩证	biànzhèng	to investigate				
121	辫子	biànzi	plait / braid	140	播种	bōzhòng	to sow seeds
122	遍布	biànbù	to cover the whole (area)	141	波浪	bōlàng	wave
123	标本	biāoběn	specimen	142	波涛	bōtāo	great waves
124	标记	biāojì	sign / mark / symbol	143	伯母	bómǔ	aunt
125	标题	biāotí	title / heading / headline	144	博大精深	bódàjīngshēn	wide-ranging and profound
126	表决	biǎojué	decide by vote	145	博览会	bólǎnhuì	exposition / international fair
127	表态	biǎotài	to declare one's position	146	搏斗	bódòu	to wrestle
128	表彰	biǎozhāng	to honor	147	薄弱	bóruò	weak / frail
129	憋	biē	to choke / to stifle / to restrain	148	不顾	búgù	in spite of
				149	不愧	búkuì	be worthy of
130	别墅	biéshù	villa	150	不料	búliào	unexpectedly
131	别致	biézhì	unusual	151	不像话	búxiànghuà	unreasonable / shocking
132	别扭	bièniu	awkward / uncomfortable	152	不屑一顾	búxièyīgù	to disdain as beneath contempt
133	濒临	bīnlín	on the verge of				
134	冰雹	bīngbáo	hail	153	哺乳	bǔrǔ	breast feeding
135	丙	bǐng	third in order (III)	154	捕捉	bǔzhuō	to catch
136	并非	bìngfēi	really isn't	155	补偿	bǔcháng	compensate

#	Hanzi	Pinyin	English	#	Hanzi	Pinyin	English
156	补救	bǔjiù	remedy	176	部署	bùshǔ	to dispose / to deploy
157	补贴	bǔtiē	to subsidize	177	部位	bùwèi	position / place
158	不得已	bùdéyǐ	act against one's will	178	才干	cáigàn	ability / competence
159	不妨	bùfáng	there is no harm in	179	裁缝	cáifeng	tailor
160	不敢当	bùgǎndāng	lit. I dare not (accept the honor)	180	裁判	cáipàn	judgment / referee
161	不禁	bùjīn	can't help (doing sth)	181	裁员	cáiyuán	to cut staff
162	不堪	bùkān	cannot bear	182	财富	cáifù	wealth
163	不可思议	bùkěsīyì	inconceivable (idiom)	183	财务	cáiwù	financial affairs
164	不免	bùmiǎn	unavoidable	184	财政	cáizhèng	finances (public)
165	不时	bùshí	frequently	185	彩票	cǎipiào	lottery ticket / the lottery
166	不惜	bùxī	not stint	186	采购	cǎigòu	to procure (for an enterprise etc)
167	不相上下	bùxiāngshàngxià	equally matched	187	采集	cǎijí	to gather / to harvest
168	不言而喻	bùyánéryù	it goes without saying	188	采纳	cǎinà	to accept
169	不由得	bùyóude	can't help	189	参谋	cānmóu	staff officer / to give advice
170	不择手段	bùzéshǒuduàn	by fair means or foul	190	参照	cānzhào	to consult a reference
171	不止	bùzhǐ	incessantly / more than	191	残疾	cánjí	disabled
172	布告	bùgào	posting on a bulletin board / notice	192	残酷	cánkù	cruel
173	布局	bùjú	arrangement / layout	193	残留	cánliú	to remain / surplus
174	布置	bùzhì	to put in order	194	残忍	cánrěn	merciless / cruel
175	步伐	bùfá	pace / (measured) step / march	195	灿烂	cànlàn	to glitter
				196	仓促	cāngcù	all of a sudden

#	汉字	Pinyin	English
197	仓库	cāngkù	depot / warehouse
198	舱	cāng	cabin
199	苍白	cāngbái	pale
200	操劳	cāoláo	to work hard
201	操练	cāoliàn	drill
202	操纵	cāozòng	to operate
203	操作	cāozuò	to work
204	嘈杂	cáozá	noisy
205	草案	cǎoàn	draft (legislation, proposal etc)
206	草率	cǎoshuài	careless
207	侧面	cèmiàn	lateral side
208	测量	cèliáng	to survey / to gauge
209	策划	cèhuà	to plot
210	策略	cèlüè	tactics
211	层出不穷	céngchūbùqióng	more and more emerge
212	层次	céngcì	arrangement of ideas
213	差别	chābié	difference
214	插座	chāzuò	socket
215	查获	cháhuò	to investigate and capture (a criminal)
216	刹那	chànà	an instant (Sanskrit: ksana)
217	岔	chà	fork in road
218	诧异	chàyì	flabbergasted
219	柴油	cháiyóu	diesel fuel
220	搀	chān	to assist by the arm / to support
221	缠绕	chánrào	twisting
222	馋	chán	gluttonous / greedy
223	产业	chǎnyè	industry
224	阐述	chǎnshù	to expound (a position) / to treat (a subject)
225	颤抖	chàndǒu	to shudder / to tremble
226	昌盛	chāngshèng	prosperous
227	偿还	chánghuán	to repay
228	尝试	chángshì	to try
229	场合	chǎnghé	situation
230	场面	chǎngmiàn	scene
231	场所	chǎngsuǒ	location
232	敞开	chǎngkāi	wide open
233	倡导	chàngdǎo	to advocate
234	倡议	chàngyì	to suggest
235	畅通	chàngtōng	unimpeded
236	畅销	chàngxiāo	best seller
237	超越	chāoyuè	to surpass
238	钞票	chāopiào	paper money
239	嘲笑	cháoxiào	jeer

240	巢穴	cháoxué	lair / nest
241	朝代	cháodài	dynasty
242	潮流	cháoliú	tide / trend
243	撤退	chètuì	to withdraw / to retreat
244	撤销	chèxiāo	to repeal / to undo (computing)
245	沉淀	chéndiàn	to settle / to precipitate (chemistry)
246	沉闷	chénmèn	oppressive (of weather)
247	沉思	chénsī	contemplate
248	沉重	chénzhòng	heavy / critical
249	沉着	chénzhuó	steady / not nervous
250	陈旧	chénjiù	old-fashioned
251	陈列	chénliè	to display
252	陈述	chénshù	an assertion / to declare
253	称心如意	chènxīnrúyì	after one's heart (idiom)
254	衬托	chèntuō	to set off
255	称号	chēnghào	name / term of address / title
256	乘	chéng	to ride / to mount / to multiply (mathematics)
257	呈现	chéngxiàn	to appear / to present (a certain appearance)
258	城堡	chéngbǎo	castle
259	惩罚	chéngfá	punishment
260	成本	chéngběn	(manufacturing, production etc) costs
261	成交	chéngjiāo	to complete a contract
262	成天	chéngtiān	(coll.) all day long
263	成效	chéngxiào	effect / result
264	成心	chéngxīn	intentional
265	成员	chéngyuán	member
266	承办	chéngbàn	to undertake
267	承包	chéngbāo	to contract
268	承诺	chéngnuò	to promise
269	橙	chéng	orange (fruit, color)
270	澄清	chéngqīng	clear (of liquid)
271	盛	chéng	to hold / to contain
272	诚挚	chéngzhì	sincere
273	秤	chèng	steelyard
274	吃苦	chīkǔ	to bear
275	吃力	chīlì	entail strenuous effort
276	持久	chíjiǔ	lasting
277	迟钝	chídùn	slow in one's reactions
278	迟缓	chíhuǎn	slow / sluggish
279	迟疑	chíyí	to hesitate

#	汉字	Pinyin	English
280	赤道	chìdào	equator (of the earth or astronomical body)
281	赤字	chìzì	(financial) deficit
282	充当	chōngdāng	to serve as
283	充沛	chōngpèi	abundant
284	充实	chōngshí	rich
285	充足	chōngzú	adequate
286	冲动	chōngdòng	impetus
287	冲击	chōngjī	an attack
288	冲突	chōngtū	conflict
289	崇拜	chóngbài	to worship
290	崇高	chónggāo	majestic
291	崇敬	chóngjìng	to revere
292	重叠	chóngdié	to overlap / to duplicate
293	稠密	chóumì	dense
294	筹备	chóubèi	preparations
295	丑恶	chǒuè	ugly
296	出路	chūlù	a way out (of a difficulty etc)
297	出卖	chūmài	to offer for sale / to betray
298	出身	chūshēn	family background
299	出神	chūshén	entranced
300	出息	chūxi	promise
301	初步	chūbù	initial / preliminary
302	除	chú	to get rid of / except
303	储备	chǔbèi	to store up / reserves
304	储存	chǔcún	stockpile
305	储蓄	chǔxù	to deposit money
306	处分	chǔfèn	to discipline sb
307	处境	chǔjìng	plight
308	处置	chǔzhì	to handle / to punish
309	触犯	chùfàn	to offend / to go against
310	川流不息	chuānliúbùxī	the stream flows without stopping (idiom)
311	穿越	chuānyuè	to pass through
312	传达	chuándá	to pass on
313	传单	chuándān	leaflet
314	传授	chuánshòu	to impart
315	船舶	chuánbó	shipping
316	喘气	chuǎnqì	to breathe deeply / to pant
317	串	chuàn	to string together / to mix up / to conspire / string (computing) / classifier for rows or strings
318	床单	chuángdān	sheet (bed)
319	创立	chuànglì	to found / to establish
320	创新	chuàngxīn	innovation

321	创业	chuàngyè	to begin an undertaking	343	摧残	cuīcán	to ravage
322	创作	chuàngzuò	to create / creative work	344	脆弱	cuìruò	weak
323	吹牛	chuīniú	to brag	345	搓	cuō	to rub or roll between the hands or fingers
324	吹捧	chuīpěng	to flatter	346	磋商	cuōshāng	to consult
325	炊烟	chuīyān	smoke from kitchen chimneys	347	挫折	cuòzhé	setback
326	垂直	chuízhí	perpendicular	348	搭	dā	to put up
327	锤	chuí	hammer	349	搭档	dādàng	to cooperate
328	纯粹	chúncuì	purely	350	搭配	dāpèi	to pair up
329	纯洁	chúnjié	pure	351	答辩	dábiàn	to reply (to an accusation)
330	慈善	císhàn	benevolent	352	答复	dáfù	to answer
331	慈祥	cíxiáng	kindly	353	达成	dáchéng	to reach (an agreement)
332	磁带	cídài	magnetic tape	354	打包	dǎbāo	to wrap
333	雌雄	cíxióng	male and female	355	打官司	dǎguānsi	to file a lawsuit
334	伺候	cìhòu	to serve	356	打击	dǎjī	to hit
335	刺	cì	thorn	357	打架	dǎjià	to fight
336	次品	cìpǐn	substandard products	358	打量	dǎliang	to size sb up
337	次序	cìxù	sequence	359	打猎	dǎliè	to go hunting
338	丛	cóng	cluster	360	打仗	dǎzhàng	to fight a battle
339	从容	cóngróng	to go easy	361	大不了	dàbùliǎo	at worst
340	凑合	còuhe	to bring together	362	大臣	dàchén	minister (of a monarchy)
341	粗鲁	cūlǔ	crude	363	大伙儿	dàhuǒr	everybody
342	窜	cuàn	to flee	364	大肆	dàsì	wantonly

#	词	拼音	释义
365	大体	dàtǐ	in general
366	大意	dàyì	general idea
367	大致	dàzhì	more or less
368	歹徒	dǎitú	evil-doer
369	代价	dàijià	price
370	代理	dàilǐ	to act on behalf of sb in a responsible position
371	带领	dàilǐng	to guide
372	怠慢	dàimàn	to slight
373	逮捕	dàibǔ	to arrest
374	担保	dānbǎo	to guarantee
375	胆怯	dǎnqiè	timid
376	淡季	dànjì	off season
377	淡水	dànshuǐ	potable water (water with low salt content)
378	蛋白质	dànbáizhì	protein
379	诞辰	dànchén	birthday
380	诞生	dànshēng	to be born
381	当场	dāngchǎng	at the scene
382	当初	dāngchū	at that time
383	当代	dāngdài	the present age
384	当面	dāngmiàn	to sb's face
385	当前	dāngqián	current
386	当事人	dāngshìrén	persons involved or implicated
387	当务之急	dāngwùzhījí	top priority job
388	当选	dāngxuǎn	be elected
389	党	dǎng	party
390	档案	dàngàn	file
391	档次	dàngcì	grade
392	倒闭	dǎobì	to go bankrupt
393	导弹	dǎodàn	guided missile
394	导航	dǎoháng	navigation
395	导向	dǎoxiàng	to be oriented towards
396	捣乱	dǎoluàn	to disturb
397	盗窃	dàoqiè	to steal
398	稻谷	dàogǔ	rice crops
399	得不偿失	débùchángshī	(saying) the gains do not make up for the losses
400	得力	délì	able
401	得天独厚	détiāndúhòu	(of an area) rich in resources
402	得罪	dézuì	to commit an offense
403	灯笼	dēnglóng	lantern
404	登录	dēnglù	to register
405	登陆	dēnglù	to land
406	蹬	dēng	to tread on

#	词	拼音	释义
407	等候	děnghòu	waiting
408	等级	děngjí	degree
409	瞪	dèng	to open (one's eyes) wide
410	堤坝	dībà	dam
411	敌视	díshì	hostile
412	抵达	dǐdá	arrive
413	抵抗	dǐkàng	to resist
414	抵制	dǐzhì	to resit
415	地步	dìbù	condition
416	地势	dìshì	terrain
417	地质	dìzhì	geology
418	递增	dìzēng	to increase by degrees
419	颠簸	diānbǒ	to shake
420	颠倒	diāndǎo	to turn upside-down
421	典礼	diǎnlǐ	celebration
422	典型	diǎnxíng	model
423	点缀	diǎnzhuì	to decorate
424	垫	diàn	pad
425	奠定	diàndìng	to establish
426	惦记	diànjì	remember with concern
427	电源	diànyuán	electric power source
428	叼	diāo	to hold in the mouth
429	雕刻	diāokè	to carve / to engrave
430	雕塑	diāosù	a statue
431	吊	diào	to suspend
432	调动	diàodòng	to transfer
433	跌	diē	to drop
434	丁	dīng	cubes of meat and vegetables
435	叮嘱	dīngzhǔ	to warn repeatedly
436	盯	dīng	to watch attentively
437	定期	dìngqī	regularly
438	定义	dìngyì	definition
439	丢人	diūrén	to lose face
440	丢三落四	diūsānlàsì	forgetful
441	东道主	dōngdàozhǔ	host
442	东张西望	dōngzhāngxīwàng	to look in all directions (idiom)
443	董事长	dǒngshìzhǎng	chairman of the board
444	冻结	dòngjié	to freeze (loan, wage, price etc)
445	动荡	dòngdàng	unrest (social or political)
446	动机	dòngjī	motor
447	动静	dòngjìng	sound of activity or people talking
448	动力	dònglì	power
449	动脉	dòngmài	artery

#	汉字	Pinyin	English	#	汉字	Pinyin	English
450	动身	dòngshēn	go on a journey	472	对策	duìcè	countermeasure for dealing with a situation
451	动手	dòngshǒu	to hit with hands or fists	473	对称	duìchèn	symmetry
452	动态	dòngtài	development	474	对付	duìfu	to handle
453	动员	dòngyuán	mobilize	475	对抗	duìkàng	to withstand
454	栋	dòng	classifier for houses or buildings	476	对立	duìlì	to oppose
455	兜	dōu	pocket	477	对联	duìlián	rhyming couplet
456	陡峭	dǒuqiào	precipitous	478	对应	duìyìng	to correspond
457	斗争	dòuzhēng	a struggle	479	对照	duìzhào	to contrast
458	督促	dūcù	to urge sb to complete a task	480	队伍	duìwu	ranks
459	毒品	dúpǐn	drugs	481	顿时	dùnshí	at once
460	独裁	dúcái	dictatorship	482	哆嗦	duōsuo	to tremble
461	堵塞	dǔsè	to block	483	多元化	duōyuánhuà	diversification
462	赌博	dǔbó	to gamble	484	堕落	duòluò	to morally degenerate
463	杜绝	dùjué	put an end to	485	额外	éwài	extra
464	端	duān	end	486	恶心	ěxin	nausea
465	端午节	duānwǔjié	The Dragon Boat Festival	487	恶化	èhuà	worsen
466	端正	duānzhèng	upright	488	遏制	èzhì	to check
467	短促	duǎncù	short in time	489	恩怨	ēnyuàn	(feeling of) resentment
468	断定	duàndìng	to conclude	490	而已	éryǐ	that's all
469	断绝	duànjué	to sever	491	二氧化碳	èryǎnghuàtàn	carbon dioxide / CO_2
470	堆积	duījī	to pile up	492	发布	fābù	to release
471	兑现	duìxiàn	(of a cheque etc) to cash	493	发财	fācái	to get rich

HSK 6

494	发呆	fādāi	to daydream	516	反射	fǎnshè	to reflect
495	发动	fādòng	to start	517	反思	fǎnsī	to think back over sth
496	发觉	fājué	to find	518	反问	fǎnwèn	to ask (a question) in reply
497	发射	fāshè	to shoot (a projectile)				
498	发誓	fāshì	to vow	519	反之	fǎnzhī	on the other hand...
499	发行	fāxíng	to publish	520	泛滥	fànlàn	to be in flood
500	发炎	fāyán	inflamed from infection or injury	521	范畴	fànchóu	category
				522	贩卖	fànmài	to sell
501	发扬	fāyáng	to develop	523	方位	fāngwèi	direction
502	发育	fāyù	to develop	524	方言	fāngyán	dialect
503	法人	fǎrén	legal person	525	方圆	fāngyuán	circumference
504	番	fān	to take turns	526	方针	fāngzhēn	policy
505	凡是	fánshì	every	527	防守	fángshǒu	defend
506	繁华	fánhuá	flourishing	528	防御	fángyù	defense
507	繁忙	fánmáng	busy	529	防止	fángzhǐ	to prevent
508	繁体字	fántǐzì	traditional Chinese character	530	防治	fángzhì	prevention and cure
509	繁殖	fánzhí	to breed	531	纺织	fǎngzhī	spinning and weaving
510	反驳	fǎnbó	to retort	532	访问	fǎngwèn	to visit
511	反常	fǎncháng	unusual	533	放大	fàngdà	to enlarge
512	反感	fǎngǎn	to be disgusted with	534	放射	fàngshè	to radiate
513	反抗	fǎnkàng	to resist	535	非法	fēifǎ	illegal
514	反馈	fǎnkuì	to send back information	536	飞禽走兽	fēiqínzǒushòu	birds and animals
515	反面	fǎnmiàn	reverse side of sth	537	飞翔	fēixiáng	fly

538	飞跃	fēiyuè	to leap		560	分量	fènliàng	weight
539	肥沃	féiwò	fertile		561	愤怒	fènnù	angry
540	诽谤	fěibàng	slander		562	丰满	fēngmǎn	plentiful
541	废除	fèichú	to abolish		563	丰盛	fēngshèng	rich
542	废寝忘食	fèiqǐnwàngshí	to neglect sleep and forget about food (idiom)		564	丰收	fēngshōu	bumper harvest
					565	封闭	fēngbì	to seal
543	废墟	fèixū	ruins		566	封建	fēngjiàn	system of enfeoffment
544	沸腾	fèiténg	boiling		567	封锁	fēngsuǒ	to blockade
545	肺	fèi	lung		568	锋利	fēnglì	sharp (e.g. knife blade)
546	分辨	fēnbiàn	to distinguish		569	风暴	fēngbào	storm
547	分寸	fēncun	propriety		570	风度	fēngdù	elegance (for men)
548	分红	fēnhóng	a bonus		571	风光	fēngguāng	scene
549	分解	fēnjiě	to resolve		572	风气	fēngqì	general mood
550	分裂	fēnliè	to split up		573	风趣	fēngqù	humor
551	分泌	fēnmì	secrete		574	风土人情	fēngtǔrénqíng	local conditions and customs (idiom)
552	分明	fēnmíng	clearly demarcated					
553	分歧	fēnqí	difference (of opinion, position)		575	风味	fēngwèi	local flavor
					576	逢	féng	to meet by chance
554	分散	fēnsàn	scatter		577	奉献	fèngxiàn	to consecrate
555	吩咐	fēnfù	to tell		578	否决	fǒujué	veto
556	坟墓	fénmù	sepulcher		579	夫妇	fūfù	a (married) couple
557	粉末	fěnmò	fine powder		580	夫人	fūren	lady
558	粉色	fěnsè	white		581	敷衍	fūyǎn	to elaborate (on a theme)
559	粉碎	fěnsuì	crash					

HSK 6

#				#			
582	俘虏	fúlǔ	captive	605	赋予	fùyǔ	to assign
583	幅度	fúdù	width	606	附和	fùhè	to parrot
584	服从	fúcóng	to obey (an order)	607	附件	fùjiàn	enclosure
585	服气	fúqì	to be convinced	608	附属	fùshǔ	subsidiary
586	福利	fúlì	(material) welfare	609	改良	gǎiliáng	improve
587	福气	fúqi	good fortune	610	盖章	gàizhāng	to affix a seal (to sth)
588	符号	fúhào	symbol	611	钙	gài	calcium (chemistry)
589	辐射	fúshè	radiation	612	尴尬	gāngà	awkward
590	俯视	fǔshì	to look down at	613	干旱	gānhàn	drought
591	抚摸	fǔmō	to gently caress and stroke	614	干扰	gānrǎo	to interfere
592	抚养	fǔyǎng	to foster	615	干涉	gānshè	to interfere
593	腐败	fǔbài	corruption	616	干预	gānyù	to meddle
594	腐烂	fǔlàn	to rot	617	感慨	gǎnkǎi	lament
595	腐蚀	fǔshí	corrosion	618	感染	gǎnrǎn	infection
596	腐朽	fǔxiǔ	rotten	619	干劲	gànjìn	enthusiasm for doing sth
597	辅助	fǔzhù	to assist	620	扛	gāng	to raise aloft with both hands
598	副	fù	secondary	621	纲领	gānglǐng	program
599	复活	fùhuó	to bring back to life	622	岗位	gǎngwèi	a post
600	复兴	fùxīng	to revive	623	港口	gǎngkǒu	port
601	富裕	fùyù	abundant	624	港湾	gǎngwān	natural harbor
602	腹泻	fùxiè	diarrhea	625	杠杆	gànggǎn	lever
603	覆盖	fùgài	to cover	626	高超	gāochāo	excellent
604	负担	fùdān	burden	627	高潮	gāocháo	high tide

#	汉字	Pinyin	English
628	高峰	gāofēng	peak
629	高明	gāomíng	wise
630	高尚	gāoshàng	nobly
631	高涨	gāozhǎng	upsurge
632	稿件	gǎojiàn	rough draft
633	告辞	gàocí	to take leave
634	告诫	gàojiè	to warn
635	割	gē	to cut
636	搁	gē	to place
637	歌颂	gēsòng	sing the praises of
638	疙瘩	gēda	swelling or lump on skin
639	鸽子	gēzi	pigeon
640	格局	géjú	structure
641	格式	géshì	form
642	隔阂	géhé	estrangement
643	隔离	gélí	to separate
644	革命	gémìng	revolution
645	个体	gètǐ	individual
646	各抒己见	gèshūjǐjiàn	everyone gives their own view
647	根深蒂固	gēnshēndìgù	deep-rooted (problem etc)
648	根源	gēnyuán	origin
649	跟前	gēnqián	in front of
650	跟随	gēnsuí	to follow
651	跟踪	gēnzōng	to follow sb's tracks
652	更新	gēngxīn	to replace the old with new
653	更正	gēngzhèng	to correct
654	耕地	gēngdì	arable land
655	供不应求	gōngbùyìngqiú	supply does not meet demand
656	供给	gōngjǐ	to furnish
657	公安局	gōngānjú	Public Security Bureau
658	公道	gōngdào	justice
659	公告	gōnggào	post
660	公关	gōngguān	public relations
661	公民	gōngmín	citizen
662	公然	gōngrán	openly
663	公认	gōngrèn	publicly known (to be)
664	公式	gōngshì	formula
665	公务	gōngwù	official business
666	公正	gōngzhèng	just
667	公证	gōngzhèng	notarization
668	功劳	gōngláo	contribution
669	功效	gōngxiào	efficacy
670	宫殿	gōngdiàn	palace
671	工艺品	gōngyìpǐn	handicraft article
672	恭敬	gōngjìng	deferential

HSK 6

#	词	Pinyin	Meaning	#	词	Pinyin	Meaning
673	攻击	gōngjī	to attack	695	固执	gùzhi	persistent
674	攻克	gōngkè	to capture	696	故乡	gùxiāng	home
675	巩固	gǒnggù	to consolidate	697	故障	gùzhàng	malfunction
676	共和国	gònghéguó	republic	698	雇佣	gùyōng	to employ
677	共计	gòngjì	to sum up to	699	顾虑	gùlǜ	misgivings
678	共鸣	gòngmíng	physical resonance	700	顾问	gùwèn	adviser
679	勾结	gōujié	to collude with	701	拐杖	guǎizhàng	crutches
680	钩子	gōuzi	hook	702	关怀	guānhuái	care
681	构思	gòusī	to outline a story	703	关照	guānzhào	to take care
682	姑且	gūqiě	temporarily	704	官方	guānfāng	official
683	孤独	gūdú	lonely	705	观光	guānguāng	to tour
684	孤立	gūlì	isolate	706	管辖	guǎnxiá	to administer
685	辜负	gūfù	to fail to live up (to expectations)	707	惯例	guànlì	conventional
				708	灌溉	guàngài	to irrigate
686	古董	gǔdǒng	curio	709	罐	guàn	can
687	古怪	gǔguài	eccentric	710	贯彻	guànchè	to implement
688	股东	gǔdōng	shareholder	711	光彩	guāngcǎi	luster
689	股份	gǔfèn	a share (in a company)	712	光辉	guānghuī	radiance
690	骨干	gǔgàn	diaphysis (long segment of a bone)	713	光芒	guāngmáng	rays of light
				714	光荣	guāngróng	honor and glory
691	鼓动	gǔdòng	to agitate	715	广阔	guǎngkuò	wide
692	固然	gùrán	admittedly (it's true that...)	716	归根到底	guīgēndàodǐ	(saying) to sum it up...
693	固体	gùtǐ	solid	717	归还	guīhuán	to return sth
694	固有	gùyǒu	intrinsic to sth	718	规范	guīfàn	norm

#	汉字	Pinyin	English
719	规格	guīgé	standard
720	规划	guīhuà	plan
721	规章	guīzhāng	rule
722	轨道	guǐdào	orbit
723	贵族	guìzú	lord
724	跪	guì	kneel
725	棍棒	gùnbàng	club
726	国防	guófáng	national defense
727	国务院	GuóWùYuàn	State Council (PRC)
728	果断	guǒduàn	firm
729	过度	guòdù	excessive
730	过渡	guòdù	to cross over (by ferry)
731	过奖	guòjiǎng	to over-praise
732	过滤	guòlǜ	to filter
733	过失	guòshī	defect
734	过问	guòwèn	to show an interest in
735	过瘾	guòyǐn	to satisfy a craving
736	过于	guòyú	too much
737	嗨	hāi	oh alas
738	海拔	hǎibá	height above sea level
739	海滨	hǎibīn	shore
740	含糊	hánhu	obscurity
741	含义	hányì	meaning (implicit in a phrase)
742	寒暄	hánxuān	exchanging conventional greetings
743	罕见	hǎnjiàn	rare
744	捍卫	hànwèi	defend
745	航空	hángkōng	aviation
746	航天	hángtiān	space flight
747	航行	hángxíng	to sail
748	行列	hángliè	procession
749	毫米	háomǐ	millimeter
750	毫无	háowú	not in the least
751	豪迈	háomài	bold
752	号召	hàozhào	to call
753	耗费	hàofèi	to waste
754	呵	hē	to scold in a loud voice
755	合并	hébìng	to merge
756	合成	héchéng	to compose
757	合伙	héhuǒ	to act jointly
758	合算	hésuàn	worthwhile
759	和蔼	héǎi	kindly
760	和解	héjiě	to settle (a dispute out of court)
761	和睦	hémù	peaceful relations

HSK 6

#	词	拼音	英文
762	和气	héqi	friendly
763	和谐	héxié	harmonious
764	嘿	hēi	hey
765	痕迹	hénjì	vestige
766	狠心	hěnxīn	callous
767	恨不得	hènbudé	wishing one could do sth
768	哼	hēng	to groan
769	横	héng	horizontal
770	哄	hōng	roar of laughter (onomatopoeia)
771	烘	hōng	to bake
772	轰动	hōngdòng	sensation
773	宏观	hóngguān	macro-
774	宏伟	hóngwěi	grand
775	洪水	hóngshuǐ	deluge
776	喉咙	hóulóng	throat
777	吼	hǒu	roar or howl of an animal
778	候选	hòuxuǎn	candidate
779	后代	hòudài	posterity
780	后顾之忧	hòugùzhīyōu	fears of trouble in the rear (idiom)
781	后勤	hòuqín	logistics
782	呼唤	hūhuàn	to call out (a name etc)
783	呼啸	hūxiào	to whistle
784	呼吁	hūyù	to call on (sb to do sth)
785	忽略	hūlvè	to neglect
786	湖泊	húpō	lake
787	胡乱	húluàn	careless
788	胡须	húxū	beard
789	花瓣	huābàn	petal
790	花蕾	huālěi	bud
791	华丽	huálì	gorgeous
792	华侨	huáqiáo	overseas Chinese
793	划分	huàfēn	to divide
794	化肥	huàféi	fertilizer
795	化石	huàshí	fossil
796	化验	huàyàn	laboratory test
797	化妆	huàzhuāng	to put on make-up
798	画蛇添足	huàshétiānzú	lit. draw legs on a snake (idiom)
799	话筒	huàtǒng	microphone
800	欢乐	huānlè	gaiety
801	环节	huánjié	round segment
802	还原	huányuán	to restore to the original state
803	缓和	huǎnhé	to ease (tension)
804	患者	huànzhě	patient
805	荒凉	huāngliáng	desolate
806	荒谬	huāngmiù	absurd

807	荒唐	huāngtáng	beyond belief	830	混浊	hùnzhuó	turbid
808	皇帝	huángdì	emperor	831	活该	huógāi	(coll.) serve sb right
809	皇后	huánghòu	empress	832	活力	huólì	energy
810	黄昏	huánghūn	dusk	833	火箭	huǒjiàn	rocket
811	恍然大悟	huǎngrándàwù	to suddenly realize	834	火焰	huǒyàn	blaze
812	晃	huǎng	to sway	835	火药	huǒyào	gunpowder
813	挥霍	huīhuò	to squander money	836	货币	huòbì	currency
814	辉煌	huīhuáng	splendid	837	基地	jīdì	base (of operations)
815	回报	huíbào	(in) return	838	基金	jījīn	fund
816	回避	huíbì	to evade	839	基因	jīyīn	gene (loanword)
817	回顾	huígù	to look back	840	机动	jīdòng	locomotive
818	回收	huíshōu	to recycle	841	机构	jīgòu	mechanism
819	悔恨	huǐhèn	remorse	842	机灵	jīling	clever
820	毁灭	huǐmiè	perish	843	机密	jīmì	secret
821	会晤	huìwù	to meet	844	机械	jīxiè	machine
822	汇报	huìbào	to report	845	机遇	jīyù	opportunity
823	贿赂	huìlù	to bribe	846	机智	jīzhì	quick-witted
824	昏迷	hūnmí	to lose consciousness	847	激发	jīfā	to arouse
825	荤	hūn	meat, fish	848	激励	jīlì	to encourage
826	浑身	húnshēn	all over	849	激情	jīqíng	passion
827	混合	hùnhé	to mix	850	讥笑	jīxiào	to sneer
828	混乱	hùnluàn	confusion	851	饥饿	jīè	hunger
829	混淆	hùnxiáo	to obscure	852	即便	jíbiàn	even if

#	汉字	Pinyin	English
853	即将	jíjiāng	on the eve of
854	及早	jízǎo	at the earliest possible time
855	吉祥	jíxiáng	lucky
856	嫉妒	jídù	to be jealous
857	急功近利	jígōngjìnlì	seeking instant benefit (idiom)
858	急剧	jíjù	rapid
859	急切	jíqiè	eager
860	急于求成	jíyúqiúchéng	anxious for quick results (idiom)
861	急躁	jízào	irritable
862	极端	jíduān	extreme
863	极限	jíxiàn	limit
864	疾病	jíbìng	disease
865	籍贯	jíguàn	one's native place
866	级别	jíbié	(military) rank
867	集团	jítuán	group
868	给予	jǐyǔ	to accord
869	季军	jìjūn	third in a race
870	季度	jìdù	quarter (finance, publishing, schools etc)
871	寂静	jìjìng	quiet
872	寄托	jìtuō	to have sb look after sb
873	忌讳	jìhuì	taboo
874	技巧	jìqiǎo	skill
875	纪要	jìyào	minutes
876	继承	jìchéng	to inherit
877	计较	jìjiào	to haggle
878	记性	jìxing	memory
879	记载	jìzǎi	write down
880	迹象	jìxiàng	mark
881	佳肴	jiāyáo	fine food
882	加工	jiāgōng	to process
883	加剧	jiājù	to intensify
884	夹杂	jiāzá	to mix together (disparate substances)
885	家常	jiācháng	the daily life of a family
886	家伙	jiāhuo	household dish, implement or furniture
887	家属	jiāshǔ	family member
888	家喻户晓	jiāyùhùxiǎo	understood by everyone (idiom)
889	坚定	jiāndìng	firm
890	坚固	jiāngù	firm
891	坚韧	jiānrèn	tough and durable
892	坚实	jiānshí	firm and substantial
893	坚硬	jiānyìng	hard
894	尖端	jiānduān	sharp pointed end
895	尖锐	jiānruì	sharp

#	汉字	拼音	英文
896	煎	jiān	to pan fry
897	监督	jiāndū	to control
898	监视	jiānshì	to monitor
899	监狱	jiānyù	prison
900	艰难	jiānnán	difficult
901	剪彩	jiǎncǎi	to cut the ribbon (at a launching or opening ceremony)
902	拣	jiǎn	to choose
903	检讨	jiǎntǎo	to examine or inspect
904	检验	jiǎnyàn	to inspect
905	简化	jiǎnhuà	simplify
906	简陋	jiǎnlòu	simple and crude (of a room or building)
907	简体字	jiǎntǐzì	simplified Chinese character, as opposed to traditional Chinese character 繁体字[fan2 ti3 zi4]
908	简要	jiǎnyào	concise
909	健全	jiànquán	robust
910	剑	jiàn	double-edged sword / classifier for blows of a sword
911	溅	jiàn	splash
912	舰艇	jiàntǐng	warship
913	见多识广	jiànduōshíguǎng	experienced and knowledgeable (idiom)
914	见解	jiànjiě	opinion
915	见闻	jiànwén	what one sees and hears
916	见义勇为	jiànyìyǒngwéi	to see what is right and act courageously (idiom, from Analects)
917	践踏	jiàntà	to trample
918	鉴别	jiànbié	to differentiate
919	鉴定	jiàndìng	to appraise
920	鉴于	jiànyú	in view of
921	间谍	jiàndié	spy
922	间隔	jiàngé	compartment
923	间接	jiànjiē	indirect
924	僵硬	jiāngyìng	stark
925	将军	jiāngjūn	(Military) admiral
926	将近	jiāngjìn	almost
927	将就	jiāng jiù	to accept (a bit reluctantly)
928	奖励	jiǎnglì	reward (as encouragement)
929	奖赏	jiǎngshǎng	reward
930	桨	jiǎng	oar
931	降临	jiànglín	to descend to
932	交叉	jiāochā	to cross
933	交代	jiāodài	to hand over

HSK 6

934	交涉	jiāoshè	to negotiate	956	节制	jiézhì	to control / to moderate
935	交易	jiāoyì	(business) transaction	957	节奏	jiézòu	rhythm
936	娇气	jiāoqì	delicate	958	解除	jiěchú	to remove
937	焦点	jiāodiǎn	focus	959	解放	jiěfàng	to liberate
938	焦急	jiāojí	anxiety	960	解雇	jiěgù	to fire
939	侥幸	jiǎoxìng	luckily	961	解剖	jiěpōu	to dissect (an animal)
940	搅拌	jiǎobàn	to stir	962	解散	jiěsàn	dissolve
941	缴纳	jiǎonà	to pay (taxes etc)	963	解体	jiětǐ	to break up into components
942	角落	jiǎoluò	nook	964	借鉴	jièjiàn	to use other people's experience
943	教养	jiàoyǎng	to train				
944	较量	jiàoliàng	to have a contest with sb	965	借助	jièzhù	to draw support from
945	接连	jiēlián	on end	966	戒备	jièbèi	to take precautions
946	揭露	jiēlù	to expose	967	界限	jièxiàn	boundary
947	皆	jiē	all	968	津津有味	jīnjīnyǒuwèi	with keen interest pleasure (idiom)
948	阶层	jiēcéng	hierarchy				
949	截止	jiézhǐ	to stop / cut-off point	969	金融	jīnróng	banking
				970	紧迫	jǐnpò	pressing
950	截至	jiézhì	up to (a time)	971	锦上添花	jǐnshàngtiānhuā	lit. on brocade, add flowers (idiom) / to decorate sth already perfect / gilding the lily
951	杰出	jiéchū	outstanding				
952	竭尽全力	jiéjìnquánlì	to spare no effort (idiom)				
953	结晶	jiéjīng	crystallization	972	晋升	jìnshēng	to promote to a higher position
954	结局	jiéjú	conclusion	973	浸泡	jìnpào	to steep
955	结算	jiésuàn	to settle a bill	974	近来	jìnlái	recently

#	汉字	Pinyin	English
975	进而	jìn'ér	and then (what follows next)
976	进攻	jìngōng	to attack
977	进化	jìnhuà	evolution
978	进展	jìnzhǎn	to make headway
979	兢兢业业	jīngjīngyèyè	cautious and conscientious
980	惊动	jīngdòng	alarm
981	惊奇	jīngqí	to be amazed
982	惊讶	jīngyà	amazed
983	精打细算	jīngdǎxìsuàn	(saying) meticulous planning and careful accounting
984	精华	jīnghuá	best feature
985	精简	jīngjiǎn	to simplify
986	精密	jīngmì	accuracy
987	精确	jīngquè	accurate
988	精通	jīngtōng	proficient
989	精心	jīngxīn	with utmost care
990	精益求精	jīngyìqiújīng	to perfect sth that is already outstanding (idiom)
991	精致	jīngzhì	delicate
992	经费	jīngfèi	funds
993	经纬	jīngwěi	warp and woof
994	茎	jīng	stalk
995	井	jǐng	warn
996	警告	jǐnggào	to warn
997	警惕	jǐngtì	to be on the alert
998	颈椎	jǐngzhuī	cervical vertebra
999	境界	jìngjiè	boundary
1000	敬礼	jìnglǐ	salute
1001	敬业	jìngyè	to be dedicated to one's work
1002	竞赛	jìngsài	race
1003	竞选	jìngxuǎn	to take part in an election
1004	镜头	jìngtóu	camera shot (in a movie etc)
1005	纠纷	jiūfēn	a dispute
1006	纠正	jiūzhèng	to correct
1007	酒精	jiǔjīng	alcohol
1008	就近	jiùjìn	nearby
1009	就业	jiùyè	looking for employment
1010	就职	jiùzhí	take office
1011	救济	jiùjì	emergency relief
1012	居民	jūmín	resident
1013	居住	jūzhù	to reside
1014	拘留	jūliú	to detain (a prisoner)
1015	拘束	jūshù	to restrict
1016	鞠躬	jūgōng	to bow

#	词	拼音	英文	#	词	拼音	英文
1017	局部	júbù	part	1038	卡通	kǎtōng	cartoon
1018	局面	júmiàn	aspect	1039	开采	kāicǎi	to extract (ore or other resource from a mine)
1019	局势	júshì	situation				
1020	局限	júxiàn	limit	1040	开除	kāichú	to expel
1021	举动	jǔdòng	act	1041	开阔	kāikuò	wide
1022	举世瞩目	jǔshìzhǔmù	attract worldwide attention	1042	开朗	kāilǎng	spacious and well-lit
1023	举足轻重	jǔzúqīngzhòng	a foot's move sways the balance (idiom)	1043	开明	kāimíng	enlightened
				1044	开辟	kāipì	to open up
1024	咀嚼	jǔjué	to chew	1045	开拓	kāituò	to break new ground (for agriculture)
1025	沮丧	jǔsàng	dispirited				
1026	剧本	jùběn	script for play, opera, movie etc	1046	开展	kāizhǎn	(begin to) develop
1027	剧烈	jùliè	violent	1047	开支	kāizhī	expenditures
1028	据悉	jùxī	according to reports	1048	刊登	kāndēng	to carry a story
				1049	刊物	kānwù	publication
1029	聚精会神	jùjīnghuìshén	to concentrate one's attention (idiom)	1050	勘探	kāntàn	exploration
1030	卷	juǎn	to roll up	1051	侃侃而谈	kǎnkǎn ér tán	to speak frankly with assurance
1031	倔强	juéjiàng	stubborn	1052	砍伐	kǎnfá	to hew / to cut down
1032	决策	juécè	strategic decision	1053	看待	kàndài	to look upon
1033	绝望	juéwàng	desperation	1054	慷慨	kāngkǎi	vehement
1034	觉悟	juéwù	consciousness	1055	抗议	kàngyì	protest
1035	觉醒	juéxǐng	to awaken	1056	考察	kǎochá	to inspect
1036	军队	jūnduì	army troops	1057	考古	kǎogǔ	archaeology
1037	君子	jūnzǐ	nobleman	1058	考核	kǎohé	to examine

#	Chinese	Pinyin	English		#	Chinese	Pinyin	English
1059	考验	kǎoyàn	to test		1082	恐惧	kǒngjù	fear
1060	靠拢	kàolǒng	to draw close to		1083	空白	kòngbái	blank space
1061	磕	kē	to tap		1084	空隙	kòngxì	crack
1062	科目	kēmù	subject		1085	口气	kǒuqì	tone of voice
1063	可观	kěguān	considerable		1086	口腔	kǒuqiāng	oral cavity
1064	可口	kěkǒu	tasty		1087	口头	kǒutóu	oral
1065	可恶	kěwù	repulsive		1088	口音	kǒuyīn	accent
1066	可行	kěxíng	feasible		1089	扣	kòu	to fasten / to button / to confiscate / to deduct (money)
1067	渴望	kěwàng	to thirst for					
1068	克制	kèzhì	to restrain / to control		1090	哭泣	kūqì	to weep
1069	刻不容缓	kèbùrónghuǎn	to brook no delay		1091	枯萎	kūwěi	to wilt / to wither
1070	客户	kèhù	client		1092	枯燥	kūzào	dry and dull
1071	课题	kètí	task		1093	苦尽甘来	kǔjìngānlái	bitterness finishes, sweetness begins (idiom)
1072	啃	kěn	to gnaw					
1073	恳切	kěnqiè	earnest		1094	苦涩	kǔsè	bitter and astringent
1074	坑	kēng	pit		1095	挎	kuà	to carry (esp. slung over the arm, shoulder or side)
1075	空洞	kōngdòng	cavity					
1076	空前绝后	kōngqiánjuéhòu	unprecedented and never to be duplicated		1096	跨	kuà	to step across
1077	空想	kōngxiǎng	daydream		1097	快活	kuàihuo	happy
1078	空虚	kōngxū	hollow		1098	宽敞	kuānchang	spacious
1079	孔	kǒng	aperture		1099	宽容	kuānróng	lenient / indulgent
1080	恐怖	kǒngbù	terrible		1100	款待	kuǎndài	entertain
1081	恐吓	kǒnghè	to threaten		1101	款式	kuǎnshì	pattern

HSK 6

1102	筐	kuāng		basket
1103	况且	kuàngqiě		moreover
1104	旷课	kuàngkè		to play truant
1105	框架	kuàngjià		frame
1106	矿产	kuàngchǎn		minerals
1107	亏待	kuīdài		to treat sb unfairly
1108	亏损	kuīsǔn		deficit
1109	捆绑	kǔnbǎng		to bind
1110	扩充	kuòchōng		to expand
1111	扩散	kuòsàn		to spread
1112	扩张	kuòzhāng		expansion
1113	啦	lā		a phrase-final particle
1114	喇叭	lǎba		horn (automobile, alarm siren, musical etc) which produces a sound
1115	蜡烛	làzhú		candle
1116	来历	láilì		history
1117	来源	láiyuán		source (of information etc)
1118	栏目	lánmù		a column (in a newspaper or on a news website)
1119	懒惰	lǎnduò		idle
1120	狼狈	lángbèi		in a difficult situation
1121	狼吞虎咽	lángtūnhǔyàn		to wolf down one's food (idiom) / to devour ravenously
1122	捞	lāo		to fish up
1123	唠叨	láodao		to prattle
1124	牢固	láogù		firm
1125	牢骚	láosāo		discontent
1126	乐趣	lèqù		delight
1127	乐意	lèyì		to be willing to do sth
1128	雷达	léidá		radar (loanword)
1129	类似	lèisì		similar
1130	冷酷	lěngkù		grim
1131	冷落	lěngluò		desolate / to snub
1132	冷却	lěngquè		to cool off
1133	愣	lèng		to look distracted
1134	黎明	límíng		dawn
1135	理睬	lǐcǎi		to heed
1136	理所当然	lǐsuǒdāngrán		as it should be by rights (idiom)
1137	理直气壮	lǐzhíqìzhuàng		in the right and self-confident (idiom)
1138	理智	lǐzhì		reason
1139	礼节	lǐjié		etiquette

HSK 6

1140	礼尚往来	lǐshàngwǎnglái	lit. proper behavior is based on reciprocity (idiom)
1141	里程碑	lǐchéngbēi	milestone
1142	例外	lìwài	(make an) exception
1143	利害	lìhài	pros and cons
1144	力求	lìqiú	to make every effort to
1145	力所能及	lìsuǒnéngjí	as far as one's capabilities extend (idiom)
1146	力争	lìzhēng	to work hard for
1147	历代	lìdài	successive generations
1148	历来	lìlái	always
1149	立场	lìchǎng	position
1150	立方	lìfāng	cube
1151	立交桥	lìjiāoqiáo	overpass
1152	立体	lìtǐ	three-dimensional
1153	立足	lìzú	to stand
1154	粒	lì	grain
1155	廉洁	liánjié	honest
1156	联欢	liánhuān	have a get-together
1157	联络	liánluò	communication
1158	联盟	liánméng	alliance
1159	联想	liánxiǎng	to associate with something in thinking
1160	连年	liánnián	successive years
1161	连锁	liánsuǒ	chain
1162	连同	liántóng	together with
1163	良心	liángxīn	conscience
1164	晾	liàng	to dry in the air
1165	谅解	liàngjiě	(reach) an understanding
1166	辽阔	liáokuò	vast
1167	列举	lièjǔ	a list
1168	临床	línchuáng	clinical
1169	淋	lín	to drain
1170	吝啬	lìnsè	stingy
1171	伶俐	línglì	clever
1172	凌晨	língchén	early in the morning
1173	灵感	línggǎn	inspiration
1174	灵魂	línghún	soul
1175	灵敏	língmǐn	smart
1176	零星	língxīng	fragmentary
1177	领会	lǐnghuì	to understand
1178	领事馆	lǐngshìguǎn	consulate
1179	领土	lǐngtǔ	territory
1180	领悟	lǐngwù	to understand
1181	领先	lǐngxiān	to lead
1182	领袖	lǐngxiù	leader

#	汉字	拼音	English	#	汉字	拼音	English
1183	溜	liū	to slip away	1205	落实	luòshí	practical
1184	流浪	liúlàng	to drift about	1206	屡次	lǚcì	repeatedly
1185	流露	liúlù	to express	1207	履行	lǚxíng	to fulfill (one's obligations)
1186	流氓	liúmáng	rogue	1208	掠夺	lüèduó	to plunder
1187	流通	liútōng	to circulate	1209	嘛	ma	(a modal particle)
1188	留恋	liúliàn	reluctant to leave	1210	麻痹	mábì	paralysis
1189	留念	liúniàn	to keep as a souvenir	1211	麻木	mámù	numb
1190	留神	liúshén	to take care	1212	麻醉	mázuì	anesthesia
1191	聋哑	lóngyǎ	deaf and dumb	1213	码头	mǎtóu	dock
1192	隆重	lóngzhòng	grand	1214	蚂蚁	mǎyǐ	ant
1193	垄断	lǒngduàn	enjoy market dominance	1215	埋伏	máifú	ambush
1194	笼罩	lǒngzhào	to envelop	1216	埋没	máimò	oblivion
1195	搂	lǒu	to hold or embrace in one's arms	1217	埋葬	máizàng	to bury
1196	炉灶	lúzào	stove	1218	脉搏	màibó	a pulse (both medical and figurative)
1197	轮船	lúnchuán	steamship	1219	迈	mài	take a step
1198	轮廓	lúnkuò	an outline	1220	埋怨	mányuàn	to complain
1199	轮胎	lúntāi	tire	1221	慢性	mànxìng	slow and patient
1200	论坛	lùntán	forum (for discussion)	1222	漫长	màncháng	very long
1201	论证	lùnzhèng	to prove a point	1223	漫画	mànhuà	caricature
1202	啰唆	luōsuo	to grumble	1224	蔓延	mànyán	to extend
1203	络绎不绝	luòyìbùjué	continuously	1225	忙碌	mánglù	busy
1204	落成	luòchéng	to complete a construction project	1226	盲目	mángmù	blind
				1227	茫茫	mángmáng	boundless

1228	茫然	mángrán	ignorant	1249	免得	miǎnde	so as not to
1229	冒充	màochōng	to feign	1250	免疫	miǎnyì	immunity (to disease)
1230	冒犯	màofàn	to offend	1251	勉励	miǎnlì	to encourage
1231	茂盛	màoshèng	lush	1252	勉强	miǎnqiǎng	to do with difficulty
1232	媒介	méijiè	media	1253	面貌	miànmào	appearance
1233	枚	méi	classifier for coins, rings, badges, pearls, sporting medals, rockets, satellites etc	1254	面子	miànzi	outer surface
				1255	描绘	miáohuì	to describe
				1256	瞄准	miáozhǔn	to aim (a weapon at a target)
1234	美观	měiguān	pleasing to the eye	1257	渺小	miǎoxiǎo	minute
1235	美满	měimǎn	happy	1258	藐视	miǎoshì	to despise
1236	美妙	měimiào	beautiful	1259	灭亡	mièwáng	to be destroyed
1237	萌芽	méngyá	sprout	1260	蔑视	mièshì	to loathe
1238	猛烈	měngliè	fierce				
1239	眯	mī	to narrow one's eyes	1261	民间	mínjiān	among the people
1240	弥补	míbǔ	to complement	1262	民主	mínzhǔ	democracy
1241	弥漫	mímàn	to pervade	1263	敏捷	mǐnjié	nimble
1242	谜语	míyǔ	riddle	1264	敏锐	mǐnruì	keen
1243	迷惑	míhuo	to puzzle	1265	名次	míngcì	position in a ranking of names
1244	迷人	mírén	fascinating	1266	名额	míngé	fixed number of people
1245	迷信	míxìn	superstition	1267	名副其实	míngfùqíshí	not just in name only, but also in reality (idiom)
1246	密度	mìdù	density				
1247	密封	mìfēng	seal up	1268	名誉	míngyù	fame
1248	棉花	miánhua	cotton	1269	明明	míngmíng	obviously

HSK 6

1270	明智	míngzhì	sensible
1271	命名	mìngmíng	to give a name to
1272	摸索	mōsuǒ	to feel about
1273	摩擦	mócā	friction
1274	模范	mófàn	model
1275	模式	móshì	mode
1276	模型	móxíng	model
1277	磨合	móhé	to break in
1278	膜	mó	membrane
1279	魔鬼	móguǐ	devil
1280	魔术	móshù	magic
1281	抹杀	mǒshā	to erase
1282	墨水儿	mòshuǐr	ink
1283	莫名其妙	mòmíngqímiào	unfathomable mystery (idiom)
1284	默默	mòmò	in silence
1285	谋求	móuqiú	to seek
1286	模样	múyàng	look
1287	母语	mǔyǔ	native language
1288	沐浴	mùyù	to take a bath
1289	目睹	mùdǔ	to witness
1290	目光	mùguāng	sight
1291	拿手	náshǒu	expert in
1292	纳闷儿	nàmènr	puzzled
1293	耐用	nàiyòng	durable
1294	南辕北辙	nányuánběizhé	to act in a way that defeats one's purpose (idiom)
1295	难得	nándé	seldom
1296	难堪	nánkān	hard to take
1297	难能可贵	nánnéngkěguì	rare and commendable
1298	恼火	nǎohuǒ	to get angry
1299	内涵	nèihán	meaning
1300	内幕	nèimù	inside story
1301	内在	nèizài	intrinsic
1302	能量	néngliàng	energy
1303	拟定	nǐdìng	to draw up
1304	逆行	nìxíng	to go the wrong way
1305	年度	niándù	year (e.g. school year, fiscal year)
1306	捏	niē	to pinch (with one's fingers)
1307	凝固	nínggù	to freeze
1308	凝聚	níngjù	to condense
1309	凝视	níngshì	gaze
1310	拧	níng	to pinch
1311	宁肯	nìngkěn	would rather...
1312	宁愿	nìngyuàn	would rather
1313	扭转	niǔzhuǎn	to reverse
1314	纽扣儿	niǔkòur	button

#	Hanzi	Pinyin	English
1315	农历	nónglì	the traditional Chinese calendar
1316	浓厚	nónghòu	dense
1317	奴隶	núlì	slave
1318	挪	nuó	to shift
1319	虐待	nüèdài	to mistreat
1320	哦	ò	oh
1321	殴打	ōudǎ	to beat up
1322	偶像	ǒuxiàng	idol / false god
1323	呕吐	ǒutù	to vomit
1324	趴	pā	to lie on one's stomach
1325	徘徊	páihuái	to dither
1326	排斥	páichì	to reject
1327	排除	páichú	to eliminate
1328	排放	páifàng	emission
1329	排练	páiliàn	to rehearse
1330	派别	pàibié	denomination
1331	派遣	pàiqiǎn	to send (on a mission)
1332	攀登	pāndēng	to climb
1333	盘旋	pánxuán	to spiral
1334	判决	pànjué	judgment (by a court of law)
1335	畔	pàn	bank
1336	庞大	pángdà	huge
1337	抛弃	pāoqì	discard
1338	泡沫	pàomò	foam
1339	培育	péiyù	to train
1340	配备	pèibèi	to allocate
1341	配偶	pèiǒu	consort
1342	配套	pèitào	to form a complete set
1343	盆地	péndì	basin (low-lying geographical feature)
1344	烹饪	pēngrèn	cooking
1345	捧	pěng	to clasp
1346	劈	pī	to hack
1347	批发	pīfā	wholesale
1348	批判	pīpàn	criticize
1349	疲惫	píbèi	beaten
1350	疲倦	píjuàn	to tire
1351	皮革	pígé	leather
1352	屁股	pìgu	buttocks
1353	譬如	pìrú	for example
1354	偏差	piānchā	bias
1355	偏见	piānjiàn	prejudice
1356	偏僻	piānpì	remote

HSK 6

1357	偏偏	piānpiān	(indicates that sth turns out just the opposite of what one would expect or what would be normal)
1358	片断	piànduàn	section
1359	片刻	piànkè	short period of time
1360	漂浮	piāofú	to float
1361	飘扬	piāoyáng	wave
1362	撇	piē	to throw
1363	拼搏	pīnbó	to struggle
1364	拼命	pīnmìng	to do one's utmost
1365	贫乏	pínfá	lack
1366	贫困	pínkùn	impoverished
1367	频繁	pínfán	frequently
1368	频率	pínlǜ	frequency
1369	品尝	pǐncháng	to taste a small amount
1370	品德	pǐndé	moral character
1371	品质	pǐnzhì	quality
1372	品种	pǐnzhǒng	breed
1373	屏幕	píngmù	screen (TV, computer or movie)
1374	屏障	píngzhàng	protective screen
1375	平凡	píngfán	commonplace
1376	平面	píngmiàn	plane (flat surface)
1377	平坦	píngtǎn	level
1378	平行	píngxíng	parallel
1379	平庸	píngyōng	mediocre / commonplace
1380	平原	píngyuán	field
1381	评估	pínggū	to evaluate
1382	评论	pínglùn	to comment on
1383	坡	pō	slope
1384	泼	pō	to splash
1385	颇	pō	very
1386	破例	pòlì	to make an exception
1387	迫不及待	pòbùjídài	impatient (idiom)
1388	迫害	pòhài	to persecute
1389	魄力	pòlì	courage
1390	扑	pū	to assault
1391	铺	pū	to spread
1392	普及	pǔjí	popular
1393	朴实	pǔshí	plain
1394	朴素	pǔsù	plain and simple
1395	瀑布	pùbù	waterfall
1396	凄凉	qīliáng	desolate
1397	期望	qīwàng	hope
1398	期限	qīxiàn	time limit

#	汉字	拼音	英文	#	汉字	拼音	英文
1399	欺负	qīfu	to bully	1419	起源	qǐyuán	origin
1400	欺骗	qīpiàn	to deceive	1420	器材	qìcái	equipment
1401	奇妙	qímiào	fantastic	1421	器官	qìguān	organ (part of body tissue)
1402	旗袍	qípáo	Chinese-style dress	1422	气概	qìgài	lofty quality
1403	旗帜	qízhì	ensign	1423	气功	qìgōng	qigong, a system of deep breathing exercises
1404	歧视	qíshì	to discriminate against	1424	气魄	qìpò	spirit
1405	齐全	qíquán	complete	1425	气色	qìsè	complexion
1406	齐心协力	qíxīnxiélì	to work with a common purpose (idiom)	1426	气势	qìshì	momentum
1407	乞丐	qǐgài	beggar	1427	气味	qìwèi	odor
1408	企图	qǐtú	attempt	1428	气象	qìxiàng	meteorological feature
1409	启程	qǐchéng	to set out on a journey	1429	气压	qìyā	atmospheric pressure
1410	启蒙	qǐméng	to instruct the young	1430	气质	qìzhí	temperament / manners
1411	启事	qǐshì	announcement (written, on billboard, letter, newspaper or website)	1431	迄今为止	qìjīnwéizhǐ	so far
				1432	掐	qiā	to pick (flowers)
1412	启示	qǐshì	enlightenment	1433	恰当	qiàdàng	appropriate
1413	岂有此理	qǐyǒucǐlǐ	how can this be so? (idiom)	1434	恰到好处	qiàdàohǎochù	it's just perfect
1414	起草	qǐcǎo	draft (a bill)	1435	恰巧	qiàqiǎo	fortunately
1415	起初	qǐchū	originally	1436	洽谈	qiàtán	to discuss
1416	起伏	qǐfú	to move up and down	1437	千方百计	qiānfāngbǎijì	lit. thousand ways, a hundred plans (idiom)
1417	起哄	qǐhòng	to heckle	1438	牵	qiān	to pull (an animal on a tether)
1418	起码	qǐmǎ	at the minimum				

#	汉字	Pinyin	English
1439	牵扯	qiānchě	to involve
1440	牵制	qiānzhì	to control
1441	签署	qiānshǔ	to sign (an agreement)
1442	谦逊	qiānxùn	humble
1443	迁就	qiānjiù	to yield
1444	迁徙	qiānxǐ	to migrate
1445	前景	qiánjǐng	foreground
1446	前提	qiántí	premise
1447	潜力	qiánlì	potential
1448	潜水	qiánshuǐ	to dive
1449	潜移默化	qiányímòhuà	imperceptible influence
1450	谴责	qiǎnzé	to denounce
1451	抢劫	qiāngjié	to rob
1452	强制	qiángzhì	to enforce
1453	强迫	qiǎngpò	to compel
1454	抢救	qiǎngjiù	rescue
1455	桥梁	qiáoliáng	bridge
1456	窍门	qiàomén	a trick
1457	翘	qiào	to raise
1458	切实	qièshí	feasible
1459	锲而不舍	qièěrbùshě	to chip away at a task and not abandon it (idiom)
1460	亲密	qīnmì	intimate
1461	亲热	qīnrè	affectionate
1462	侵犯	qīnfàn	to infringe on
1463	侵略	qīnlvè	invasion
1464	钦佩	qīnpèi	to admire
1465	勤俭	qínjiǎn	hardworking and frugal
1466	勤劳	qínláo	hardworking
1467	倾听	qīngtīng	to listen attentively
1468	倾向	qīngxiàng	trend
1469	倾斜	qīngxié	to incline
1470	清澈	qīngchè	clear
1471	清晨	qīngchén	early morning
1472	清除	qīngchú	eliminate
1473	清洁	qīngjié	clean
1474	清理	qīnglǐ	clear
1475	清晰	qīngxī	clear
1476	清醒	qīngxǐng	clear-headed
1477	清真	qīngzhēn	Islamic
1478	情报	qíngbào	(spy) intelligence
1479	情节	qíngjié	plot
1480	情理	qínglǐ	reason
1481	情形	qíngxíng	circumstances
1482	晴朗	qínglǎng	sunny and cloudless
1483	请柬	qǐngjiǎn	invitation card

1484	请教	qǐngjiào	consult	1508	确保	quèbǎo	to ensure
1485	请示	qǐngshì	ask for instructions	1509	确立	quèlì	to establish
1486	请帖	qǐngtiě	invitation card	1510	确切	quèqiè	definite
1487	丘陵	qiūlíng	hills	1511	确信	quèxìn	to be convinced
1488	区分	qūfēn	to differentiate	1512	群众	qúnzhòng	mass
1489	区域	qūyù	area	1513	染	rǎn	to dye
1490	屈服	qūfú	to surrender	1514	嚷	rǎng	blurt out
1491	曲折	qūzhé	complicated	1515	让步	ràngbù	to concede
1492	驱逐	qūzhú	to expel	1516	饶恕	ráoshù	forgiveness
1493	渠道	qúdào	irrigation ditch	1517	扰乱	rǎoluàn	to disturb
1494	取缔	qǔdì	to ban	1518	惹祸	rěhuò	stirring up trouble
1495	曲子	qǔzi	poem for singing	1519	热泪盈眶	rèlèiyíngkuàng	eyes brimming with tears of excitement (idiom)
1496	趣味	qùwèi	fun				
1497	圈套	quāntào	trap	1520	热门	rèmén	popular
1498	全局	quánjú	overall situation	1521	人道	réndào	human sympathy
1499	全力以赴	quánlìyǐfù	do at all costs	1522	人格	réngé	personality
1500	拳头	quántou	fist	1523	人工	réngōng	artificial
1501	权衡	quánhéng	to weigh	1524	人家	rénjia	other
1502	权威	quánwēi	authority	1525	人间	rénjiān	man's world
1503	犬	quǎn	dog	1526	人士	rénshì	person
1504	缺口	quēkǒu	nick	1527	人为	rénwéi	artificial
1505	缺席	quēxí	absence	1528	人性	rénxìng	human nature
1506	缺陷	quēxiàn	a defect	1529	人质	rénzhì	hostage
1507	瘸	qué	lame				

HSK 6

1530	仁慈	réncí	benevolent	1552	柔和	róuhé	gentle
1531	忍耐	rěnnài	to show restraint	1553	儒家	rújiā	Confucianism
1532	忍受	rěnshòu	to bear	1554	弱点	ruòdiǎn	weak point
1533	任命	rènmìng	to appoint and nominate	1555	若干	ruògān	a certain number or amount
1534	任性	rènxìng	willful	1556	撒谎	sāhuǎng	to tell lies
1535	任意	rènyì	arbitrary	1557	散文	sǎnwén	prose
1536	任重道远	rènzhòngdàoyuǎn	a heavy load and a long road	1558	散布	sànbù	to disseminate
1537	认定	rèndìng	to maintain (that sth is true)	1559	散发	sànfā	distribute
1538	认可	rènkě	to approve	1560	丧失	sàngshī	to lose
1539	仍旧	réngjiù	still (remaining)	1561	骚扰	sāorǎo	to disturb / to cause a commotion
1540	日新月异	rìxīnyuèyì	daily renewal, monthly change (idiom)	1562	嫂子	sǎozi	(informal) older brother's wife
1541	日益	rìyì	day by day	1563	刹车	shāchē	to brake (when driving)
1542	容貌	róngmào	one's appearance	1564	啥	shá	(dialect) what
1543	容纳	róngnà	to hold	1565	筛选	shāixuǎn	to filter
1544	容器	róngqì	receptacle	1566	山脉	shānmài	mountain range
1545	容忍	róngrěn	to put up with	1567	闪烁	shǎnshuò	flicker
1546	溶解	róngjiě	dissolve	1568	擅长	shàncháng	to be good at
1547	荣幸	róngxìng	honored	1569	擅自	shànzì	without permission
1548	荣誉	róngyù	honor	1570	伤脑筋	shāngnǎojīn	knotty
1549	融化	rónghuà	to melt	1571	商标	shāngbiāo	trademark
1550	融洽	róngqià	harmonious	1572	上级	shàngjí	higher authorities
1551	揉	róu	to knead				

#	汉字	拼音	英文	#	汉字	拼音	英文
1573	上进	shàng jìn	to make progress / to move forwards	1595	神经	shénjīng	nerve
1574	上任	shàngrèn	take office	1596	神奇	shénqí	magical
1575	上瘾	shàngyǐn	to get into a habit	1597	神气	shénqì	expression
1576	上游	shàngyóu	upper reaches	1598	神圣	shénshèng	divine
1577	尚且	shàngqiě	(not) even	1599	神态	shéntài	appearance
1578	捎	shāo	to bring sth to sb (news etc)	1600	神仙	shénxiān	Daoist immortal
1579	梢	shāo	tip of branch	1601	审查	shěnchá	to examine
1580	哨	shào	a whistle	1602	审理	shěnlǐ	to hear (a case)
1581	奢侈	shēchǐ	luxurious	1603	审美	shěnměi	esthetics
1582	舌头	shétou	tongue	1604	审判	shěnpàn	a trial
1583	摄氏度	shèshìdù	degrees centigrade	1605	慎重	shènzhòng	cautious
1584	涉及	shèjí	to involve	1606	渗透	shèntòu	to permeate
1585	社区	shèqū	community	1607	声明	shēngmíng	statement
1586	设立	shèlì	to set up	1608	声势	shēngshì	momentum
1587	设想	shèxiǎng	to imagine	1609	声誉	shēngyù	reputation
1588	设置	shèzhì	to set up	1610	牲畜	shēngchù	domesticated animals
1589	呻吟	shēnyín	to moan	1611	生存	shēngcún	to exist
1590	深奥	shēnào	profound	1612	生机	shēngjī	opportunity to live
1591	深沉	shēnchén	deep	1613	生理	shēnglǐ	physiology
1592	深情厚谊	shēnqínghòuyì	profound friendship	1614	生疏	shēngshū	unfamiliar
1593	申报	shēnbào	to report (to the authorities)	1615	生态	shēngtài	way of life
				1616	生物	shēngwù	organism
1594	绅士	shēnshì	gentleman	1617	生效	shēngxiào	to take effect

HSK 6

1618	生肖	*shēngxiào*	one of the twelve animals symbolic of the earthly branches 地支[di4 zhi1]	1637	实施	*shíshī*	to implement
				1638	实事求是	*shíshìqiúshì*	to seek truth from facts (idiom)
1619	生锈	*shēngxiù*	to rust	1639	实行	*shíxíng*	to implement
1620	生育	*shēngyù*	to bear	1640	实质	*shízhì*	substance
1621	省会	*shěnghuì*	provincial capital	1641	拾	*shí*	to pick up
1622	盛产	*shèngchǎn*	superabundant	1642	时常	*shícháng*	often
1623	盛开	*shèngkāi*	blooming	1643	时而	*shíér*	occasionally
1624	盛情	*shèngqíng*	great kindness	1644	时光	*shíguāng*	time
1625	盛行	*shèngxíng*	to be in vogue	1645	时机	*shíjī*	fortunate timing
1626	胜负	*shèngfù*	victory or defeat	1646	时事	*shíshì*	current trends
1627	失事	*shīshì*	to have an accident (plane crash, shipwreck, vehicle collision etc) / to mess things up	1647	石油	*shíyóu*	oil
				1648	识别	*shíbié*	to distinguish
				1649	使命	*shǐmìng*	mission (diplomatic or other)
1628	失误	*shīwù*	lapse	1650	世代	*shìdài*	generation
1629	失踪	*shīzōng*	missing	1651	事故	*shìgù*	accident
1630	尸体	*shītǐ*	dead body	1652	事迹	*shìjì*	deed
1631	师范	*shīfàn*	teacher-training	1653	事件	*shìjiàn*	event
1632	施加	*shījiā*	to exert (effort or pressure)	1654	事态	*shìtài*	situation
1633	施展	*shīzhǎn*	to use fully	1655	事务	*shìwù*	(political, economic etc) affairs
1634	十足	*shízú*	ample				
1635	实惠	*shíhuì*	tangible benefit	1656	事项	*shìxiàng*	matter
1636	实力	*shílì*	strength	1657	事业	*shìyè*	undertaking
				1658	势必	*shìbì*	is bound to (happen)

1659	势力	shìli	power	1682	首要	shǒuyào	the most important
1660	是非	shìfēi	right and wrong	1683	受罪	shòuzuì	to endure
1661	示范	shìfàn	to demonstrate	1684	授予	shòuyǔ	to award
1662	示威	shìwēi	to demonstrate (as a protest)	1685	书法	shūfǎ	calligraphy
1663	示意	shìyì	to hint	1686	书记	shūji	secretary
1664	视力	shìlì	vision	1687	书籍	shūjí	books
1665	视频	shìpín	video	1688	书面	shūmiàn	in writing
1666	视线	shìxiàn	line of sight	1689	疏忽	shūhu	to neglect
1667	视野	shìyě	field of view	1690	疏远	shūyuǎn	to drift apart
1668	试图	shìtú	to attempt	1691	舒畅	shūchàng	happy
1669	试验	shìyàn	experiment	1692	数额	shùé	amount
1670	适宜	shìyí	suitable	1693	束	shù	to bind
1671	逝世	shìshì	to pass away	1694	束缚	shùfù	to bind
1672	释放	shìfàng	to release	1695	树立	shùlì	to set up
1673	收藏	shōucáng	to hoard	1696	竖	shù	to erect
1674	收缩	shōusuō	to pull back	1697	耍	shuǎ	to play with
1675	收益	shōuyì	earnings	1698	衰老	shuāilǎo	to age
1676	收音机	shōuyīnjī	radio	1699	衰退	shuāituì	to decline
1677	守护	shǒuhù	to guard	1700	率领	shuàilǐng	lead
1678	手法	shǒufǎ	technique	1701	涮火锅	shuànhuǒguō	to instant-boil (mutton, beef, vegetables, etc.)
1679	手势	shǒushì	gesture	1702	双胞胎	shuāngbāotāi	twin
1680	手艺	shǒuyì	craftmanship	1703	爽快	shuǎngkuài	refreshed
1681	首饰	shǒushì	jewelry	1704	水利	shuǐlì	water conservancy

#	Chinese	Pinyin	English	#	Chinese	Pinyin	English
1705	水龙头	shuǐlóngtóu	faucet	1728	算数	suànshù	to count numbers
1706	水泥	shuǐní	cement	1729	随即	suíjí	immediately
1707	瞬间	shùnjiān	moment / momentary	1730	随意	suíyì	as one wishes
1708	司法	sīfǎ	judicial	1731	岁月	suìyuè	years
1709	司令	sīlìng	commanding officer	1732	隧道	suìdào	tunnel
1710	思念	sīniàn	think of	1733	损坏	sǔnhuài	to damage
1711	思索	sīsuǒ	think deeply	1734	索取	suǒqǔ	to ask
1712	思维	sīwéi	(line of) thought	1735	索性	suǒxìng	you might as well (do it)
1713	斯文	sīwen	refined	1736	塌	tā	collapse
1714	私自	sīzì	private	1737	踏实	tāshi	practical
1715	死亡	sǐwáng	death	1738	塔	tǎ	pagoda
1716	四肢	sìzhī	the four limbs of the body	1739	台风	táifēng	hurricane
1717	寺庙	sìmiào	temple	1740	太空	tàikōng	outer space
1718	肆无忌惮	sìwújìdàn	absolutely unrestrained	1741	泰斗	tàidǒu	leading scholar of his time
1719	饲养	sìyǎng	to raise	1742	摊	tān	to spread out
1720	耸	sǒng	to excite	1743	瘫痪	tānhuàn	paralysis
1721	艘	sōu	classifier for ships	1744	贪婪	tānlán	avaricious
1722	苏醒	sūxǐng	to wake up	1745	贪污	tānwū	corruption
1723	俗话	súhuà	common saying	1746	弹性	tánxìng	flexibility
1724	塑造	sùzào	to model	1747	坦白	tǎnbái	honest
1725	素食	sùshí	vegetarian food	1748	叹气	tànqì	to sigh
1726	素质	sùzhì	inner quality	1749	探测	tàncè	to probe
1727	诉讼	sùsòng	lawsuit	1750	探索	tànsuǒ	to explore

#	Chinese	Pinyin	English
1751	探讨	tàntǎo	to investigate
1752	探望	tànwàng	to visit
1753	倘若	tǎngruò	provided that
1754	掏	tāo	to fish out (from pocket)
1755	滔滔不绝	tāotāobùjué	unceasing torrent (idiom)
1756	淘汰	táotài	to wash out
1757	陶瓷	táocí	pottery and porcelain
1758	陶醉	táozuì	to be infatuated with / to revel in
1759	讨好	tǎohǎo	to get the desired outcome
1760	特长	tècháng	personal strength
1761	特定	tèdìng	special
1762	特意	tèyì	specially
1763	提拔	tíbá	to promote to a higher job
1764	提炼	tíliàn	to extract (ore, minerals etc)
1765	提示	tíshì	to prompt
1766	提议	tíyì	proposal
1767	题材	tícái	subject matter
1768	体裁	tǐcái	genre / form of writing
1769	体积	tǐjī	volume
1770	体谅	tǐliàng	to empathize
1771	体面	tǐmiàn	dignity
1772	体系	tǐxì	system
1773	天才	tiāncái	talent
1774	天赋	tiānfù	gift / innate skill
1775	天伦之乐	tiānlúnzhīlè	pleasure of heavenly agreement (idiom)
1776	天然气	tiānránqì	natural gas
1777	天生	tiānshēng	innate
1778	天堂	tiāntáng	paradise
1779	天文	tiānwén	astronomy
1780	田径	tiánjìng	track and field (athletics)
1781	田野	tiányě	field
1782	舔	tiǎn	to lick
1783	挑剔	tiāoti	picky
1784	条款	tiáokuǎn	clause (of contract or law)
1785	条理	tiáolǐ	arrangement
1786	条约	tiáoyuē	treaty
1787	调和	tiáohé	harmonious
1788	调剂	tiáojì	to adjust
1789	调节	tiáojié	to adjust
1790	调解	tiáojiě	to mediate
1791	调料	tiáoliào	condiment
1792	挑拨	tiǎobō	to incite disharmony
1793	挑衅	tiǎoxìn	to provoke

#	词	拼音	释义
1794	跳跃	tiàoyuè	to jump
1795	亭子	tíngzi	pavilion
1796	停泊	tíngbó	anchorage
1797	停顿	tíngdùn	pause
1798	停滞	tíngzhì	stagnation
1799	挺拔	tǐngbá	tall and straight
1800	通货膨胀	tōnghuòpéngzhàng	inflation
1801	通缉	tōngjī	to order the arrest of sb as criminal
1802	通俗	tōngsú	common
1803	通讯	tōngxùn	communications
1804	通用	tōngyòng	common (use)
1805	同胞	tóngbāo	born of the same parents
1806	同志	tóngzhì	comrade
1807	童话	tónghuà	children's fairy tales
1808	铜	tóng	copper (chemistry)
1809	统筹兼顾	tǒngchóujiāngù	an overall plan taking into account all factors
1810	统计	tǒngjì	statistics
1811	统统	tǒngtǒng	totally
1812	统治	tǒngzhì	to rule (a country)
1813	投机	tóujī	to speculate (on financial markets)
1814	投票	tóupiào	to vote
1815	投诉	tóusù	complaint / to sue
1816	投降	tóuxiáng	to surrender
1817	投掷	tóuzhì	to throw sth a long distance
1818	透露	tòulù	to leak out / to reveal
1819	秃	tū	bald
1820	突破	tūpò	to break through
1821	图案	túàn	design
1822	徒弟	túdì	apprentice
1823	涂抹	túmǒ	to paint
1824	途径	tújìng	way
1825	土壤	tǔrǎng	soil
1826	团结	tuánjié	a rally
1827	团体	tuántǐ	group
1828	团圆	tuányuán	to have a reunion
1829	推测	tuīcè	speculation
1830	推翻	tuīfān	overthrow
1831	推理	tuīlǐ	reasoning
1832	推论	tuīlùn	to infer
1833	推销	tuīxiāo	to market
1834	吞吞吐吐	tūntūntǔtǔ	to hum and haw (idiom)
1835	托运	tuōyùn	to consign (goods)

HSK 6

1836	拖延	tuōyán	to adjourn
1837	脱离	tuōlí	to separate oneself from
1838	妥当	tuǒdang	appropriate
1839	妥善	tuǒshàn	appropriate
1840	妥协	tuǒxié	to compromise
1841	椭圆	tuǒyuán	oval
1842	唾弃	tuòqì	to spurn
1843	哇	wa	Wow!
1844	挖掘	wājué	to excavate
1845	娃娃	wáwa	baby
1846	瓦解	wǎjiě	to collapse
1847	歪曲	wāiqū	to distort
1848	外表	wàibiǎo	external
1849	外行	wàiháng	layman
1850	外界	wàijiè	the outside world
1851	外向	wàixiàng	outward-looking
1852	丸	wán	pill
1853	完备	wánbèi	faultless
1854	完毕	wánbì	to finish
1855	玩弄	wánnòng	to play with
1856	玩意儿	wányìr	toy
1857	顽固	wángù	stubborn
1858	顽强	wánqiáng	tenacious
1859	惋惜	wǎnxī	to feel sorry for a person over sth that should have happened
1860	挽回	wǎnhuí	to retrieve
1861	挽救	wǎnjiù	to save
1862	万分	wànfēn	very much
1863	往常	wǎngcháng	habitually in the past
1864	往事	wǎngshì	past events
1865	妄想	wàngxiǎng	to attempt vainly
1866	危机	wēijī	crisis
1867	威风	wēifēng	might
1868	威力	wēilì	might
1869	威望	wēiwàng	prestige
1870	威信	wēixìn	(of a government, etc.) prestige and public reliance
1871	微不足道	wēibùzúdào	negligible
1872	微观	wēiguān	micro-
1873	为难	wéinán	feel embarrassed or awkward
1874	为期	wéiqī	(to be done) by (a certain date)
1875	唯独	wéidú	only
1876	维持	wéichí	to keep
1877	维护	wéihù	to defend
1878	维生素	wéishēngsù	vitamin

#	Hanzi	Pinyin	Meaning
1879	违背	wéibèi	to violate
1880	伪造	wěizào	to forge
1881	委托	wěituō	to entrust
1882	委员	wěiyuán	committee member
1883	卫星	wèixīng	(space) satellite
1884	喂	wèi	to feed (sb or some animal)
1885	慰问	wèiwèn	to express sympathy, greetings, consolation etc
1886	未免	wèimiǎn	unavoidable
1887	畏惧	wèijù	to fear
1888	蔚蓝	wèilán	azure
1889	温带	wēndài	temperate zone
1890	温和	wēnhé	moderate (policy etc)
1891	文凭	wénpíng	diploma
1892	文物	wénwù	cultural relic
1893	文献	wénxiàn	document
1894	文雅	wényǎ	elegant
1895	文艺	wényì	literature and art
1896	问世	wènshì	to be published
1897	窝	wō	nest
1898	乌黑	wūhēi	jet-black
1899	污蔑	wūmiè	slander
1900	诬陷	wūxiàn	to entrap
1901	无比	wúbǐ	matchless
1902	无偿	wúcháng	free
1903	无耻	wúchǐ	without any sense of shame
1904	无动于衷	wúdòngyúzhōng	aloof
1905	无非	wúfēi	only
1906	无辜	wúgū	innocent
1907	无精打采	wújīngdǎcǎi	dispirited and downcast (idiom)
1908	无赖	wúlài	hoodlum
1909	无理取闹	wúlǐqǔnào	to make trouble without reason (idiom)
1910	无能为力	wúnéngwéilì	impotent (idiom)
1911	无穷无尽	wúqióngwújìn	vast and limitless (idiom)
1912	无微不至	wúwēibùzhì	in every possible way (idiom)
1913	无忧无虑	wúyōuwúlǜ	carefree and without worries (idiom)
1914	无知	wúzhī	ignorance
1915	侮辱	wǔrǔ	to insult
1916	武器	wǔqì	weapon
1917	武侠	wǔxiá	martial arts chivalry (Chinese literary, theatrical and cinema genre)
1918	武装	wǔzhuāng	arms
1919	舞蹈	wǔdǎo	dance

#	汉字	拼音	English
1920	务必	wùbì	must
1921	物美价廉	wùměijiàlián	cheap and fine
1922	物业	wùyè	property / real estate
1923	物资	wùzī	goods and materials
1924	误差	wùchā	difference
1925	误解	wùjiě	to misunderstand
1926	夕阳	xīyáng	sunset
1927	昔日	xīrì	formerly
1928	溪	xī	creek
1929	熄灭	xīmiè	to stop burning
1930	牺牲	xīshēng	to sacrifice oneself
1931	膝盖	xīgài	knee
1932	习俗	xísú	custom
1933	媳妇	xífu	daughter-in-law
1934	袭击	xíjī	an attack (esp. surprise attack)
1935	喜闻乐见	xǐwénlèjiàn	a delight to see (idiom)
1936	喜悦	xǐyuè	happy
1937	系列	xìliè	series
1938	细菌	xìjūn	bacterium
1939	细胞	xìbāo	cell (biology)
1940	细致	xìzhì	delicate
1941	峡谷	xiágǔ	canyon
1942	狭隘	xiáài	narrow
1943	狭窄	xiázhǎi	narrow
1944	霞	xiá	red clouds
1945	下属	xiàshǔ	subordinate
1946	先进	xiānjìn	advanced (technology)
1947	先前	xiānqián	before
1948	掀起	xiānqǐ	to lift
1949	纤维	xiānwéi	fiber
1950	鲜明	xiānmíng	bright
1951	嫌	xián	to dislike
1952	嫌疑	xiányí	suspicion
1953	弦	xián	bow string
1954	衔接	xiánjiē	to join together
1955	贤惠	xiánhuì	chaste
1956	闲话	xiánhuà	digression
1957	显著	xiǎnzhù	outstanding
1958	宪法	xiànfǎ	constitution (of a country)
1959	现场	xiànchǎng	lit. actual location
1960	现成	xiànchéng	ready-made
1961	现状	xiànzhuàng	current situation
1962	线索	xiànsuǒ	trail
1963	陷害	xiànhài	to frame (up)
1964	陷阱	xiànjǐng	pitfall

HSK 6

#	词	拼音	释义	#	词	拼音	释义
1965	陷入	xiànrù	to sink into	1987	销毁	xiāohuǐ	to destroy (by melting or burning)
1966	馅儿	xiànr	stuffing	1988	小心翼翼	xiǎoxīnyìyì	cautious and solemn (idiom)
1967	乡镇	xiāngzhèn	village	1989	效益	xiàoyì	benefit
1968	相差	xiāngchà	to differ	1990	肖像	xiàoxiàng	portrait
1969	相等	xiāngděng	equal	1991	协会	xiéhuì	an association
1970	相辅相成	xiāngfǔxiāngchéng	to complement one another (idiom)	1992	协商	xiéshāng	to consult with
1971	相应	xiāngyìng	to correspond	1993	协调	xiétiáo	to coordinate
1972	镶嵌	xiāngqiàn	to inlay	1994	协议	xiéyì	agreement
1973	响亮	xiǎngliàng	loud and clear	1995	协助	xiézhù	provide assistance
1974	响应	xiǎngyìng	respond to	1996	携带	xiédài	to carry (on one's person)
1975	想方设法	xiǎngfāngshèfǎ	to think up every possible method (idiom)	1997	屑	xiè	crumbs
1976	向导	xiàngdǎo	guide	1998	泄露	xièlù	to leak (information)
1977	向来	xiànglái	always	1999	泄气	xièqì	discouraged
1978	向往	xiàngwǎng	to yearn for	2000	谢绝	xièjué	to refuse politely
1979	巷	xiàng	lane	2001	心得	xīndé	knowledge gained
1980	相声	xiàngsheng	comic dialog	2002	心甘情愿	xīngānqíngyuàn	delighted to (do sth, idiom)
1981	消除	xiāochú	to eliminate	2003	心灵	xīnlíng	bright
1982	消毒	xiāodú	to disinfect	2004	心态	xīntài	attitude (of the heart)
1983	消防	xiāofáng	fire-fighting	2005	心疼	xīnténg	to love dearly
1984	消耗	xiāohào	to use up	2006	心血	xīnxuè	heart's blood
1985	消灭	xiāomiè	to put an end to	2007	心眼儿	xīnyǎnr	one's thoughts
1986	潇洒	xiāosǎ	confident and at ease				

HSK 6

2008	新陈代谢	xīnchéndàixiè	metabolism (biology)
2009	新郎	xīnláng	bridegroom
2010	新娘	xīnniáng	bride
2011	新颖	xīnyǐng	lit. new bud
2012	欣慰	xīnwèi	to be gratified
2013	欣欣向荣	xīnxīnxiàngróng	luxuriant growth (idiom)
2014	薪水	xīnshuǐ	salary
2015	辛勤	xīnqín	hardworking
2016	信赖	xìnlài	to trust
2017	信念	xìnniàn	faith
2018	信仰	xìnyǎng	to believe in (a religion)
2019	信誉	xìnyù	prestige
2020	兴高采烈	xīnggāocǎiliè	happy and excited (idiom)
2021	兴隆	Xīnglóng	Xinglong county in Chengde 承德 [Cheng2 de2], Hebei
2022	兴旺	xīngwàng	prosperous
2023	腥	xīng	fishy (smell)
2024	刑事	xíngshì	criminal
2025	形态	xíngtài	shape
2026	行政	xíngzhèng	administration
2027	兴致勃勃	xìngzhìbóbó	to become exhilarated (idiom)
2028	性感	xìnggǎn	sex appeal
2029	性命	xìngmìng	life
2030	性能	xìngnéng	function
2031	凶恶	xiōngè	fierce
2032	凶手	xiōngshǒu	assailant
2033	汹涌	xiōngyǒng	to surge up violently (of ocean, river, lake etc)
2034	胸怀	xiōnghuái	one's bosom (the seat of emotions)
2035	胸膛	xiōngtáng	chest
2036	雄厚	xiónghòu	robust
2037	雄伟	xióngwěi	grand
2038	修复	xiūfù	restoration
2039	修建	xiūjiàn	to build
2040	修养	xiūyǎng	accomplishment / self-cultivation
2041	羞耻	xiūchǐ	(a feeling of) shame
2042	嗅觉	xiùjué	sense of smell
2043	绣	xiù	to embroider
2044	虚假	xūjiǎ	false
2045	虚荣	xūróng	vanity
2046	虚伪	xūwěi	false
2047	需求	xūqiú	requirement
2048	须知	xūzhī	prerequisites
2049	许可	xǔkě	to allow
2050	序言	xùyán	preface

2051	畜牧	xùmù	to raise animals	2072	熏陶	xūntáo	nurturing (i.e. assimilate some branch of culture)
2052	酗酒	xùjiǔ	heavy drinking				
2053	喧哗	xuānhuá	hubbub	2073	寻觅	xúnmì	to look for
2054	宣誓	xuānshì	to swear an oath (of office)	2074	巡逻	xúnluó	to patrol (police, army or navy)
2055	宣扬	xuānyáng	to proclaim	2075	循环	xúnhuán	to cycle
2056	悬挂	xuánguà	to suspend	2076	循序渐进	xúnxùjiànjìn	in sequence, step by step (idiom)
2057	悬念	xuánniàn	suspense in a movie, play etc				
2058	悬殊	xuánshū	a wide gap	2077	压迫	yāpò	to oppress
2059	悬崖峭壁	xuányáqiàobì	cliffside	2078	压岁钱	yāsuìqián	money given to children as new year present
2060	旋律	xuánlǜ	melody	2079	压缩	yāsuō	to compress
2061	旋转	xuánzhuǎn	to rotate	2080	压抑	yāyì	to constrain or repress emotions
2062	选拔	xuǎnbá	to select the best				
2063	选举	xuǎnjǔ	to elect	2081	压榨	yāzhà	to press
2064	选手	xuǎnshǒu	athlete	2082	压制	yāzhì	to suppress
2065	炫耀	xuànyào	to show off	2083	鸦雀无声	yāquèwúshēng	lit. crow and peacock make no sound
2066	削	xuē	to peel with a knife	2084	亚军	yàjūn	second place (in a sports contest)
2067	削弱	xuēruò	to weaken	2085	淹没	yānmò	to submerge
2068	学说	xuéshuō	theory	2086	烟花爆竹	yānhuābàozhú	fireworks and crackers
2069	学位	xuéwèi	academic degree	2087	严峻	yánjùn	grim
2070	雪上加霜	xuěshàngjiāshuāng	to add hail to snow (idiom) / to make things worse in a bad situation	2088	严寒	yánhán	bitter cold
				2089	严禁	yánjìn	strictly prohibit
2071	血压	xuèyā	blood pressure	2090	严厉	yánlì	severe

#	汉字	拼音	英文	#	汉字	拼音	英文
2091	严密	yánmì	strict	2113	样品	yàngpǐn	sample
2092	岩石	yánshí	rock	2114	摇摆	yáobǎi	to waver
2093	延期	yánqī	to delay	2115	摇滚	yáogǔn	to shake and boil
2094	延伸	yánshēn	to extend	2116	谣言	yáoyán	rumor
2095	延续	yánxù	to continue	2117	遥控	yáokòng	remote control
2096	沿海	yánhǎi	coastal	2118	遥远	yáoyuǎn	distant
2097	炎热	yánrè	blistering hot	2119	耀眼	yàoyǎn	to dazzle
2098	言论	yánlùn	speech	2120	要点	yàodiǎn	main point
2099	掩盖	yǎngài	to conceal	2121	要命	yàomìng	to cause sb's death
2100	掩护	yǎnhù	to screen	2122	要素	yàosù	essential factor
2101	掩饰	yǎnshì	to conceal a fault	2123	野蛮	yěmán	barbarous
2102	演变	yǎnbiàn	to develop	2124	野心	yěxīn	ambition
2103	演习	yǎnxí	exercise	2125	液体	yètǐ	liquid
2104	演绎	yǎnyì	to deduce	2126	一流	yīliú	top quality
2105	演奏	yǎnzòu	to play a musical instrument	2127	一如既往	yīrújìwǎng	just as in the past (idiom)
2106	眼光	yǎnguāng	vision	2128	依旧	yījiù	as before
2107	眼色	yǎnsè	a wink	2129	依据	yījù	according to
2108	眼神	yǎnshén	expression or emotion showing in one's eyes	2130	依靠	yīkào	to rely on sth (for support etc)
2109	厌恶	yànwù	to loath	2131	依赖	yīlài	to depend on
2110	验收	yànshōu	to check on receipt	2132	依托	yītuō	to rely on
2111	验证	yànzhèng	to inspect and verify	2133	衣裳	yīshang	clothes
2112	氧气	yǎngqì	oxygen	2134	一度	yídù	for a time
				2135	一贯	yíguàn	consistent

2136	一目了然	yímùliǎorán	obvious at a glance (idiom)	2158	意味着	yìwèizhe	to signify
2137	一向	yíxiàng	all along	2159	意向	yìxiàng	disposition
2138	仪器	yíqì	instrument	2160	意志	yìzhì	will
2139	仪式	yíshì	ceremony	2161	毅力	yìlì	perseverance
2140	疑惑	yíhuò	to doubt	2162	毅然	yìrán	firmly
2141	遗产	yíchǎn	heritage	2163	翼	yì	wing
2142	遗传	yíchuán	heredity	2164	阴谋	yīnmóu	plot
2143	遗留	yíliú	(leave or be a) legacy	2165	音响	yīnxiǎng	speakers or speaker (electronic)
2144	遗失	yíshī	to lose	2166	引导	yǐndǎo	to guide
2145	以便	yǐbiàn	so that	2167	引擎	yǐnqíng	engine (transliteration)
2146	以免	yǐmiǎn	in order to avoid	2168	引用	yǐnyòng	to quote
2147	以往	yǐwǎng	in the past	2169	隐蔽	yǐnbì	to conceal
2148	以至	yǐzhì	down to	2170	隐患	yǐnhuàn	a danger concealed within sth
2149	以致	yǐzhì	to such an extent as to				
2150	一帆风顺	yìfānfēngshùn	single sail, gentle wind (idiom)	2171	隐瞒	yǐnmán	to conceal
				2172	隐私	yǐnsī	secrets
2151	一举两得	yìjǔliǎngdé	one move, two gains (idiom)	2173	隐约	yǐnyuē	vague
2152	一丝不苟	yìsībùgǒu	not one thread loose (idiom)	2174	饮食	yǐnshí	food and drink
2153	亦	yì	also	2175	婴儿	yīngér	infant
2154	异常	yìcháng	exceptional	2176	英明	yīngmíng	wise
2155	意料	yìliào	to anticipate	2177	英勇	yīngyǒng	bravery
2156	意识	yìshí	consciousness	2178	盈利	yínglì	profit
2157	意图	yìtú	intent	2179	迎面	yíngmiàn	directly

2180	应酬	yìngchou	social niceties	2203	渔民	yúmín	fisherman
2181	应邀	yìngyāo	at sb's invitation	2204	舆论	yúlùn	public opinion
2182	庸俗	yōngsú	filthy	2205	与日俱增	yǔrìjùzēng	to increase steadily
2183	拥护	yōnghù	to endorse	2206	宇宙	yǔzhòu	universe
2184	拥有	yōngyǒu	to have	2207	羽绒服	yǔróngfú	down garment
2185	勇于	yǒngyú	to dare to	2208	寓言	yùyán	fable
2186	永恒	yǒnghéng	eternal	2209	愈	yù	heal
2187	涌现	yǒngxiàn	to emerge in large numbers	2210	欲望	yùwàng	desire
2188	踊跃	yǒngyuè	to leap	2211	熨	yù	reconciled
2189	用户	yònghù	user	2212	玉	yù	jade
2190	优胜劣汰	yōushènglièètài	survival of the fittest	2213	预料	yùliào	to forecast
2191	优先	yōuxiān	priority	2214	预期	yùqī	expect
2192	优异	yōuyì	exceptional	2215	预算	yùsuàn	budget
2193	优越	yōuyuè	superior	2216	预先	yùxiān	beforehand
2194	忧郁	yōuyù	sullen	2217	预言	yùyán	to predict
2195	油腻	yóunì	grease	2218	预兆	yùzhào	omen
2196	油漆	yóuqī	oil paints	2219	冤枉	yuānwang	hatred
2197	犹如	yóurú	similar to	2220	元首	yuánshǒu	head of state
2198	有条不紊	yǒutiáobùwěn	regular and thorough (idiom)	2221	元素	yuánsù	element
				2222	元宵节	Yuánxiāojié	Lantern festival
2199	幼稚	yòuzhì	young	2223	原告	yuángào	complainant
2200	诱惑	yòuhuò	to entice	2224	原理	yuánlǐ	principle
2201	愚蠢	yúchǔn	silly	2225	原始	yuánshǐ	first
2202	愚昧	yúmèi	ignorant	2226	原先	yuánxiān	former

#	汉字	Pinyin	English
2227	园林	yuánlín	gardens
2228	圆满	yuánmǎn	satisfactory
2229	源泉	yuánquán	fountainhead
2230	缘故	yuángù	reason
2231	约束	yuēshù	to restrict
2232	乐谱	yuèpǔ	a musical score
2233	岳母	yuèmǔ	wife's mother, mother-in-law
2234	孕育	yùnyù	to be pregnant
2235	蕴藏	yùncáng	to hold in store
2236	运算	yùnsuàn	(mathematical) operation
2237	运行	yùnxíng	be in motion
2238	酝酿	yùnniàng	(of alcohol) to ferment
2239	杂技	zájì	acrobatics
2240	杂交	zájiāo	a hybrid
2241	砸	zá	smash
2242	咋	zǎ	(dialect) why
2243	栽培	zāipéi	to grow
2244	灾难	zāinàn	disaster
2245	宰	zǎi	to slaughter livestock / to govern or rule
2246	再接再厉	zàijiēzàilì	to continue the struggle (idiom)
2247	在意	zàiyì	to care about
2248	攒	zǎn	to accumulate
2249	暂且	zànqiě	for now
2250	赞叹	zàntàn	to sigh or gasp in admiration
2251	赞助	zànzhù	to support
2252	糟蹋	zāotà	to waste
2253	遭受	zāoshòu	to suffer
2254	遭殃	zāoyāng	to suffer a calamity
2255	遭遇	zāoyù	to meet with
2256	噪音	zàoyīn	rumble
2257	造型	zàoxíng	modeling
2258	责怪	zéguài	to blame
2259	贼	zéi	thief
2260	增添	zēngtiān	add to
2261	赠送	zèngsòng	give as a present
2262	扎	zhā	to prick
2263	扎实	zhāshi	strong
2264	渣	zhā	slag (in mining or smelting)
2265	眨	zhǎ	wink
2266	诈骗	zhàpiàn	to defraud
2267	摘要	zhāiyào	summary
2268	债券	zhàiquàn	bond
2269	沾光	zhānguāng	to bask in the light
2270	瞻仰	zhānyǎng	to revere
2271	展示	zhǎnshì	to reveal

2272	展望	zhǎnwàng	outlook	2294	折	zhé	to break
2273	展现	zhǎnxiàn	to come out	2295	折磨	zhémó	to persecute
2274	崭新	zhǎnxīn	brand new	2296	侦探	zhēntàn	detective
2275	斩钉截铁	zhǎndīngjiétiě	to chop the nail and slice the iron (idiom)	2297	斟酌	zhēnzhuó	to consider
				2298	珍贵	zhēnguì	precious
2276	占据	zhànjù	to occupy	2299	珍稀	zhēnxī	rare
2277	占领	zhànlǐng	to occupy (a territory)	2300	珍珠	zhēnzhū	pearl
2278	战斗	zhàndòu	to fight	2301	真理	zhēnlǐ	truth
2279	战略	zhànlvè	strategy	2302	真相	zhēnxiàng	the truth about sth
2280	战术	zhànshù	tactics	2303	真挚	zhēnzhì	sincere
2281	战役	zhànyì	military campaign	2304	枕头	zhěntou	pillow
2282	章程	zhāngchéng	rules	2305	振奋	zhènfèn	to stir oneself up
2283	帐篷	zhàngpeng	tent	2306	振兴	zhènxīng	to revive, to revitalize, to invigorate, to re-energize
2284	障碍	zhàngài	barrier				
2285	招标	zhāobiāo	to invite bids	2307	镇定	zhèndìng	calm
2286	招收	zhāoshōu	to hire	2308	镇静	zhènjìng	calm
2287	朝气蓬勃	zhāoqìpéngbó	full of youthful energy (idiom)	2309	阵地	zhèndì	position
2288	着迷	zháomí	to be fascinated	2310	阵容	zhènróng	troop arrangement
2289	沼泽	zhǎozé	marsh	2311	震撼	zhènhàn	to shake
2290	照样	zhàoyàng	as before	2312	震惊	zhènjīng	to shock
2291	照耀	zhàoyào	shine	2313	争端	zhēngduān	dispute
2292	折腾	zhēteng	to toss from side to side (e.g. sleeplessly)	2314	争夺	zhēngduó	fight over
2293	遮挡	zhēdǎng	to shelter from	2315	争气	zhēngqì	to work hard for sth

HSK 6

2316	争先恐后	zhēngxiānkǒnghòu	striving to be first and fearing to be last (idiom)
2317	争议	zhēngyì	controversy
2318	征服	zhēngfú	conquer
2319	征收	zhēngshōu	to levy (a fine)
2320	挣扎	zhēngzhá	to struggle
2321	正月	zhēngyuè	first month of the lunar year
2322	蒸发	zhēngfā	to evaporate
2323	整顿	zhěngdùn	to tidy up
2324	政策	zhèngcè	policy
2325	政权	zhèngquán	regime
2326	正当	zhèngdāng	honest
2327	正负	zhèngfù	positive and negative
2328	正规	zhèngguī	regular
2329	正经	zhèngjing	decent
2330	正气	zhèngqì	healthy environment
2331	正义	zhèngyì	justice
2332	正宗	zhèngzōng	orthodox school / authentic
2333	症状	zhèngzhuàng	symptom (of an illness)
2334	证实	zhèngshí	to confirm (sth to be true)
2335	证书	zhèngshū	credentials
2336	郑重	zhèngzhòng	serious
2337	之际	zhī jì	during
2338	支撑	zhīchēng	to prop up
2339	支出	zhīchū	to spend
2340	支流	zhīliú	tributary (river)
2341	支配	zhīpèi	to dominate
2342	支援	zhīyuán	to provide assistance
2343	支柱	zhīzhù	mainstay
2344	枝	zhī	branch
2345	知觉	zhījué	perception
2346	知足常乐	zhīzúchánglè	satisfied with what one has (idiom)
2347	脂肪	zhīfáng	body fat
2348	侄子	zhízi	brother's son
2349	值班	zhíbān	to work a shift
2350	执行	zhíxíng	implement
2351	执着	zhízhuó	attachment
2352	殖民地	zhímíndì	colony
2353	直播	zhíbō	live broadcast (not recorded)
2354	直径	zhíjìng	diameter
2355	职能	zhínéng	function
2356	职位	zhíwèi	post
2357	职务	zhíwù	post
2358	指标	zhǐbiāo	norm
2359	指定	zhǐdìng	to appoint

#	汉字	Pinyin	English
2360	指甲	zhǐjia	fingernail
2361	指令	zhǐlìng	order
2362	指南针	zhǐnánzhēn	compass
2363	指示	zhǐshì	to point out
2364	指望	zhǐwàng	to hope for sth
2365	指责	zhǐzé	to criticize
2366	制裁	zhìcái	to punish
2367	制服	zhìfú	to subdue
2368	制约	zhìyuē	to restrict
2369	制止	zhìzhǐ	to curb
2370	志气	zhìqì	ambition
2371	智力	zhìlì	intelligence
2372	智能	zhìnéng	intelligent
2373	智商	zhìshāng	IQ (intelligence quotient)
2374	治安	zhì'ān	law and order
2375	治理	zhìlǐ	to govern
2376	滞留	zhìliú	to detain
2377	致辞	zhìcí	to express in words or writing
2378	致力	zhìlì	to work for
2379	致使	zhìshǐ	to cause
2380	中断	zhōngduàn	to cut short
2381	中立	zhōnglì	neutral
2382	中央	zhōngyāng	central
2383	忠诚	zhōngchéng	devoted
2384	忠实	zhōngshí	faithful
2385	终点	zhōngdiǎn	the end
2386	终究	zhōngjiū	in the end
2387	终身	zhōngshēn	lifelong
2388	终止	zhōngzhǐ	to stop
2389	衷心	zhōngxīn	heartfelt
2390	种子	zhǒngzi	seed
2391	种族	zhǒngzú	race
2392	肿瘤	zhǒngliú	tumor
2393	众所周知	zhòngsuǒzhōuzhī	as everyone knows (idiom)
2394	种植	zhòngzhí	to plant
2395	重心	zhòngxīn	center of gravity
2396	周边	zhōubiān	periphery
2397	周密	zhōumì	careful
2398	周年	zhōunián	anniversary
2399	周期	zhōuqī	period
2400	周折	zhōuzhé	complication
2401	周转	zhōuzhuǎn	turnover (in cash or personnel)
2402	州	zhōu	prefecture
2403	粥	zhōu	porridge (of rice or millet)
2404	舟	zhōu	boat
2405	昼夜	zhòuyè	day and night

#	汉字	Pinyin	English	#	汉字	Pinyin	English
2406	皱纹	zhòuwén	wrinkle	2428	拽	zhuài	to drag
2407	株	zhū	tree trunk	2429	专长	zhuāncháng	specialty
2408	诸位	zhūwèi	(pron) everyone	2430	专程	zhuānchéng	special-purpose trip
2409	逐年	zhúnián	year after year	2431	专利	zhuānlì	patent
2410	主办	zhǔbàn	to organize	2432	专题	zhuāntí	special topic
2411	主导	zhǔdǎo	to lead	2433	砖	zhuān	brick
2412	主管	zhǔguǎn	in charge	2434	转达	zhuǎndá	to pass on
2413	主流	zhǔliú	main stream (of a river)	2435	转让	zhuǎnràng	transfer (technology, goods etc)
2414	主权	zhǔquán	sovereignty	2436	转移	zhuǎnyí	to shift
2415	主义	zhǔyì	doctrine	2437	转折	zhuǎnzhé	shift in the trend of events
2416	嘱咐	zhǔfù	to tell	2438	传记	zhuànjì	biography
2417	拄	zhǔ	to lean on	2439	庄稼	zhuāngjià	farm crop
2418	住宅	zhùzhái	residence	2440	庄严	zhuāngyán	stately
2419	助理	zhùlǐ	assistant	2441	庄重	zhuāngzhòng	grave
2420	助手	zhùshǒu	assistant	2442	装备	zhuāngbèi	equipment
2421	注射	zhùshè	injection	2443	装卸	zhuāngxiè	to load or unload
2422	注视	zhùshì	to watch attentively	2444	壮观	zhuàngguān	spectacular
2423	注释	zhùshì	marginal notes	2445	壮丽	zhuànglì	magnificence
2424	注重	zhùzhòng	to pay attention to	2446	壮烈	zhuàngliè	brave
2425	著作	zhùzuò	to write	2447	幢	zhuàng	tents / classifier for houses
2426	铸造	zhùzào	to cast (pour metal into a mold)	2448	追悼	zhuīdào	mourning
2427	驻扎	zhùzhā	to station	2449	追究	zhuījiū	investigate

2450	坠	zhuì	to fall / to weigh down
2451	准则	zhǔnzé	norm
2452	卓越	zhuóyuè	distinction
2453	琢磨	zuómó	to think over / to ponder
2454	着手	zhuóshǒu	to put one's hand to it
2455	着想	zhuóxiǎng	to give thought (to others)
2456	着重	zhuózhòng	put emphasis on
2457	姿态	zītài	attitude
2458	滋润	zīrùn	moist / humid
2459	滋味	zīwèi	taste
2460	资本	zīběn	capital (as in capitalism)
2461	资产	zīchǎn	property
2462	资深	zīshēn	senior (in terms of depth of accumulated experience)
2463	资助	zīzhù	to subsidize
2464	子弹	zǐdàn	bullet
2465	自卑	zìbēi	feeling inferior
2466	自发	zìfā	spontaneous
2467	自力更生	zìlìgēngshēng	regeneration through one's own effort (idiom)
2468	自满	zìmǎn	complacent
2469	自主	zìzhǔ	to act for oneself
2470	宗教	zōngjiào	religion
2471	宗旨	zōngzhǐ	objective
2472	棕色	zōngsè	brown
2473	踪迹	zōngjì	tracks
2474	总而言之	zǒngéryánzhī	in short
2475	总和	zǒnghé	sum
2476	纵横	zònghéng	lit. warp and weft in weaving
2477	走廊	zǒuláng	corridor
2478	走漏	zǒulòu	to leak (of information, liquid etc)
2479	走私	zǒusī	to smuggle
2480	揍	zòu	to beat up
2481	租赁	zūlìn	to rent / to lease
2482	足以	zúyǐ	sufficient to...
2483	祖父	zǔfù	father's father
2484	祖国	zǔguó	ancestral land
2485	祖先	zǔxiān	ancestor
2486	阻碍	zǔài	to obstruct
2487	阻拦	zǔlán	to stop
2488	阻挠	zǔnáo	to thwart
2489	钻研	zuānyán	to study meticulously
2490	钻石	zuànshí	diamond
2491	嘴唇	zuǐchún	lip
2492	罪犯	zuìfàn	criminal

2493	尊严	zūnyán	dignity
2494	遵循	zūnxún	to follow
2495	作弊	zuòbì	to practice fraud
2496	作废	zuòfèi	to become invalid / to cancel
2497	作风	zuòfēng	style of work
2498	作息	zuòxī	work and rest
2499	做主	zuòzhǔ	make the decision
2500	座右铭	zuòyòumíng	motto

INDEX

Each word presented below comes with:
- its **pinyin** (and is indexed by it)
- its simplified **writing** followed by the traditional if different
- a code **(h.n)**: h refers to the HSK list (1 to 6), n to the nth word within the list (from 1 to 2,500)

Example: fānyì 翻译[翻譯] (4.108)
the simplified word 翻译 is written 翻譯 in traditional. Its pinyin is fānyì, it belongs to the HSK 4, and is the 108th word within this list. To find the main meaning in English, go the HSK 4 section, and look for the 108th word.

A

a 啊 (3.1)
āyí 阿姨 (3.2)
āi 哎 (5.1)
āi 唉 (5.2)
ái 挨 (6.1)
áizhèng 癌症 (6.2)
ǎi 矮 (3.3)
àimèi 暧昧 (6.3)
ài 爱[愛] (1.1)
àibùshìshǒu 爱不释手[愛不釋手] (6.4)
àidài 爱戴[愛戴] (6.5)
àihào 爱好[愛好] (3.4)
àihù 爱护[愛護] (5.3)
àiqíng 爱情[愛情] (4.1)
àixī 爱惜[愛惜] (5.4)
àixīn 爱心[愛心] (5.5)
ānjìng 安静[安靜] (3.5)
ānníng 安宁[安寧] (6.6)
ānpái 安排 (4.2)
ānquán 安全 (4.3)
ānwèi 安慰 (5.6)
ānxiáng 安详[安詳] (6.7)
ānzhì 安置 (6.8)
ānzhuāng 安装[安裝] (5.7)
àn 岸 (5.8)
ànmó 按摩 (6.9)
ànshí 按时[按時] (4.4)
ànzhào 按照 (4.5)
àn 暗 (5.9)
ànshì 暗示 (6.10)
ànjiàn 案件 (6.11)
ànlì 案例 (6.12)
ángguì 昂贵[昂貴] (6.13)
āotū 凹凸 (6.14)
áo 熬 (6.15)
áoyè 熬夜 (5.10)
àomì 奥秘[奧秘] (6.16)

B

bā 吧 (2.1)
bā 八 (1.2)
bābùdé 巴不得 (6.17)
bājie 巴结[巴結] (6.18)
bā 扒 (6.19)
bā 疤 (6.20)
bámiáozhùzhǎng 拔苗助长[拔苗助長] (6.21)
bǎ 把 (3.6)
bǎguān 把关[把關] (6.22)
bǎshǒu 把手 (6.23)
bǎwò 把握 (5.11)
bàba 爸爸 (1.3)
bàgōng 罢工[罷工] (6.24)
bàdào 霸道 (6.25)
bāi 掰 (6.26)
bái 白 (2.2)
bǎi 摆[擺] (5.12)
bǎituō 摆脱[擺脫] (6.27)
bǎi 百 (2.3)
bǎi fēn zhī 百分之 (4.6)
bàifǎng 拜访[拜訪] (6.28)
bàinián 拜年 (6.29)
bàituō 拜托 (6.30)
bàihuài 败坏[敗壞] (6.31)
bān 搬 (3.7)
bān 斑 (6.32)
bān 班 (3.8)
bānbù 颁布[頒布] (6.33)
bānfā 颁发[頒發] (6.34)
bǎnběn 版本 (6.35)
bànlǚ 伴侣[伴侶] (6.36)
bànsuí 伴随[伴隨] (6.37)
bànfǎ 办法[辦法] (3.9)
bàngōngshì 办公室[辦公室] (3.10)
bànlǐ 办理[辦理] (5.13)
bàn 半 (3.11)

bàntúérfèi 半途而废[半途而廢] (6.38)
bànyǎn 扮演 (6.39)
bāngmáng 帮忙[幫忙] (3.12)
bāngzhù 帮助[幫助] (2.4)
bǎngyàng 榜样[榜樣] (6.40)
bǎngjià 绑架[綁架] (6.41)
bàngwǎn 傍晚 (5.14)
bàng 棒 (4.7)
bàng 磅 (6.42)
bāo 包 (3.13)
bāobì 包庇 (6.43)
bāofu 包袱 (6.44)
bāoguǒ 包裹 (5.15)
bāohán 包含 (5.16)
bāokuò 包括 (5.17)
bāowéi 包围[包圍] (6.45)
bāozhuāng 包装[包裝] (6.46)
bāozi 包子 (4.8)
báo 薄 (5.18)
bǎochí 保持 (5.19)
bǎocún 保存 (5.20)
bǎoguǎn 保管 (6.47)
bǎohù 保护[保護] (4.9)
bǎoliú 保留 (5.21)
bǎomì 保密 (6.48)
bǎomǔ 保姆 (6.49)
bǎoshǒu 保守 (6.50)
bǎowèi 保卫[保衛] (6.51)
bǎoxiǎn 保险[保險] (5.22)
bǎoyǎng 保养[保養] (6.52)
bǎozhàng 保障 (6.53)
bǎozhèng 保证[保證] (4.10)
bǎozhòng 保重 (6.54)
bǎobèi 宝贝[寶貝] (5.23)
bǎoguì 宝贵[寶貴] (5.24)
bǎo 饱[飽] (3.14)
bǎohé 饱和[飽和] (6.55)
bǎojīngcāngsāng 饱经沧桑[飽經滄桑] (6.56)

INDEX

bàochou 报酬[報酬] (6.57)
bàochóu 报仇[報仇] (6.58)
bàodá 报答[報答] (6.59)
bàodào 报到[報到] (5.25)
bàodào 报道[報道] (5.26)
bàofù 报复[報複] (6.60)
bàogào 报告[報告] (5.27)
bàojǐng 报警[報警] (6.61)
bàomíng 报名[報名] (4.11)
bàoshè 报社[報社] (5.28)
bàoxiāo 报销[報銷] (6.62)
bàozhǐ 报纸[報紙] (2.5)
bào 抱 (4.12)
bàofù 抱负[抱負] (6.63)
bàoqiàn 抱歉 (4.13)
bàoyuàn 抱怨 (5.29)
bàolì 暴力 (6.64)
bàolù 暴露 (6.65)
bàoguāng 曝光 (6.66)
bàofā 爆发[爆發] (6.67)
bàozhà 爆炸 (6.68)
bēibǐ 卑鄙 (6.69)
bēiāi 悲哀 (6.70)
bēicǎn 悲惨[悲慘] (6.71)
bēiguān 悲观[悲觀] (5.30)
bēizi 杯子 (1.4)
běifāng 北方 (3.15)
běijí 北极[北極] (6.72)
Běijīng 北京 (1.5)
bèi 倍 (4.14)
bèifèn 备份[備份] (6.73)
bèiwànglù 备忘录[備忘錄] (6.74)
bèi 背 (5.31)
bèijǐng 背景 (5.32)
bèipàn 背叛 (6.75)
bèisòng 背诵[背誦] (6.76)
bèi 被 (3.16)
bèidòng 被动[被動] (6.77)
bèigào 被告 (6.78)
bèizi 被子 (5.33)
bèiké 贝壳[貝殼] (6.79)
bēnbō 奔波 (6.80)
bēnchí 奔驰[奔馳] (6.81)
běn 本 (1.6)
běnkē 本科 (5.34)
běnlái 本来[本來] (4.15)
běnlǐng 本领[本領] (5.35)
běnnéng 本能 (6.82)
běnqián 本钱[本錢] (6.83)
běnrén 本人 (6.84)
běnshēn 本身 (6.85)
běnshi 本事 (6.86)
běnzhì 本质[本質] (5.36)
bèn 笨 (4.16)
bènzhuō 笨拙 (6.87)

bēngkuì 崩溃[崩潰] (6.88)
béng 甭 (6.89)
bèng 蹦 (6.90)
bèngfā 迸发[迸發] (6.91)
bīpò 逼迫 (6.92)
bítì 鼻涕 (6.93)
bízi 鼻子 (3.17)
bǐcǐ 彼此 (5.37)
bǐ 比 (2.6)
bǐfang 比方 (6.94)
bǐjiào 比较[比較] (3.18)
bǐlì 比例 (5.38)
bǐrú 比如 (4.17)
bǐsài 比赛[比賽] (3.19)
bǐyù 比喻 (6.95)
bǐzhòng 比重 (6.96)
bǐjìběn 笔记本[筆記本] (3.20)
bǐshì 鄙视[鄙視] (6.97)
bìbìng 弊病 (6.98)
bìduān 弊端 (6.99)
bìrán 必然 (5.39)
bìxū 必须[必須] (3.21)
bìyào 必要 (5.40)
bìjìng 毕竟[畢竟] (5.41)
bìyè 毕业[畢業] (4.18)
bì 臂 (6.100)
bìmiǎn 避免 (5.42)
bìsè 闭塞[閉塞] (6.101)
biānjí 编辑[編輯] (5.43)
biānzhī 编织[編織] (6.102)
biānjiāng 边疆[邊疆] (6.103)
biānjiè 边界[邊界] (6.104)
biānjìng 边境[邊境] (6.105)
biānyuán 边缘[邊緣] (6.106)
biāncè 鞭策 (6.107)
biānpào 鞭炮 (5.44)
biǎn 扁 (6.108)
biǎndī 贬低[貶低] (6.109)
biǎnyì 贬义[貶義] (6.110)
biàn 便 (5.45)
biànlì 便利 (6.111)
biàntiáo 便条[便條] (6.112)
biànyú 便于 (6.113)
biàngù 变故[變故] (6.114)
biànhuà 变化[變化] (3.22)
biànqiān 变迁[變遷] (6.115)
biànzhì 变质[變質] (6.116)
biànrèn 辨认[辨認] (6.117)
biànhù 辩护[辯護] (6.118)
biànjiě 辩解[辯解] (6.119)
biànlùn 辩论[辯論] (5.46)
biànzhèng 辩证[辯證] (6.120)
biànzi 辫子[辮子] (6.121)
biàn 遍 (4.19)
biànbù 遍布 (6.122)

biāoběn 标本[標本] (6.123)
biāodiǎn 标点[標點] (5.47)
biāojì 标记[標記] (6.124)
biāotí 标题[標題] (6.125)
biāozhì 标志[標誌] (5.48)
biāozhǔn 标准[標準] (4.20)
biǎodá 表达[表達] (5.49)
biǎogé 表格 (4.21)
biǎojué 表决[表決] (6.126)
biǎomiàn 表面 (5.50)
biǎomíng 表明 (5.51)
biǎoqíng 表情 (5.52)
biǎoshì 表示 (4.22)
biǎotài 表态[表態] (6.127)
biǎoxiàn 表现[表現] (5.53)
biǎoyǎn 表演 (4.23)
biǎoyáng 表扬[表揚] (4.24)
biǎozhāng 表彰 (6.128)
biē 憋 (6.129)
bié 别[別] (2.7)
biérén 别人[別人] (3.23)
biéshù 别墅[別墅] (6.130)
biézhì 别致[別致] (6.131)
bièniu 别扭[別扭] (6.132)
bīnguǎn 宾馆[賓館] (2.8)
bīnlín 濒临[瀕臨] (6.133)
bīngbáo 冰雹 (6.134)
bīngjīlíng 冰激凌[冰激淩] (5.54)
bīngxiāng 冰箱 (3.24)
bǐng 丙 (6.135)
bǐnggān 饼干[餅幹] (4.25)
bìngfēi 并非[並非] (6.136)
bìngliè 并列[並列] (6.137)
bìngqiě 并且[並且] (4.26)
bìngdú 病毒 (5.55)
bōxuē 剥削[剝削] (6.138)
bō 拨[撥] (6.139)
bōfàng 播放 (5.56)
bōzhòng 播种[播種] (6.140)
bōlàng 波浪 (6.141)
bōtāo 波涛[波濤] (6.142)
bōli 玻璃 (5.57)
bómǔ 伯母 (6.143)
bódàjīngshēn 博大精深 (6.144)
bólǎnhuì 博览会[博覽會] (6.145)
bóshì 博士 (4.27)
bówùguǎn 博物馆[博物館] (5.58)
bódòu 搏斗[搏鬥] (6.146)
bózi 脖子 (5.59)
bóruò 薄弱 (6.147)
búduàn 不断[不斷] (5.60)
búgù 不顾[不顧] (6.148)
búguò 不过[不過] (4.28)
bújiànde 不见得[不見得] (5.61)
búkèqi 不客气[不客氣] (1.7)

INDEX

búkuì 不愧 (6.149)
búliào 不料 (6.150)
búnàifán 不耐烦[不耐煩] (5.62)
búxiànghuà 不像话[不像話] (6.151)
búxièyīgù 不屑一顾[不屑一顧] (6.152)
búyàojǐn 不要紧[不要緊] (5.63)
bǔrǔ 哺乳 (6.153)
bǔzhuō 捕捉 (6.154)
bǔcháng 补偿[補償] (6.155)
bǔchōng 补充[補充] (5.64)
bǔjiù 补救[補救] (6.156)
bǔtiē 补贴[補貼] (6.157)
bù 不 (1.8)
bùān 不安 (5.65)
bùdàn…érqiě… 不但…而且… (3.25)
bùdébù 不得不 (4.29)
bùdéliǎo 不得了 (5.66)
bùdéyǐ 不得已 (6.158)
bùfáng 不妨 (6.159)
bùgǎndāng 不敢当[不敢當] (6.160)
bùguǎn 不管 (4.30)
bùjīn 不禁 (6.161)
bùjǐn 不仅[不僅] (4.31)
bùkān 不堪 (6.162)
bùkěsīyì 不可思议[不可思議] (6.163)
bùmiǎn 不免 (6.164)
bùrán 不然 (5.67)
bùrú 不如 (5.68)
bùshí 不时[不時] (6.165)
bùxī 不惜 (6.166)
bùxiāngshàngxià 不相上下 (6.167)
bùyánéryù 不言而喻 (6.168)
bùyóude 不由得 (6.169)
bùzéshǒuduàn 不择手段[不擇手段] (6.170)
bùzhǐ 不止 (6.171)
bùzú 不足 (5.69)
bù 布 (5.70)
bùgào 布告 (6.172)
bùjú 布局 (6.173)
bùzhì 布置 (6.174)
bùfá 步伐 (6.175)
bùzhòu 步骤[步驟] (5.71)
bùfen 部分 (4.32)
bùmén 部门[部門] (5.72)
bùshǔ 部署 (6.176)
bùwèi 部位 (6.177)

C

cā 擦 (4.33)
cāi 猜 (4.34)
cáigàn 才干[才幹] (6.178)
cáiliào 材料 (4.35)
cáifeng 裁缝[裁縫] (6.179)
cáipàn 裁判 (6.180)
cáiyuán 裁员[裁員] (6.181)

cáichǎn 财产[財產] (5.73)
cáifù 财富[財富] (6.182)
cáiwù 财务[財務] (6.183)
cáizhèng 财政[財政] (6.184)
cǎihóng 彩虹 (5.74)
cǎipiào 彩票 (6.185)
cǎi 踩 (5.75)
cǎifǎng 采访[採訪] (5.76)
cǎigòu 采购[採購] (6.186)
cǎijí 采集 (6.187)
cǎinà 采纳[採納] (6.188)
cǎiqǔ 采取 (5.77)
cài 菜 (1.9)
càidān 菜单[菜單] (3.26)
cānguān 参观[參觀] (4.36)
cānjiā 参加[參加] (3.27)
cānkǎo 参考[參考] (5.78)
cānmóu 参谋[參謀] (6.189)
cānyù 参与[參與] (5.79)
cānzhào 参照[參照] (6.190)
cāntīng 餐厅[餐廳] (4.37)
cánkuì 惭愧[慚愧] (5.80)
cánjí 残疾[殘疾] (6.191)
cánkù 残酷[殘酷] (6.192)
cánliú 残留[殘留] (6.193)
cánrěn 残忍[殘忍] (6.194)
cànlàn 灿烂[燦爛] (6.195)
cāngcù 仓促[倉促] (6.196)
cāngkù 仓库[倉庫] (6.197)
cāng 舱[艙] (6.198)
cāngbái 苍白[蒼白] (6.199)
cāochǎng 操场[操場] (5.81)
cāoláo 操劳[操勞] (6.200)
cāoliàn 操练[操練] (6.201)
cāoxīn 操心 (5.82)
cāozòng 操纵[操縱] (6.202)
cāozuò 操作 (6.203)
cáozá 嘈杂[嘈雜] (6.204)
cǎo 草 (3.28)
cǎoàn 草案 (6.205)
cǎoshuài 草率 (6.206)
cèmiàn 侧面[側面] (6.207)
cè 册[冊] (5.83)
cèsuǒ 厕所[廁所] (4.38)
cèliáng 测量[測量] (6.208)
cèyàn 测验[測驗] (5.84)
cèhuà 策划[策劃] (6.209)
cèlüè 策略 (6.210)
céng 层[層] (3.29)
céngchūbùqióng 层出不穷[層出不窮] (6.211)
céngcì 层次[層次] (6.212)
céngjīng 曾经[曾經] (5.85)
chāzi 叉子 (5.86)
chābié 差别[差別] (6.213)

chājù 差距 (5.87)
chā 插 (5.88)
chāzuò 插座 (6.214)
cháhuò 查获[查獲] (6.215)
chá 茶 (1.10)
chànà 刹那 (6.216)
chà 岔 (6.217)
chà 差 (3.30)
chàbuduō 差不多 (4.39)
chàyì 诧异[詫異] (6.218)
chāi 拆 (5.89)
cháiyóu 柴油 (6.219)
chān 搀[攙] (6.220)
chánrào 缠绕[纏繞] (6.221)
chán 馋[饞] (6.222)
chǎnpǐn 产品[產品] (5.90)
chǎnshēng 产生[產生] (5.91)
chǎnyè 产业[產業] (6.223)
chǎnshù 阐述[闡述] (6.224)
chàndǒu 颤抖[顫抖] (6.225)
chāngshèng 昌盛 (6.226)
chánghuán 偿还[償還] (6.227)
cháng 尝[嘗] (4.40)
chángshì 尝试[嘗試] (6.228)
chángshí 常识[常識] (5.92)
cháng 长[長] (2.9)
Chángchéng 长城[長城] (4.41)
Chángjiāng 长江[長江] (4.42)
chángtú 长途[長途] (5.93)
chǎng 场[場] (4.43)
chǎnghé 场合[場合] (6.229)
chǎngmiàn 场面[場面] (6.230)
chǎngsuǒ 场所[場所] (6.231)
chǎngkāi 敞开[敞開] (6.232)
chàngdǎo 倡导[倡導] (6.233)
chàngyì 倡议[倡議] (6.234)
chànggē 唱歌 (2.10)
chàngtōng 畅通[暢通] (6.235)
chàngxiāo 畅销[暢銷] (6.236)
chāo 抄 (5.94)
chāoguò 超过[超過] (4.44)
chāojí 超级[超級] (5.95)
chāoshì 超市 (3.31)
chāoyuè 超越 (6.237)
chāopiào 钞票[鈔票] (6.238)
cháoxiào 嘲笑 (6.239)
cháoxué 巢穴 (6.240)
cháo 朝 (5.96)
cháodài 朝代 (6.241)
cháoliú 潮流 (6.242)
cháoshī 潮湿[潮濕] (5.97)
chǎo 吵 (5.98)
chǎojià 吵架 (5.99)
chǎo 炒 (5.100)
chēkù 车库[車庫] (5.101)

chēxiāng 车厢[車廂] (5.102)
chèdǐ 彻底[徹底] (5.103)
chètuì 撤退 (6.243)
chèxiāo 撤销[撤銷] (6.244)
chéndiàn 沉淀[沈澱] (6.245)
chénmèn 沉闷[沈悶] (6.246)
chénmò 沉默[沈默] (5.104)
chénsī 沉思[沈思] (6.247)
chénzhòng 沉重[沈重] (6.248)
chénzhuó 沉着[沈著] (6.249)
chénjiù 陈旧[陳舊] (6.250)
chénliè 陈列[陳列] (6.251)
chénshù 陈述[陳述] (6.252)
chènxīnrúyì 称心如意[稱心如意] (6.253)
chènshān 衬衫[襯衫] (3.32)
chèntuō 衬托[襯托] (6.254)
chèn 趁 (5.105)
chēng 称[稱] (5.106)
chēnghào 称号[稱號] (6.255)
chēnghu 称呼[稱呼] (5.107)
chēngzàn 称赞[稱贊] (5.108)
chéng 乘 (6.256)
chéngzuò 乘坐 (4.45)
chéngxiàn 呈现[呈現] (6.257)
chéngbǎo 城堡 (6.258)
chéngshì 城市 (3.33)
chéngfá 惩罚[懲罰] (6.259)
chéngběn 成本 (6.260)
chéngfèn 成分 (5.109)
chénggōng 成功 (4.46)
chéngguǒ 成果 (5.110)
chéngjì 成绩[成績] (3.34)
chéngjiāo 成交 (6.261)
chéngjiù 成就 (5.111)
chénglì 成立 (5.112)
chéngrén 成人 (5.113)
chéngshú 成熟 (5.114)
chéngtiān 成天 (6.262)
chéngwéi 成为[成為] (4.47)
chéngxiào 成效 (6.263)
chéngxīn 成心 (6.264)
chéngyǔ 成语[成語] (5.115)
chéngyuán 成员[成員] (6.265)
chéngzhǎng 成长[成長] (5.116)
chéngbàn 承办[承辦] (6.266)
chéngbāo 承包 (6.267)
chéngdān 承担[承擔] (5.117)
chéngnuò 承诺[承諾] (6.268)
chéngrèn 承认[承認] (5.118)
chéngshòu 承受 (5.119)
chéng 橙 (6.269)
chéngqīng 澄清 (6.270)
chéng 盛 (6.271)
chéngdù 程度 (5.120)
chéngxù 程序 (5.121)

chéngkěn 诚恳[誠懇] (5.122)
chéngshí 诚实[誠實] (4.48)
chéngzhì 诚挚[誠摯] (6.272)
chèng 秤 (6.273)
chī 吃 (1.11)
chījīng 吃惊[吃驚] (4.49)
chīkǔ 吃苦 (6.274)
chīkuī 吃亏[吃虧] (5.123)
chīlì 吃力 (6.275)
chíjiǔ 持久 (6.276)
chíxù 持续[持續] (5.124)
chítáng 池塘 (5.125)
chídào 迟到[遲到] (3.35)
chídùn 迟钝[遲鈍] (6.277)
chíhuǎn 迟缓[遲緩] (6.278)
chíyí 迟疑[遲疑] (6.279)
chízǎo 迟早[遲早] (5.126)
chǐzi 尺子 (5.127)
chìbǎng 翅膀 (5.128)
chìdào 赤道 (6.280)
chìzì 赤字 (6.281)
chōngdāng 充当[充當] (6.282)
chōngdiànqì 充电器[充電器] (5.129)
chōngfèn 充分 (5.130)
chōngmǎn 充满[充滿] (5.131)
chōngpèi 充沛 (6.283)
chōngshí 充实[充實] (6.284)
chōngzú 充足 (6.285)
chōng 冲[沖] (5.132)
chōngdòng 冲动[沖動] (6.286)
chōngjī 冲击[沖擊] (6.287)
chōngtū 冲突[沖突] (6.288)
chóngbài 崇拜 (6.289)
chónggāo 崇高 (6.290)
chóngjìng 崇敬 (6.291)
chóngdié 重叠[重疊] (6.292)
chóngfù 重复[重複] (5.133)
chóngxīn 重新 (4.50)
chǒngwù 宠物[寵物] (5.134)
chōuti 抽屉[抽屜] (5.135)
chōuxiàng 抽象 (5.136)
chōuyān 抽烟[抽煙] (4.51)
chóumì 稠密 (6.293)
chóubèi 筹备[籌備] (6.294)
chǒu 丑[醜] (5.137)
chǒuè 丑恶[醜惡] (6.295)
chòu 臭 (5.138)
chū 出 (2.11)
chūbǎn 出版 (5.139)
chūchāi 出差 (4.52)
chūfā 出发[出發] (4.53)
chūkǒu 出口 (5.140)
chūlù 出路 (6.296)
chūmài 出卖[出賣] (6.297)
chūsè 出色 (5.141)

chūshēn 出身 (6.298)
chūshén 出神 (6.299)
chūshēng 出生 (4.54)
chūshì 出示 (5.142)
chūxi 出息 (6.300)
chūxí 出席 (5.143)
chūxiàn 出现[出現] (4.55)
chūzūchē 出租车[出租車] (1.12)
chūbù 初步 (6.301)
chūjí 初级[初級] (5.144)
chúfáng 厨房[廚房] (4.56)
chú 除 (6.302)
chúfēi 除非 (5.145)
chúle 除了 (3.36)
chúxī 除夕 (5.146)
chǔbèi 储备[儲備] (6.303)
chǔcún 储存[儲存] (6.304)
chǔxù 储蓄[儲蓄] (6.305)
chǔfèn 处分[處分] (6.306)
chǔjìng 处境[處境] (6.307)
chǔlǐ 处理[處理] (5.147)
chǔzhì 处置[處置] (6.308)
chùfàn 触犯[觸犯] (6.309)
chuānliúbùxī 川流不息 (6.310)
chuān 穿 (2.12)
chuānyuè 穿越 (6.311)
chuánbō 传播[傳播] (5.148)
chuándá 传达[傳達] (6.312)
chuándān 传单[傳單] (6.313)
chuánrǎn 传染[傳染] (5.149)
chuánshòu 传授[傳授] (6.314)
chuánshuō 传说[傳說] (5.150)
chuántǒng 传统[傳統] (5.151)
chuánzhēn 传真[傳真] (4.57)
chuán 船 (3.37)
chuánbó 船舶 (6.315)
chuǎnqì 喘气[喘氣] (6.316)
chuàn 串 (6.317)
chuānghu 窗户[窗戶] (4.58)
chuānglián 窗帘[窗簾] (5.152)
chuángdān 床单[床單] (6.318)
chuǎng 闯[闖] (5.153)
chuànglì 创立[創立] (6.319)
chuàngxīn 创新[創新] (6.320)
chuàngyè 创业[創業] (6.321)
chuàngzào 创造[創造] (5.154)
chuàngzuò 创作[創作] (6.322)
chuī 吹 (5.155)
chuīniú 吹牛 (6.323)
chuīpěng 吹捧 (6.324)
chuīyān 炊烟[炊煙] (6.325)
chuízhí 垂直 (6.326)
chuí 锤[錘] (6.327)
chūn 春 (3.38)
chúncuì 纯粹[純粹] (6.328)

INDEX

chúnjié 纯洁[純潔] (6.329)
císhàn 慈善 (6.330)
cíxiáng 慈祥 (6.331)
cídài 磁带[磁帶] (6.332)
cídiǎn 词典[詞典] (3.39)
cíhuì 词汇[詞彙] (5.156)
cíyǔ 词语[詞語] (4.59)
cízhí 辞职[辭職] (5.157)
cíxióng 雌雄 (6.333)
cǐwài 此外 (5.158)
cìhòu 伺候 (6.334)
cì 刺 (6.335)
cìjī 刺激 (5.159)
cì 次 (2.13)
cìpǐn 次品 (6.336)
cìxù 次序 (6.337)
cìyào 次要 (5.160)
cōngmáng 匆忙 (5.161)
cōngming 聪明[聰明] (3.40)
cóng 丛[叢] (6.338)
cóng 从[從] (2.14)
cóngcǐ 从此[從此] (5.162)
cóngér 从而[從而] (5.163)
cónglái 从来[從來] (4.60)
cóngqián 从前[從前] (5.164)
cóngróng 从容[從容] (6.339)
cóngshì 从事[從事] (5.165)
còuhe 凑合[湊合] (6.340)
cūcāo 粗糙 (5.166)
cūlǔ 粗鲁[粗魯] (6.341)
cūxīn 粗心 (4.61)
cùjìn 促进[促進] (5.167)
cùshǐ 促使 (5.168)
cù 醋 (5.169)
cuàn 窜[竄] (6.342)
cuī 催 (5.170)
cuīcán 摧残[摧殘] (6.343)
cuìruò 脆弱 (6.344)
cún 存 (4.62)
cúnzài 存在 (5.171)
cuō 搓 (6.345)
cuōshāng 磋商 (6.346)
cuòzhé 挫折 (6.347)
cuòshī 措施 (5.172)
cuò 错[錯] (2.15)
cuòwù 错误[錯誤] (4.63)

D

dā 搭 (6.348)
dādàng 搭档[搭檔] (6.349)
dāpèi 搭配 (6.350)
dāying 答应[答應] (5.173)
dáàn 答案 (4.64)
dábiàn 答辩[答辯] (6.351)
dáfù 答复[答複] (6.352)
dáchéng 达成[達成] (6.353)

dádào 达到[達到] (5.174)
dǎban 打扮 (4.65)
dǎbāo 打包 (6.354)
dǎdiànhuà 打电话[打電話] (1.13)
dǎgōng 打工 (5.175)
dǎguānsi 打官司 (6.355)
dǎjī 打击[打擊] (6.356)
dǎjià 打架 (6.357)
dǎjiāodào 打交道 (5.176)
dǎlánqiú 打篮球[打籃球] (2.16)
dǎliang 打量 (6.358)
dǎliè 打猎[打獵] (6.359)
dǎpēntì 打喷嚏[打噴嚏] (5.177)
dǎrǎo 打扰[打擾] (4.66)
dǎsǎo 打扫[打掃] (3.41)
dǎsuàn 打算 (3.42)
dǎting 打听[打聽] (5.178)
dǎyìn 打印 (4.67)
dǎzhàng 打仗 (6.360)
dǎzhāohu 打招呼 (4.68)
dǎzhé 打折 (4.69)
dǎzhēn 打针[打針] (4.70)
dà 大 (1.14)
dàbùliǎo 大不了 (6.361)
dàchén 大臣 (6.362)
dàfāng 大方 (5.179)
dàgài 大概 (4.71)
dàhuǒr 大伙儿[大夥兒] (6.363)
dàjiā 大家 (2.17)
dàshà 大厦[大廈] (5.180)
dàshǐguǎn 大使馆[大使館] (4.72)
dàsì 大肆 (6.364)
dàtǐ 大体[大體] (6.365)
dàxiàng 大象 (5.181)
dàxíng 大型 (5.182)
dàyì 大意 (6.366)
dàyuē 大约[大約] (4.73)
dàzhì 大致 (6.367)
dāi 呆 (5.183)
dǎitú 歹徒 (6.368)
dàibiǎo 代表 (5.184)
dàijià 代价[代價] (6.369)
dàilǐ 代理 (6.370)
dàitì 代替 (5.185)
dàifu 大夫 (4.74)
dài 带[帶] (3.43)
dàilǐng 带领[帶領] (6.371)
dàiyù 待遇 (5.186)
dàimàn 怠慢 (6.372)
dài 戴 (4.75)
dàikuǎn 贷款[貸款] (5.187)
dàibǔ 逮捕 (6.373)
dānchún 单纯[單純] (5.188)
dāndiào 单调[單調] (5.189)
dāndú 单独[單獨] (5.190)

dānwèi 单位[單位] (5.191)
dānyuán 单元[單元] (5.192)
dānbǎo 担保[擔保] (6.374)
dānrèn 担任[擔任] (5.193)
dānxīn 担心[擔心] (3.44)
dānwu 耽误[耽誤] (5.194)
dǎnqiè 胆怯[膽怯] (6.375)
dǎnxiǎoguǐ 胆小鬼[膽小鬼] (5.195)
dàn 淡 (5.196)
dànjì 淡季 (6.376)
dànshuǐ 淡水 (6.377)
dànbáizhì 蛋白质[蛋白質] (6.378)
dàngāo 蛋糕 (3.45)
dànchén 诞辰[誕辰] (6.379)
dànshēng 诞生[誕生] (6.380)
dāng 当[當] (4.76)
dāngchǎng 当场[當場] (6.381)
dāngchū 当初[當初] (6.382)
dāngdài 当代[當代] (6.383)
dāngdì 当地[當地] (5.197)
dāngmiàn 当面[當面] (6.384)
dāngqián 当前[當前] (6.385)
dāngrán 当然[當然] (3.46)
dāngshí 当时[當時] (4.77)
dāngshìrén 当事人[當事人] (6.386)
dāngwùzhījí 当务之急[當務之急] (6.387)
dāngxīn 当心[當心] (5.198)
dāngxuǎn 当选[當選] (6.388)
dǎng 党[黨] (6.389)
dǎng 挡[擋] (5.199)
dàng'àn 档案[檔案] (6.390)
dàngcì 档次[檔次] (6.391)
dāo 刀 (4.78)
dǎobì 倒闭[倒閉] (6.392)
dǎoméi 倒霉[倒黴] (5.200)
dǎodàn 导弹[導彈] (6.393)
dǎoháng 导航[導航] (6.394)
dǎoxiàng 导向[導向] (6.395)
dǎoyǎn 导演[導演] (5.201)
dǎoyóu 导游[導遊] (4.79)
dǎozhì 导致[導致] (5.202)
dǎoyǔ 岛屿[島嶼] (5.203)
dǎoluàn 捣乱[搗亂] (6.396)
dào 倒 (4.80)
dào 到 (2.18)
dàochù 到处[到處] (4.81)
dàodá 到达[到達] (5.204)
dàodǐ 到底 (4.82)
dàoqiè 盗窃[盜竊] (6.397)
dàogǔ 稻谷 (6.398)
dàodé 道德 (5.205)
dàolǐ 道理 (5.206)
dàoqiàn 道歉 (4.83)
de 地 (3.47)
de 得 (2.19)

INDEX

de 的 (1.15)
dé 得 (4.84)
débùchángshī 得不偿失[得不償失] (6.399)
délì 得力 (6.400)
détiāndúhòu 得天独厚[得天獨厚] (6.401)
déyì 得意 (4.85)
dézuì 得罪 (6.402)
dēng 灯[燈] (3.48)
dēnglóng 灯笼[燈籠] (6.403)
dēngjīpái 登机牌[登機牌] (4.86)
dēngjì 登记[登記] (5.207)
dēnglù 登录[登錄] (6.404)
dēnglù 登陆[登陸] (6.405)
dēng 蹬 (6.406)
děng 等 (2.20)
děng 等 (4.87)
děngdài 等待 (5.208)
děnghòu 等候 (6.407)
děngjí 等级[等級] (6.408)
děngyú 等于 (5.209)
dèng 瞪 (6.409)
dī 低 (4.88)
dībà 堤坝[堤壩] (6.410)
dī 滴 (5.210)
dírén 敌人[敵人] (5.211)
díshì 敌视[敵視] (6.411)
díquè 的确[的確] (5.212)
dǐ 底 (4.89)
dǐdá 抵达[抵達] (6.412)
dǐkàng 抵抗 (6.413)
dǐzhì 抵制 (6.414)
dìbù 地步 (6.415)
dìdao 地道 (5.213)
dìdiǎn 地点[地點] (4.90)
dìfang 地方 (3.49)
dìlǐ 地理 (5.214)
dìqiú 地球 (4.91)
dìqū 地区[地區] (5.215)
dìshì 地势[地勢] (6.416)
dìtǎn 地毯 (5.216)
dìtiě 地铁[地鐵] (3.50)
dìtú 地图[地圖] (3.51)
dìwèi 地位 (5.217)
dìzhèn 地震 (5.218)
dìzhǐ 地址 (4.92)
dìzhì 地质[地質] (6.417)
dìdi 弟弟 (2.21)
dìyī 第一 (2.22)
dì 递[遞] (5.219)
dìzēng 递增[遞增] (6.418)
diānbǒ 颠簸[顛簸] (6.419)
diāndǎo 颠倒[顛倒] (6.420)
diǎnlǐ 典礼[典禮] (6.421)

diǎnxíng 典型 (6.422)
diǎn 点[點] (1.16)
diǎnxin 点心[點心] (5.220)
diǎnzhuì 点缀[點綴] (6.423)
diàn 垫[墊] (6.424)
diàndìng 奠定 (6.425)
diànjì 惦记[惦記] (6.426)
diànchí 电池[電池] (5.221)
diànnǎo 电脑[電腦] (1.17)
diànshì 电视[電視] (1.18)
diàntái 电台[電台] (5.222)
diàntī 电梯[電梯] (3.52)
diànyǐng 电影[電影] (1.19)
diànyuán 电源[電源] (6.427)
diànzǐyóujiàn 电子邮件[電子郵件] (3.53)
diāo 叼 (6.428)
diāokè 雕刻 (6.429)
diāosù 雕塑 (6.430)
diào 吊 (6.431)
diào 掉 (4.93)
diàochá 调查[調查] (4.94)
diàodòng 调动[調動] (6.432)
diào 钓[釣] (5.223)
diē 跌 (6.433)
dīng 丁 (6.434)
dīngzhǔ 叮嘱[叮囑] (6.435)
dīng 盯 (6.436)
dǐng 顶[頂] (5.224)
dìngqī 定期 (6.437)
dìngyì 定义[定義] (6.438)
diū 丢[丟] (4.95)
diūrén 丢人[丟人] (6.439)
diūsānlàsì 丢三落四[丟三落四] (6.440)
dōng 东[東] (3.54)
dōngdàozhǔ 东道主[東道主] (6.441)
dōngxi 东西[東西] (1.20)
dōngzhāngxīwàng 东张西望[東張西望] (6.442)
dōng 冬 (3.55)
dǒng 懂 (2.23)
dǒngshìzhǎng 董事长[董事長] (6.443)
dòng 冻[凍] (5.225)
dòngjié 冻结[凍結] (6.444)
dòngdàng 动荡[動蕩] (6.445)
dònghuàpiān 动画片[動畫片] (5.226)
dòngjī 动机[動機] (6.446)
dòngjìng 动静[動靜] (6.447)
dònglì 动力[動力] (6.448)
dòngmài 动脉[動脈] (6.449)
dòngshēn 动身[動身] (6.450)
dòngshǒu 动手[動手] (6.451)
dòngtài 动态[動態] (6.452)
dòngwù 动物[動物] (3.56)
dòngyuán 动员[動員] (6.453)
dòngzuò 动作[動作] (4.96)

dòng 栋[棟] (6.454)
dòng 洞 (5.227)
dōu 兜 (6.455)
dōu 都 (1.21)
dǒuqiào 陡峭 (6.456)
dòuzhēng 斗争[鬥爭] (6.457)
dòufu 豆腐 (5.228)
dòu 逗 (5.229)
dūcù 督促 (6.458)
dúpǐn 毒品 (6.459)
dúcái 独裁[獨裁] (6.460)
dúlì 独立[獨立] (5.230)
dútè 独特[獨特] (5.231)
dú 读[讀] (1.22)
dǔchē 堵车[堵車] (4.97)
dǔsè 堵塞 (6.461)
dǔbó 赌博[賭博] (6.462)
dùguò 度过[度過] (5.232)
dùjué 杜绝[杜絕] (6.463)
dùzi 肚子 (4.98)
duān 端 (6.464)
duānwǔjié 端午节[端午節] (6.465)
duānzhèng 端正 (6.466)
duǎn 短 (3.57)
duǎncù 短促 (6.467)
duǎnxìn 短信 (4.99)
duàn 断[斷] (5.233)
duàndìng 断定[斷定] (6.468)
duànjué 断绝[斷絕] (6.469)
duàn 段 (3.58)
duànliàn 锻炼[鍛煉] (3.59)
duī 堆 (5.234)
duījī 堆积[堆積] (6.470)
duìhuàn 兑换[兌換] (5.235)
duìxiàn 兑现[兌現] (6.471)
duì 对[對] (2.24)
duì 对[對] (2.25)
duìbǐ 对比[對比] (5.236)
duìbuqǐ 对不起[對不起] (1.23)
duìcè 对策[對策] (6.472)
duìchèn 对称[對稱] (6.473)
duìdài 对待[對待] (5.237)
duìfāng 对方[對方] (5.238)
duìfu 对付[對付] (6.474)
duìhuà 对话[對話] (4.100)
duìkàng 对抗[對抗] (6.475)
duìlì 对立[對立] (6.476)
duìlián 对联[對聯] (6.477)
duìmiàn 对面[對面] (4.101)
duìshǒu 对手[對手] (5.239)
duìxiàng 对象[對象] (5.240)
duìyìng 对应[對應] (6.478)
duìyú 对于[對於] (4.102)
duìzhào 对照[對照] (6.479)
duìwu 队伍[隊伍] (6.480)

INDEX

dūn 吨[噸] (5.241)
dūn 蹲 (5.242)
dùn 顿[頓] (5.243)
dùnshí 顿时[頓時] (6.481)
duōsuo 哆嗦 (6.482)
duō 多 (1.24)
duōkuī 多亏[多虧] (5.244)
duōme 多么[多麼] (3.60)
duōshǎo 多少 (1.25)
duōyú 多余 (5.245)
duōyuánhuà 多元化 (6.483)
duǒ 朵 (5.246)
duǒcáng 躲藏 (5.247)
duòluò 堕落[墮落] (6.484)

E

éwài 额外[額外] (6.485)
ěxin 恶心[惡心] (6.486)
èhuà 恶化[惡化] (6.487)
èliè 恶劣[惡劣] (5.248)
èzhì 遏制 (6.488)
è 饿[餓] (3.61)
ēnyuàn 恩怨 (6.489)
értóng 儿童[兒童] (4.103)
érzi 儿子[兒子] (1.26)
ér 而 (4.104)
éryǐ 而已 (6.490)
ěrduo 耳朵 (3.62)
ěrhuán 耳环[耳環] (5.249)
èr 二 (1.27)
èryǎnghuàtàn 二氧化碳 (6.491)

F

fā 发[發] (3.63)
fābiǎo 发表[發表] (5.250)
fābù 发布[發布] (6.492)
fācái 发财[發財] (6.493)
fāchóu 发愁[發愁] (5.251)
fādá 发达[發達] (5.252)
fādāi 发呆[發呆] (6.494)
fādòng 发动[發動] (6.495)
fādǒu 发抖[發抖] (5.253)
fāhuī 发挥[發揮] (5.254)
fājué 发觉[發覺] (6.496)
fāmíng 发明[發明] (5.255)
fāpiào 发票[發票] (5.256)
fāshāo 发烧[發燒] (3.64)
fāshè 发射[發射] (6.497)
fāshēng 发生[發生] (4.105)
fāshì 发誓[發誓] (6.498)
fāxiàn 发现[發現] (3.65)
fāxíng 发行[發行] (6.499)
fāyán 发炎[發炎] (6.500)
fāyán 发言 (5.257)
fāyáng 发扬[發揚] (6.501)
fāyù 发育[發育] (6.502)

fāzhǎn 发展[發展] (4.106)
fákuǎn 罚款[罰款] (5.258)
fǎlǜ 法律 (4.107)
fǎrén 法人 (6.503)
fǎyuàn 法院 (5.259)
fān 番 (6.504)
fān 翻 (5.260)
fānyì 翻译[翻譯] (4.108)
fánshì 凡是 (6.505)
fánnǎo 烦恼[煩惱] (4.109)
fánhuá 繁华[繁華] (6.506)
fánmáng 繁忙 (6.507)
fánróng 繁荣[繁榮] (5.261)
fántǐzì 繁体字[繁體字] (6.508)
fánzhí 繁殖 (6.509)
fǎnbó 反驳[反駁] (6.510)
fǎncháng 反常 (6.511)
fǎnduì 反对[反對] (4.110)
fǎnér 反而 (5.262)
fǎnfù 反复[反複] (5.263)
fǎngǎn 反感 (6.512)
fǎnkàng 反抗 (6.513)
fǎnkuì 反馈[反饋] (6.514)
fǎnmiàn 反面 (6.515)
fǎnshè 反射 (6.516)
fǎnsī 反思 (6.517)
fǎnwèn 反问[反問] (6.518)
fǎnyìng 反应[反應] (5.264)
fǎnyìng 反映 (5.265)
fǎnzhèng 反正 (5.266)
fǎnzhī 反之 (6.519)
fànlàn 泛滥[泛濫] (6.520)
fànchóu 范畴[範疇] (6.521)
fànwéi 范围[範圍] (5.267)
fànmài 贩卖[販賣] (6.522)
fàndiàn 饭店[飯店] (1.28)
fāng 方 (5.268)
fāngàn 方案 (5.269)
fāngbiàn 方便 (3.66)
fāngfǎ 方法 (4.111)
fāngmiàn 方面 (4.112)
fāngshì 方式 (5.270)
fāngwèi 方位 (6.523)
fāngxiàng 方向 (4.113)
fāngyán 方言 (6.524)
fāngyuán 方圆[方圓] (6.525)
fāngzhēn 方针[方針] (6.526)
fáng'ài 妨碍[妨礙] (5.271)
fángdōng 房东[房東] (4.114)
fángjiān 房间[房間] (2.26)
fángshǒu 防守 (6.527)
fángyù 防御[防禦] (6.528)
fángzhǐ 防止 (6.529)
fángzhì 防治 (6.530)
fǎngfú 仿佛 (5.272)

fǎngzhī 纺织[紡織] (6.531)
fǎngwèn 访问[訪問] (6.532)
fàng 放 (3.67)
fàngdà 放大 (6.533)
fàngqì 放弃[放棄] (4.115)
fàngshè 放射 (6.534)
fàngshǔjià 放暑假 (4.116)
fàngsōng 放松 (4.117)
fàngxīn 放心 (3.68)
fēi 非 (5.273)
fēicháng 非常 (2.27)
fēifǎ 非法 (6.535)
fēijī 飞机[飛機] (1.29)
fēiqínzǒushòu 飞禽走兽[飛禽走獸] (6.536)
fēixiáng 飞翔[飛翔] (6.537)
fēiyuè 飞跃[飛躍] (6.538)
féiwò 肥沃 (6.539)
féizào 肥皂 (5.274)
fěibàng 诽谤[誹謗] (6.540)
fèichú 废除[廢除] (6.541)
fèihuà 废话[廢話] (5.275)
fèiqǐnwàngshí 废寝忘食[廢寢忘食] (6.542)
fèixū 废墟[廢墟] (6.543)
fèiténg 沸腾[沸騰] (6.544)
fèi 肺 (6.545)
fēn 分 (3.69)
fēnbiàn 分辨 (6.546)
fēnbié 分别[分別] (5.276)
fēnbù 分布 (5.277)
fēncun 分寸 (6.547)
fēnhóng 分红[分紅] (6.548)
fēnjiě 分解 (6.549)
fēnliè 分裂 (6.550)
fēnmì 分泌 (6.551)
fēnmíng 分明 (6.552)
fēnpèi 分配 (5.278)
fēnqí 分歧 (6.553)
fēnsàn 分散 (6.554)
fēnshǒu 分手 (5.279)
fēnxī 分析 (5.280)
fēnzhōng 分钟[分鐘] (1.30)
fēnfù 吩咐 (6.555)
fēnfēn 纷纷[紛紛] (5.281)
fénmù 坟墓[墳墓] (6.556)
fěnmò 粉末 (6.557)
fěnsè 粉色 (6.558)
fěnsuì 粉碎 (6.559)
fèn 份 (4.118)
fènliàng 分量 (6.560)
fèndòu 奋斗[奮鬥] (5.282)
fènnù 愤怒[憤怒] (6.561)
fēngfù 丰富[豐富] (4.119)
fēngmǎn 丰满[豐滿] (6.562)

fēngshèng 丰盛[豐盛] (6.563)
fēngshōu 丰收[豐收] (6.564)
fēngbì 封闭[封閉] (6.565)
fēngjiàn 封建 (6.566)
fēngsuǒ 封锁[封鎖] (6.567)
fēngkuáng 疯狂[瘋狂] (5.283)
fēnglì 锋利[鋒利] (6.568)
fēngbào 风暴[風暴] (6.569)
fēngdù 风度[風度] (6.570)
fēnggé 风格[風格] (5.284)
fēngguāng 风光[風光] (6.571)
fēngjǐng 风景[風景] (5.285)
fēngqì 风气[風氣] (6.572)
fēngqù 风趣[風趣] (6.573)
fēngsú 风俗[風俗] (5.286)
fēngtǔrénqíng 风土人情[風土人情] (6.574)
fēngwèi 风味[風味] (6.575)
fēngxiǎn 风险[風險] (5.287)
féng 逢 (6.576)
fěngcì 讽刺[諷刺] (5.288)
fèngxiàn 奉献[奉獻] (6.577)
fǒudìng 否定 (5.289)
fǒujué 否决[否決] (6.578)
fǒurèn 否认[否認] (5.290)
fǒuzé 否则[否則] (4.120)
fūfù 夫妇[夫婦] (6.579)
fūren 夫人 (6.580)
fūyǎn 敷衍 (6.581)
fúlǔ 俘虏[俘虜] (6.582)
fú 幅 (5.291)
fúdù 幅度 (6.583)
fú 扶 (5.292)
fúcóng 服从[服從] (6.584)
fúqì 服气[服氣] (6.585)
fúwùyuán 服务员[服務員] (2.28)
fúzhuāng 服装[服裝] (5.293)
fúlì 福利 (6.586)
fúqi 福气[福氣] (6.587)
fúhào 符号[符號] (6.588)
fúhé 符合 (4.121)
fúshè 辐射[輻射] (6.589)
fǔshì 俯视[俯視] (6.590)
fǔmō 抚摸[撫摸] (6.591)
fǔyǎng 抚养[撫養] (6.592)
fǔbài 腐败[腐敗] (6.593)
fǔlàn 腐烂[腐爛] (6.594)
fǔshí 腐蚀[腐蝕] (6.595)
fǔxiǔ 腐朽 (6.596)
fǔdǎo 辅导[輔導] (5.294)
fǔzhù 辅助[輔助] (6.597)
fùkuǎn 付款 (4.122)
fù 副 (6.598)
fùhuó 复活[複活] (6.599)
fùxí 复习[複習] (3.70)

fùxīng 复兴[複興] (6.600)
fùyìn 复印[複印] (4.123)
fùzá 复杂[複雜] (4.124)
fùzhì 复制[複製] (5.295)
fùnǚ 妇女[婦女] (5.296)
fù 富 (4.125)
fùyù 富裕 (6.601)
fùqīn 父亲[父親] (4.126)
fùxiè 腹泻[腹瀉] (6.602)
fùgài 覆盖[覆蓋] (6.603)
fùdān 负担[負擔] (6.604)
fùzé 负责[負責] (4.127)
fùyǔ 赋予[賦予] (6.605)
fùhè 附和 (6.606)
fùjiàn 附件 (6.607)
fùjìn 附近 (3.71)
fùshǔ 附属[附屬] (6.608)

G

gǎibiàn 改变[改變] (4.128)
gǎigé 改革 (5.297)
gǎijìn 改进[改進] (5.298)
gǎiliáng 改良 (6.609)
gǎishàn 改善 (5.299)
gǎizhèng 改正 (5.300)
gàikuò 概括 (5.301)
gàiniàn 概念 (5.302)
gài 盖[蓋] (5.303)
gàizhāng 盖章[蓋章] (6.610)
gài 钙[鈣] (6.611)
gāngà 尴尬 (6.612)
gānbēi 干杯[乾杯] (4.129)
gāncuì 干脆[乾脆] (5.304)
gānhàn 干旱[乾旱] (6.613)
gānjìng 干净[乾淨] (3.72)
gānrǎo 干扰[干擾] (6.614)
gānshè 干涉[干涉] (6.615)
gānyù 干预[干預] (6.616)
gānzào 干燥[乾燥] (5.305)
gǎndòng 感动[感動] (4.130)
gǎnjī 感激 (5.306)
gǎnjué 感觉[感覺] (4.131)
gǎnkǎi 感慨 (6.617)
gǎnmào 感冒 (3.73)
gǎnqíng 感情 (4.132)
gǎnrǎn 感染 (6.618)
gǎnshòu 感受 (5.307)
gǎnxiǎng 感想 (5.308)
gǎnxiè 感谢[感謝] (4.133)
gǎn xìngqù 感兴趣[感興趣] (3.74)
gǎn 敢 (4.134)
gǎn 赶[趕] (4.135)
gǎnjǐn 赶紧[趕緊] (5.309)
gǎnkuài 赶快[趕快] (5.310)
gàn 干[幹] (4.136)
gànhuór 干活儿[幹活兒] (5.311)

gànjìn 干劲[幹勁] (6.619)
gāng 刚[剛] (4.137)
gāngcái 刚才[剛才] (3.75)
gāng 扛 (6.620)
gānglǐng 纲领[綱領] (6.621)
gāngtiě 钢铁[鋼鐵] (5.312)
gǎngwèi 岗位[崗位] (6.622)
gǎngkǒu 港口 (6.623)
gǎngwān 港湾[港灣] (6.624)
gànggǎn 杠杆 (6.625)
gāo 高 (2.29)
gāochāo 高超 (6.626)
gāocháo 高潮 (6.627)
gāodàng 高档[高檔] (5.313)
gāofēng 高峰 (6.628)
gāojí 高级[高級] (5.314)
gāomíng 高明 (6.629)
gāoshàng 高尚 (6.630)
gāosùgōnglù 高速公路 (4.138)
gāoxìng 高兴[高興] (1.31)
gāozhǎng 高涨[高漲] (6.631)
gǎo 搞 (5.315)
gǎojiàn 稿件 (6.632)
gàobié 告别[告別] (5.316)
gàocí 告辞[告辭] (6.633)
gàojiè 告诫[告誡] (6.634)
gàosu 告诉[告訴] (2.30)
gē 割 (6.635)
gēge 哥哥 (2.31)
gē 搁[擱] (6.636)
gēsòng 歌颂[歌頌] (6.637)
gēda 疙瘩 (6.638)
gēbo 胳膊 (4.139)
gēzi 鸽子[鴿子] (6.639)
géjú 格局 (6.640)
géshì 格式 (6.641)
géwài 格外 (5.317)
gébì 隔壁 (5.318)
géhé 隔阂[隔閡] (6.642)
gélí 隔离[隔離] (6.643)
gémìng 革命 (6.644)
gè 个[個] (1.32)
gèbié 个别[個別] (5.319)
gèrén 个人[個人] (5.320)
gètǐ 个体[個體] (6.645)
gèxìng 个性[個性] (5.321)
gèzi 个子[個子] (3.76)
gè 各 (4.140)
gèshūjǐjiàn 各抒己见[各抒己見] (6.646)
gèzì 各自 (5.322)
gěi 给[給] (2.32)
gēn 根 (5.323)
gēnběn 根本 (5.324)
gēnjù 根据[根據] (3.77)
gēnshēndìgù 根深蒂固 (6.647)

INDEX

gēnyuán 根源 (6.648)
gēn 跟 (3.78)
gēnqián 跟前 (6.649)
gēnsuí 跟随[跟隨] (6.650)
gēnzōng 跟踪[跟蹤] (6.651)
gēngxīn 更新 (6.652)
gēngzhèng 更正 (6.653)
gēngdì 耕地 (6.654)
gèng 更 (3.79)
gōngbùyìngqiú 供不应求[供不應求] (6.655)
gōngjǐ 供给[供給] (6.656)
gōngānjú 公安局 (6.657)
gōngbù 公布 (5.325)
gōngdào 公道 (6.658)
gōnggào 公告 (6.659)
gōnggòngqìchē 公共汽车[公共汽車] (2.33)
gōngguān 公关[公關] (6.660)
gōngjīn 公斤 (3.80)
gōngkāi 公开[公開] (5.326)
gōnglǐ 公里[公裏] (4.141)
gōngmín 公民 (6.661)
gōngpíng 公平 (5.327)
gōngrán 公然 (6.662)
gōngrèn 公认[公認] (6.663)
gōngshì 公式 (6.664)
gōngsī 公司 (2.34)
gōngwù 公务[公務] (6.665)
gōngyù 公寓 (5.328)
gōngyuán 公元 (5.329)
gōngyuán 公园[公園] (3.81)
gōngzhèng 公正 (6.666)
gōngzhèng 公证[公證] (6.667)
gōngzhǔ 公主 (5.330)
gōngfu 功夫 (4.142)
gōngláo 功劳[功勞] (6.668)
gōngnéng 功能 (5.331)
gōngxiào 功效 (6.669)
gōngdiàn 宫殿[宮殿] (6.670)
gōngchǎng 工厂[工廠] (5.332)
gōngchéngshī 工程师[工程師] (5.333)
gōngjù 工具 (5.334)
gōngrén 工人 (5.335)
gōngyè 工业[工業] (5.336)
gōngyìpǐn 工艺品[工藝品] (6.671)
gōngzī 工资[工資] (4.143)
gōngzuò 工作 (1.33)
gōngjìng 恭敬 (6.672)
gōngxǐ 恭喜 (5.337)
gōngjī 攻击[攻擊] (6.673)
gōngkè 攻克 (6.674)
gǒnggù 巩固[鞏固] (6.675)
gònghéguó 共和国[共和國] (6.676)
gòngjì 共计[共計] (6.677)

gòngmíng 共鸣[共鳴] (6.678)
gòngtóng 共同 (4.144)
gòngxiàn 贡献[貢獻] (5.338)
gōujié 勾结[勾結] (6.679)
gōutōng 沟通[溝通] (5.339)
gōuzi 钩子[鉤子] (6.680)
gǒu 狗 (1.34)
gòu 够[夠] (4.145)
gòuchéng 构成[構成] (5.340)
gòusī 构思[構思] (6.681)
gòuwù 购物[購物] (4.146)
gūjì 估计[估計] (4.147)
gūgu 姑姑 (5.341)
gūniang 姑娘 (5.342)
gūqiě 姑且 (6.682)
gūdú 孤独[孤獨] (6.683)
gūlì 孤立 (6.684)
gūfù 辜负[辜負] (6.685)
gǔdài 古代 (5.343)
gǔdiǎn 古典 (5.344)
gǔdǒng 古董 (6.686)
gǔguài 古怪 (6.687)
gǔdōng 股东[股東] (6.688)
gǔfèn 股份 (6.689)
gǔpiào 股票 (5.345)
gǔgàn 骨干[骨幹] (6.690)
gǔtou 骨头[骨頭] (5.346)
gǔdòng 鼓动[鼓動] (6.691)
gǔlì 鼓励[鼓勵] (4.148)
gǔwǔ 鼓舞 (5.347)
gǔzhǎng 鼓掌 (5.348)
gùdìng 固定 (5.349)
gùrán 固然 (6.692)
gùtǐ 固体[固體] (6.693)
gùyǒu 固有 (6.694)
gùzhi 固执[固執] (6.695)
gùshi 故事 (3.82)
gùxiāng 故乡[故鄉] (6.696)
gùyì 故意 (4.149)
gùzhàng 故障 (6.697)
gùyōng 雇佣[雇傭] (6.698)
gùkè 顾客[顧客] (4.150)
gùlǜ 顾虑[顧慮] (6.699)
gùwèn 顾问[顧問] (6.700)
guāfēng 刮风[刮風] (3.83)
guà 挂 (4.151)
guàhào 挂号[掛號] (5.350)
guāi 乖 (5.351)
guǎiwān 拐弯[拐彎] (5.352)
guǎizhàng 拐杖 (6.701)
guàibude 怪不得 (5.353)
guān 关[關] (3.84)
guānbì 关闭[關閉] (5.354)
guānh ３ Ā 关怀[關懷] (6.702)
guānjiàn 关键[關鍵] (4.152)

guānxì 关系[關系] (3.85)
guānxīn 关心[關心] (3.86)
guānyú 关于[關于] (3.87)
guānzhào 关照[關照] (6.703)
guān 官 (5.355)
guānfāng 官方 (6.704)
guānchá 观察[觀察] (5.356)
guāndiǎn 观点[觀點] (5.357)
guānguāng 观光[觀光] (6.705)
guānniàn 观念[觀念] (5.358)
guānzhòng 观众[觀衆] (4.153)
guǎnlǐ 管理 (4.154)
guǎnxiá 管辖[管轄] (6.706)
guǎnzǐ 管子 (5.359)
guànjūn 冠军[冠軍] (5.360)
guànlì 惯例[慣例] (6.707)
guàngài 灌溉 (6.708)
guàn 罐 (6.709)
guànchè 贯彻[貫徹] (6.710)
guāng 光 (4.155)
guāngcǎi 光彩 (6.711)
guānghua 光滑 (5.361)
guānghuī 光辉[光輝] (6.712)
guānglín 光临[光臨] (5.362)
guāngmáng 光芒 (6.713)
guāngmíng 光明 (5.363)
guāngpán 光盘[光盤] (5.364)
guāngróng 光荣[光榮] (6.714)
guǎngbō 广播[廣播] (4.156)
guǎngchǎng 广场[廣場] (5.365)
guǎngdà 广大[廣大] (5.366)
guǎngfàn 广泛[廣泛] (5.367)
guǎnggào 广告[廣告] (4.157)
guǎngkuò 广阔[廣闊] (6.715)
guàng 逛 (4.158)
guīgēndàodǐ 归根到底[歸根到底] (6.716)
guīhuán 归还[歸還] (6.717)
guīnà 归纳[歸納] (5.368)
guīdìng 规定[規定] (4.159)
guīfàn 规范[規範] (6.718)
guīgé 规格[規格] (6.719)
guīhuà 规划[規劃] (6.720)
guīju 规矩[規矩] (5.369)
guīlǜ 规律[規律] (5.370)
guīmó 规模[規模] (5.371)
guīzé 规则[規則] (5.372)
guīzhāng 规章[規章] (6.721)
guǐdào 轨道[軌道] (6.722)
guìtái 柜台[櫃台] (5.373)
guì 贵[貴] (2.35)
guìzú 贵族[貴族] (6.723)
guì 跪 (6.724)
gǔn 滚[滾] (5.374)
gùnbàng 棍棒 (6.725)
guo 过[過] (2.36)

128

guō 锅[鍋] (5.375)
guófáng 国防[國防] (6.726)
guójí 国籍[國籍] (4.160)
guójì 国际[國際] (4.161)
guójiā 国家[國家] (3.88)
Guóqìngjié 国庆节[國慶節] (5.376)
guówáng 国王[國王] (5.377)
GuóWùYuàn 国务院[國務院] (6.727)
guǒduàn 果断[果斷] (6.728)
guǒrán 果然 (5.378)
guǒshí 果实[果實] (5.379)
guǒzhī 果汁 (4.162)
guò 过[過] (3.89)
guòchéng 过程[過程] (4.163)
guòdù 过度[過度] (6.729)
guòdù 过渡[過渡] (6.730)
guòfèn 过分[過分] (5.380)
guòjiǎng 过奖[過獎] (6.731)
guòlǜ 过滤[過濾] (6.732)
guòmǐn 过敏[過敏] (5.381)
guòqī 过期[過期] (5.382)
guòqu 过去[過去] (3.90)
guòshī 过失[過失] (6.733)
guòwèn 过问[過問] (6.734)
guòyǐn 过瘾[過癮] (6.735)
guòyú 过于[過於] (6.736)

H

hā 哈 (5.383)
hāi 嗨 (6.737)
háizi 孩子 (2.37)
hái 还[還] (2.38)
háishì 还是[還是] (3.91)
hǎibá 海拔 (6.738)
hǎibīn 海滨[海濱] (6.739)
hǎiguān 海关[海關] (5.384)
hǎixiān 海鲜[海鮮] (5.385)
hǎiyáng 海洋 (4.164)
hàipà 害怕 (3.92)
hàixiū 害羞 (4.165)
hánhu 含糊 (6.740)
hányì 含义[含義] (6.741)
hánjià 寒假 (4.166)
hánxuān 寒暄 (6.742)
hǎn 喊 (5.386)
hǎnjiàn 罕见[罕見] (6.743)
hànwèi 捍卫[捍衛] (6.744)
hànyǔ 汉语[漢語] (1.35)
hàn 汗 (4.167)
hángbān 航班 (4.168)
hángkōng 航空 (6.745)
hángtiān 航天 (6.746)
hángxíng 航行 (6.747)
hángliè 行列 (6.748)
hángyè 行业[行業] (5.387)
háomǐ 毫米 (6.749)
háowú 毫无[毫無] (6.750)
háohuá 豪华[豪華] (5.388)
háomài 豪迈[豪邁] (6.751)
hǎo 好 (1.36)
hǎochī 好吃 (2.39)
hǎochu 好处[好處] (4.169)
hǎoxiàng 好像 (4.170)
hào 号[號] (1.37)
hàomǎ 号码[號碼] (4.171)
hàozhào 号召[號召] (6.752)
hàokè 好客 (5.389)
hàoqí 好奇 (5.390)
hàofèi 耗费[耗費] (6.753)
hē 呵 (6.754)
hē 喝 (1.38)
hébì 何必 (5.391)
hékuàng 何况[何況] (5.392)
hébìng 合并[合並] (6.755)
héchéng 合成 (6.756)
héfǎ 合法 (5.393)
hégé 合格 (4.172)
héhuǒ 合伙[合夥] (6.757)
hélǐ 合理 (5.394)
héshì 合适[合適] (4.173)
hésuàn 合算 (6.758)
hétong 合同 (5.395)
héyǐng 合影 (5.396)
hézuò 合作 (5.397)
hé 和 (1.39)
héǎi 和蔼[和藹] (6.759)
héjiě 和解 (6.760)
hémù 和睦 (6.761)
hépíng 和平 (5.398)
héqi 和气[和氣] (6.762)
héxié 和谐[和諧] (6.763)
héxīn 核心 (5.399)
hézi 盒子 (4.174)
hēi 嘿 (6.764)
hēi 黑 (2.40)
hēibǎn 黑板 (3.93)
hénjì 痕迹 (6.765)
hěn 很 (1.40)
hěnxīn 狠心 (6.766)
hèn 恨 (5.400)
hènbudé 恨不得 (6.767)
hēng 哼 (6.768)
héng 横[橫] (6.769)
hōng 哄 (6.770)
hōng 烘 (6.771)
hōngdòng 轰动[轟動] (6.772)
hóngguān 宏观[宏觀] (6.773)
hóngwěi 宏伟[宏偉] (6.774)
hóngshuǐ 洪水 (6.775)
hóng 红[紅] (2.41)
hóulóng 喉咙[喉嚨] (6.776)
hóuzi 猴子 (5.401)
hǒu 吼 (6.777)
hòuxuǎn 候选[候選] (6.778)
hòu 厚 (4.175)
hòubèi 后背[後背] (5.402)
hòudài 后代[後代] (6.779)
hòugùzhīyōu 后顾之忧[後顧之憂] (6.780)
hòuguǒ 后果[後果] (5.403)
hòuhuǐ 后悔[後悔] (4.176)
hòulái 后来[後來] (3.94)
hòumiàn 后面[後面] (1.41)
hòuqín 后勤[後勤] (6.781)
hūhuàn 呼唤[呼喚] (6.782)
hūxī 呼吸 (5.404)
hūxiào 呼啸[呼嘯] (6.783)
hūyù 呼吁[呼籲] (6.784)
hūlvè 忽略 (6.785)
hūrán 忽然 (5.405)
hūshì 忽视[忽視] (5.406)
hú 壶[壺] (5.407)
húpō 湖泊 (6.786)
hútu 糊涂[糊塗] (5.408)
húluàn 胡乱[胡亂] (6.787)
húshuō 胡说[胡說] (5.409)
hútòng 胡同 (5.410)
húxū 胡须[胡須] (6.788)
húdié 蝴蝶 (5.411)
hùliánwǎng 互联网[互聯網] (4.177)
hùxiāng 互相 (4.178)
hùshi 护士[護士] (4.179)
hùzhào 护照[護照] (3.95)
huā 花 (3.96)
huā 花 (3.97)
huābàn 花瓣 (6.789)
huālěi 花蕾 (6.790)
huāshēng 花生 (5.412)
huálì 华丽[華麗] (6.791)
huáqiáo 华侨[華僑] (6.792)
huáyì 华裔[華裔] (5.413)
huá 滑 (5.414)
huà 划[劃] (5.415)
huàfēn 划分[劃分] (6.793)
huàféi 化肥 (6.794)
huàshí 化石 (6.795)
huàxué 化学[化學] (5.416)
huàyàn 化验[化驗] (6.796)
huàzhuāng 化妆[化妝] (6.797)
huà 画[畫] (3.98)
huàshétiānzú 画蛇添足[畫蛇添足] (6.798)
huàtí 话题[話題] (5.417)
huàtǒng 话筒[話筒] (6.799)
huáiniàn 怀念[懷念] (5.418)
huáiyí 怀疑[懷疑] (4.180)

INDEX

huáiyùn 怀孕[懷孕] (5.419)
huài 坏[壞] (3.99)
huānlè 欢乐[歡樂] (6.800)
huānyíng 欢迎[歡迎] (3.100)
huánjié 环节[環節] (6.801)
huánjìng 环境[環境] (3.101)
huán 还[還] (3.102)
huányuán 还原[還原] (6.802)
huǎnhé 缓和[緩和] (6.803)
huǎnjiě 缓解[緩解] (5.420)
huànxiǎng 幻想 (5.421)
huànzhě 患者 (6.804)
huàn 换[換] (3.103)
huāngzhāng 慌张[慌張] (5.422)
huāngliáng 荒凉[荒涼] (6.805)
huāngmiù 荒谬[荒謬] (6.806)
huāngtáng 荒唐 (6.807)
huángdì 皇帝 (6.808)
huánghòu 皇后[皇後] (6.809)
huánghé 黄河[黃河] (3.104)
huánghūn 黄昏[黃昏] (6.810)
huángjīn 黄金[黃金] (5.423)
huǎngrándàwù 恍然大悟 (6.811)
huǎng 晃 (6.812)
huīfù 恢复[恢複] (5.424)
huī 挥[揮] (5.425)
huīhuò 挥霍[揮霍] (6.813)
huī 灰 (5.426)
huīchén 灰尘[灰塵] (5.427)
huīxīn 灰心 (5.428)
huīhuáng 辉煌[輝煌] (6.814)
huí 回 (1.42)
huíbào 回报[回報] (6.815)
huíbì 回避 (6.816)
huídá 回答 (3.105)
huígù 回顾[回顧] (6.817)
huíshōu 回收 (6.818)
huíyì 回忆[回憶] (4.181)
huǐhèn 悔恨 (6.819)
huǐmiè 毁灭[毀滅] (6.820)
huì 会[會] (1.43)
huìwù 会晤[會晤] (6.821)
huìyì 会议[會議] (3.106)
huìbào 汇报[彙報] (6.822)
huìlǜ 汇率[彙率] (5.429)
huìlù 贿赂[賄賂] (6.823)
hūnlǐ 婚礼[婚禮] (5.430)
hūnyīn 婚姻 (5.431)
hūnmí 昏迷 (6.824)
hūn 荤[葷] (6.825)
húnshēn 浑身[渾身] (6.826)
hùnhé 混合 (6.827)
hùnluàn 混乱[混亂] (6.828)
hùnxiáo 混淆 (6.829)
hùnzhuó 混浊[混濁] (6.830)

huódòng 活动[活動] (4.182)
huógāi 活该[活該] (6.831)
huólì 活力 (6.832)
huópo 活泼[活潑] (4.183)
huóyuè 活跃[活躍] (5.432)
huǒbàn 伙伴[夥伴] (5.433)
huǒ 火 (4.184)
huǒchái 火柴 (5.434)
huǒchēzhàn 火车站[火車站] (2.42)
huǒjiàn 火箭 (6.833)
huǒyàn 火焰 (6.834)
huǒyào 火药[火藥] (6.835)
huòxǔ 或许[或許] (5.435)
huòzhě 或者 (3.107)
huòdé 获得[獲得] (4.185)
huòbì 货币[貨幣] (6.836)

J

jīhū 几乎[幾乎] (3.108)
jīběn 基本 (5.436)
jīchǔ 基础[基礎] (4.186)
jīdì 基地 (6.837)
jījīn 基金 (6.838)
jīyīn 基因 (6.839)
jīchǎng 机场[機場] (2.43)
jīdòng 机动[機動] (6.840)
jīgòu 机构[機構] (6.841)
jīhuì 机会[機會] (3.109)
jīling 机灵[機靈] (6.842)
jīmì 机密[機密] (6.843)
jīqì 机器[機器] (5.437)
jīxiè 机械[機械] (6.844)
jīyù 机遇[機遇] (6.845)
jīzhì 机智[機智] (6.846)
jīdòng 激动[激動] (4.187)
jīfā 激发[激發] (6.847)
jīlì 激励[激勵] (6.848)
jīliè 激烈 (5.438)
jīqíng 激情 (6.849)
jījí 积极[積極] (4.188)
jīlěi 积累[積累] (4.189)
jīròu 肌肉 (5.439)
jīxiào 讥笑[譏笑] (6.850)
jīè 饥饿[饑餓] (6.851)
jīdàn 鸡蛋[雞蛋] (2.44)
jíbiàn 即便 (6.852)
jíjiāng 即将[即將] (6.853)
jíshǐ 即使 (4.190)
jígé 及格 (5.440)
jíshí 及时[及時] (4.191)
jízǎo 及早 (6.854)
jíxiáng 吉祥 (6.855)
jídù 嫉妒 (6.856)
jígōngjìnlì 急功近利 (6.857)
jíjù 急剧[急劇] (6.858)
jímáng 急忙 (5.441)

jíqiè 急切 (6.859)
jíyúqiúchéng 急于求成 (6.860)
jízào 急躁 (6.861)
jízhěn 急诊[急診] (5.442)
jí 极[極] (3.110)
jíduān 极端[極端] (6.862)
jíqí 极其[極其] (5.443)
jíxiàn 极限[極限] (6.863)
jíbìng 疾病 (6.864)
jíguàn 籍贯[籍貫] (6.865)
jíbié 级别[級別] (6.866)
jíhé 集合 (5.444)
jítǐ 集体[集體] (5.445)
jítuán 集团[集團] (6.867)
jízhōng 集中 (5.446)
jǐ 几[幾] (1.44)
jǐyǔ 给予[給予] (6.868)
jìjūn 季军[季軍] (6.869)
jìdù 季度 (6.870)
jìjié 季节[季節] (3.111)
jìjìng 寂静[寂靜] (6.871)
jìmò 寂寞 (5.447)
jì 寄 (4.192)
jìtuō 寄托 (6.872)
jìhuì 忌讳[忌諱] (6.873)
jìqiǎo 技巧 (6.874)
jìshù 技术[技術] (4.193)
jìrán 既然 (4.194)
jìlǐngdài 系领带[系領帶] (5.448)
jìlù 纪录[紀錄] (5.449)
jìlǜ 纪律[紀律] (5.450)
jìniàn 纪念[紀念] (5.451)
jìyào 纪要[紀要] (6.875)
jìchéng 继承[繼承] (6.876)
jìxù 继续[繼續] (4.195)
jìhuà 计划[計劃] (4.196)
jìjiào 计较[計較] (6.877)
jìsuàn 计算[計算] (5.452)
jìde 记得 (3.112)
jìlù 记录[記錄] (5.453)
jìxing 记性[記性] (6.878)
jìyì 记忆[記憶] (5.454)
jìzǎi 记载[記載] (6.879)
jìzhě 记者[記者] (4.197)
jìxiàng 迹象 (6.880)
jiāyáo 佳肴 (6.881)
jiābān 加班 (4.198)
jiāgōng 加工 (6.882)
jiājù 加剧[加劇] (6.883)
jiāyóuzhàn 加油站 (4.199)
jiābīn 嘉宾[嘉賓] (5.455)
jiāzá 夹杂[夾雜] (6.884)
jiāzi 夹子[夾子] (5.456)
jiā 家 (1.45)
jiācháng 家常 (6.885)

INDEX

jiāhuo 家伙[家夥] (6.886)
jiājù 家具 (4.200)
jiāshǔ 家属[家屬] (6.887)
jiātíng 家庭 (5.457)
jiāwù 家务[家務] (5.458)
jiāxiāng 家乡[家鄉] (5.459)
jiāyùhùxiǎo 家喻户晓[家喻戶曉] (6.888)
jiǎ 假 (4.201)
jiǎrú 假如 (5.460)
jiǎshè 假设[假設] (5.461)
jiǎzhuāng 假装[假裝] (5.462)
jiǎ 甲 (5.463)
jiàgé 价格[價格] (4.202)
jiàzhí 价值[價值] (5.464)
jià 嫁 (5.465)
jiàshǐ 驾驶[駕駛] (5.466)
jiānzhí 兼职[兼職] (5.467)
jiānchí 坚持[堅持] (4.203)
jiāndìng 坚定[堅定] (6.889)
jiāngù 坚固[堅固] (6.890)
jiānjué 坚决[堅決] (5.468)
jiānqiáng 坚强[堅強] (5.469)
jiānrèn 坚韧[堅韌] (6.891)
jiānshí 坚实[堅實] (6.892)
jiānyìng 坚硬[堅硬] (6.893)
jiānduān 尖端 (6.894)
jiānruì 尖锐[尖銳] (6.895)
jiān 煎 (6.896)
jiāndū 监督[監督] (6.897)
jiānshì 监视[監視] (6.898)
jiānyù 监狱[監獄] (6.899)
jiānbǎng 肩膀 (5.470)
jiānjù 艰巨[艱巨] (5.471)
jiānkǔ 艰苦[艱苦] (5.472)
jiānnán 艰难[艱難] (6.900)
jiǎnféi 减肥[減肥] (4.204)
jiǎnshǎo 减少[減少] (4.205)
jiǎncǎi 剪彩 (6.901)
jiǎndāo 剪刀 (5.473)
jiǎn 拣[揀] (6.902)
jiǎn 捡[撿] (5.474)
jiǎnchá 检查[檢查] (3.113)
jiǎntǎo 检讨[檢討] (6.903)
jiǎnyàn 检验[檢驗] (6.904)
jiǎndān 简单[簡單] (3.114)
jiǎnhuà 简化[簡化] (6.905)
jiǎnlì 简历[簡歷] (5.475)
jiǎnlòu 简陋[簡陋] (6.906)
jiǎntǐzì 简体字[簡體字] (6.907)
jiǎnyào 简要[簡要] (6.908)
jiǎnzhí 简直[簡直] (5.476)
jiàn 件 (2.45)
jiànkāng 健康 (3.115)
jiànquán 健全 (6.909)
jiànshēn 健身 (5.477)

jiàn 剑[劍] (6.910)
jiànlì 建立 (5.478)
jiànshè 建设[建設] (5.479)
jiànyì 建议[建議] (4.206)
jiànzhù 建筑[建築] (5.480)
jiàn 溅[濺] (6.911)
jiàntǐng 舰艇[艦艇] (6.912)
jiànduōshíguǎng 见多识广[見多識廣] (6.913)
jiànjiě 见解[見解] (6.914)
jiànmiàn 见面[見面] (3.116)
jiànwén 见闻[見聞] (6.915)
jiànyìyǒngwéi 见义勇为[見義勇為] (6.916)
jiàntà 践踏[踐踏] (6.917)
jiànbié 鉴别[鑒別] (6.918)
jiàndìng 鉴定[鑒定] (6.919)
jiànyú 鉴于[鑒于] (6.920)
jiànpán 键盘[鍵盤] (5.481)
jiàndié 间谍[間諜] (6.921)
jiàngé 间隔[間隔] (6.922)
jiànjiē 间接[間接] (6.923)
jiāngyìng 僵硬 (6.924)
jiāngjūn 将军[將軍] (6.925)
jiāngjìn 将近[將近] (6.926)
jiāng jiù 将就[將就] (6.927)
jiānglái 将来[將來] (4.207)
jiǎngjīn 奖金[獎金] (4.208)
jiǎnglì 奖励[獎勵] (6.928)
jiǎngshǎng 奖赏[獎賞] (6.929)
jiǎng 桨[槳] (6.930)
jiǎng 讲[講] (3.117)
jiǎngjiu 讲究[講究] (5.482)
jiǎngzuò 讲座[講座] (5.483)
jiàngyóu 酱油[醬油] (5.484)
jiàngdī 降低 (4.209)
jiànglín 降临[降臨] (6.931)
jiàngluò 降落 (4.210)
jiāo 交 (4.211)
jiāochā 交叉 (6.932)
jiāodài 交代 (6.933)
jiāohuàn 交换[交換] (5.485)
jiāojì 交际[交際] (5.486)
jiāoliú 交流 (4.212)
jiāoshè 交涉 (6.934)
jiāotōng 交通 (4.213)
jiāowǎng 交往 (5.487)
jiāoyì 交易 (6.935)
jiāoqì 娇气[嬌氣] (6.936)
jiāo 教 (3.118)
jiāo 浇[澆] (5.488)
jiāodiǎn 焦点[焦點] (6.937)
jiāojí 焦急 (6.938)
jiāoshuǐ 胶水[膠水] (5.489)
jiāoqū 郊区[郊區] (4.214)

jiāoào 骄傲[驕傲] (4.215)
jiǎoxìng 侥幸[僥幸] (6.939)
jiǎobàn 搅拌[攪拌] (6.940)
jiǎohuá 狡猾 (5.490)
jiǎonà 缴纳[繳納] (6.941)
jiǎo 脚[腳] (3.119)
jiǎo 角 (3.120)
jiǎodù 角度 (5.491)
jiǎoluò 角落 (6.942)
jiǎozi 饺子[餃子] (4.216)
jiào 叫 (1.46)
jiàocái 教材 (5.492)
jiàoliàn 教练[教練] (5.493)
jiàoshì 教室 (2.46)
jiàoshòu 教授 (4.217)
jiàoxun 教训[教訓] (5.494)
jiàoyǎng 教养[教養] (6.943)
jiàoyù 教育 (4.218)
jiàoliàng 较量[較量] (6.944)
jiē 接 (3.121)
jiēchù 接触[接觸] (5.495)
jiēdài 接待 (5.496)
jiējìn 接近 (5.497)
jiēlián 接连[接連] (6.945)
jiēshòu 接受 (4.219)
jiēzhe 接着[接著] (4.220)
jiēlù 揭露 (6.946)
jiē 皆 (6.947)
jiēshi 结实[結實] (5.498)
jiēdào 街道 (3.122)
jiēcéng 阶层[階層] (6.948)
jiēduàn 阶段[階段] (5.499)
jiézhǐ 截止 (6.949)
jiézhì 截至 (6.950)
jiéchū 杰出[傑出] (6.951)
jiéjìnquánlì 竭尽全力[竭盡全力] (6.952)
jiégòu 结构[結構] (5.500)
jiéguǒ 结果[結果] (4.221)
jiéhé 结合[結合] (5.501)
jiéhūn 结婚[結婚] (3.123)
jiéjīng 结晶[結晶] (6.953)
jiéjú 结局[結局] (6.954)
jiélùn 结论[結論] (5.502)
jiéshù 结束[結束] (3.124)
jiésuàn 结算[結算] (6.955)
jiézhàng 结账[結賬] (5.503)
jié 节[節] (4.222)
jiémù 节目[節目] (3.125)
jiérì 节日[節日] (3.126)
jiéshěng 节省[節省] (5.504)
jiéyuē 节约[節約] (4.223)
jiézhì 节制[節制] (6.956)
jiézòu 节奏[節奏] (6.957)
jiějie 姐姐 (2.47)
jiěchú 解除 (6.958)

INDEX

jiěfàng 解放 (6.959)
jiěgù 解雇 (6.960)
jiějué 解决[解決] (3.127)
jiěpōu 解剖 (6.961)
jiěsàn 解散 (6.962)
jiěshì 解释[解釋] (4.224)
jiětǐ 解体[解體] (6.963)
jièshào 介绍[介紹] (2.48)
jiè 借 (3.128)
jièjiàn 借鉴[借鑒] (6.964)
jièkǒu 借口 (5.505)
jièzhù 借助 (6.965)
jiè 届[屆] (5.506)
jiè 戒 (5.507)
jièbèi 戒备[戒備] (6.966)
jièzhi 戒指 (5.508)
jièxiàn 界限 (6.967)
jīntiān 今天 (1.47)
jīnjīnyǒuwèi 津津有味 (6.968)
jīnróng 金融 (6.969)
jīnshǔ 金属[金屬] (5.509)
jǐnguǎn 尽管[盡管] (4.225)
jǐnkuài 尽快[盡快] (5.510)
jǐnjí 紧急[緊急] (5.511)
jǐnpò 紧迫[緊迫] (6.970)
jǐnzhāng 紧张[緊張] (4.226)
jǐnshèn 谨慎[謹慎] (5.512)
jǐnshàngtiānhuā 锦上添花[錦上添花] (6.971)
jìnlì 尽力[盡力] (5.513)
jìnliàng 尽量[盡量] (5.514)
jìnshēng 晋升[晉升] (6.972)
jìnpào 浸泡 (6.973)
jìnzhǐ 禁止 (4.227)
jìn 近 (2.49)
jìndài 近代 (5.515)
jìnlái 近来[近來] (6.974)
jìn 进[進] (2.50)
jìnbù 进步[進步] (5.516)
jìnér 进而[進而] (6.975)
jìngōng 进攻[進攻] (6.976)
jìnhuà 进化[進化] (6.977)
jìnkǒu 进口[進口] (5.517)
jìnxíng 进行[進行] (4.228)
jìnzhǎn 进展[進展] (6.978)
Jīngjù 京剧[京劇] (4.229)
jīngjīngyèyè 兢兢业业[兢兢業業] (6.979)
jīngdòng 惊动[驚動] (6.980)
jīngqí 惊奇[驚奇] (6.981)
jīngyà 惊讶[驚訝] (6.982)
jīngcǎi 精彩 (4.230)
jīngdǎxìsuàn 精打细算[精打細算] (6.983)
jīnghuá 精华[精華] (6.984)
jīngjiǎn 精简[精簡] (6.985)
jīnglì 精力 (5.518)

jīngmì 精密 (6.986)
jīngquè 精确[精確] (6.987)
jīngshén 精神 (5.519)
jīngtōng 精通 (6.988)
jīngxīn 精心 (6.989)
jīngyìqiújīng 精益求精 (6.990)
jīngzhì 精致 (6.991)
jīngcháng 经常[經常] (3.129)
jīngdiǎn 经典[經典] (5.520)
jīngfèi 经费[經費] (6.992)
jīngguò 经过[經過] (3.130)
jīngjì 经济[經濟] (4.231)
jīnglǐ 经理[經理] (3.131)
jīnglì 经历[經歷] (4.232)
jīngshāng 经商[經商] (5.521)
jīngwěi 经纬[經緯] (6.993)
jīngyàn 经验[經驗] (4.233)
jīngyíng 经营[經營] (5.522)
jīng 茎[莖] (6.994)
jǐng 井 (6.995)
jǐngsè 景色 (4.234)
jǐngchá 警察 (4.235)
jǐnggào 警告 (6.996)
jǐngtì 警惕 (6.997)
jǐngzhuī 颈椎[頸椎] (6.998)
jìngjiè 境界 (6.999)
jìnglǐ 敬礼[敬禮] (6.1000)
jìngyè 敬业[敬業] (6.1001)
jìngsài 竞赛[競賽] (6.1002)
jìngxuǎn 竞选[競選] (6.1003)
jìngzhēng 竞争[競爭] (4.236)
jìngrán 竟然 (4.237)
jìngtóu 镜头[鏡頭] (6.1004)
jìngzi 镜子[鏡子] (4.238)
jiūjìng 究竟 (4.239)
jiūfēn 纠纷[糾紛] (6.1005)
jiūzhèng 纠正[糾正] (6.1006)
jiǔ 久 (3.132)
jiǔ 九 (1.48)
jiǔbā 酒吧 (5.523)
jiǔjīng 酒精 (6.1007)
jiù 就 (2.51)
jiùjìn 就近 (6.1008)
jiùyè 就业[就業] (6.1009)
jiùzhí 就职[就職] (6.1010)
jiù 救 (5.524)
jiùhùchē 救护车[救護車] (5.525)
jiùjì 救济[救濟] (6.1011)
jiù 旧[舊] (3.133)
jiùjiu 舅舅 (5.526)
jūmín 居民 (6.1012)
jūrán 居然 (5.527)
jūzhù 居住 (6.1013)
jūliú 拘留 (6.1014)
jūshù 拘束 (6.1015)

jūgōng 鞠躬 (6.1016)
júbù 局部 (6.1017)
júmiàn 局面 (6.1018)
júshì 局势[局勢] (6.1019)
júxiàn 局限 (6.1020)
júzi 桔子 (5.528)
jǔ 举[舉] (4.240)
jǔbàn 举办[舉辦] (4.241)
jǔdòng 举动[舉動] (6.1021)
jǔshìzhǔmù 举世瞩目[舉世矚目] (6.1022)
jǔxíng 举行[舉行] (4.242)
jǔzúqīngzhòng 举足轻重[舉足輕重] (6.1023)
jǔjué 咀嚼 (6.1024)
jǔsàng 沮丧[沮喪] (6.1025)
jùlèbù 俱乐部[俱樂部] (5.529)
jùbèi 具备[具備] (5.530)
jùtǐ 具体[具體] (5.531)
jùběn 剧本[劇本] (6.1026)
jùliè 剧烈[劇烈] (6.1027)
jùzi 句子 (3.134)
jùdà 巨大 (5.532)
jùjué 拒绝[拒絕] (4.243)
jùshuō 据说[據說] (5.533)
jùxī 据悉[據悉] (6.1028)
jùhuì 聚会[聚會] (4.244)
jùjīnghuìshén 聚精会神[聚精會神] (6.1029)
jùlí 距离[距離] (4.245)
juān 捐 (5.534)
juǎn 卷 (6.1030)
juéjiàng 倔强[倔強] (6.1031)
juécè 决策[決策] (6.1032)
juédìng 决定[決定] (3.135)
juésài 决赛[決賽] (5.535)
juéxīn 决心[決心] (5.536)
juéduì 绝对[絕對] (5.537)
juéwàng 绝望[絕望] (6.1033)
juéde 觉得[覺得] (2.52)
juéwù 觉悟[覺悟] (6.1034)
juéxǐng 觉醒[覺醒] (6.1035)
juésè 角色 (5.538)
jūnduì 军队[軍隊] (6.1036)
jūnshì 军事[軍事] (5.539)
jūnzǐ 君子 (6.1037)
jūnyún 均匀[均勻] (5.540)

K

kāfēi 咖啡 (2.53)
kǎchē 卡车[卡車] (5.541)
kǎtōng 卡通 (6.1038)
kāi 开[開] (1.49)
kāicǎi 开采[開采] (6.1039)
kāichú 开除[開除] (6.1040)
kāifā 开发[開發] (5.542)

INDEX

kāifàng 开放[開放] (5.543)
kāikuò 开阔[開闊] (6.1041)
kāilǎng 开朗[開朗] (6.1042)
kāimíng 开明[開明] (6.1043)
kāimùshì 开幕式[開幕式] (5.544)
kāipì 开辟[開辟] (6.1044)
kāishǐ 开始[開始] (2.54)
kāishuǐ 开水[開水] (5.545)
kāituò 开拓[開拓] (6.1045)
kāiwánxiào 开玩笑[開玩笑] (4.246)
kāixīn 开心[開心] (4.247)
kāizhǎn 开展[開展] (6.1046)
kāizhī 开支[開支] (6.1047)
kāndēng 刊登 (6.1048)
kānwù 刊物 (6.1049)
kāntàn 勘探 (6.1050)
kǎnkǎn ér tán 侃侃而谈[侃侃而談] (6.1051)
kǎn 砍 (5.546)
kǎnfá 砍伐 (6.1052)
kàn 看 (1.50)
kànbuqǐ 看不起 (5.547)
kàndài 看待 (6.1053)
kànfǎ 看法 (4.248)
kànjiàn 看见[看見] (1.51)
kànwàng 看望 (5.548)
kāngkǎi 慷慨 (6.1054)
kàngyì 抗议[抗議] (6.1055)
kǎoyā 烤鸭[烤鴨] (4.249)
kǎochá 考察 (6.1056)
kǎogǔ 考古 (6.1057)
kǎohé 考核 (6.1058)
kǎolǜ 考虑[考慮] (4.250)
kǎoshì 考试[考試] (2.55)
kǎoyàn 考验[考驗] (6.1059)
kào 靠 (5.549)
kàolǒng 靠拢[靠攏] (6.1060)
kē 棵 (4.251)
kē 磕 (6.1061)
kēmù 科目 (6.1062)
kēxué 科学[科學] (4.252)
kē 颗[顆] (5.550)
késou 咳嗽 (4.253)
kěài 可爱[可愛] (3.136)
kěguān 可观[可觀] (6.1063)
kějiàn 可见[可見] (5.551)
kěkào 可靠 (5.552)
kěkǒu 可口 (6.1064)
kělián 可怜[可憐] (4.254)
kěnéng 可能 (2.56)
kěpà 可怕 (5.553)
kěshì 可是 (4.255)
kěwù 可恶[可惡] (6.1065)
kěxī 可惜 (4.256)
kěxíng 可行 (6.1066)

kěyǐ 可以 (2.57)
kě 渴 (3.137)
kěwàng 渴望 (6.1067)
kè 克 (5.554)
kèfú 克服 (5.555)
kèzhì 克制 (6.1068)
kè 刻 (3.138)
kèbùrónghuǎn 刻不容缓[刻不容緩] (6.1069)
kèkǔ 刻苦 (5.556)
kèguān 客观[客觀] (5.557)
kèhù 客户[客戶] (6.1070)
kèrén 客人 (3.139)
kètīng 客厅[客廳] (4.257)
kè 课[課] (2.58)
kèchéng 课程[課程] (5.558)
kètí 课题[課題] (6.1071)
kěn 啃 (6.1072)
kěnqiè 恳切[懇切] (6.1073)
kěndìng 肯定 (4.258)
kēng 坑 (6.1074)
kōng 空 (4.259)
kōngdòng 空洞 (6.1075)
kōngjiān 空间[空間] (5.559)
kōngqì 空气[空氣] (4.260)
kōngqiánjuéhòu 空前绝后[空前絕後] (6.1076)
kōngtiáo 空调[空調] (3.140)
kōngxiǎng 空想 (6.1077)
kōngxū 空虚[空虛] (6.1078)
kǒng 孔 (6.1079)
kǒngbù 恐怖 (6.1080)
kǒnghè 恐吓[恐嚇] (6.1081)
kǒngjù 恐惧[恐懼] (6.1082)
kǒngpà 恐怕 (4.261)
kòngzhì 控制 (5.560)
kòngbái 空白 (6.1083)
kòngxì 空隙 (6.1084)
kòngxián 空闲[空閑] (5.561)
kǒu 口 (3.141)
kǒuqì 口气[口氣] (6.1085)
kǒuqiāng 口腔 (6.1086)
kǒutóu 口头[口頭] (6.1087)
kǒuwèi 口味 (5.562)
kǒuyīn 口音 (6.1088)
kòu 扣 (6.1089)
kū 哭 (3.142)
kūqì 哭泣 (6.1090)
kūwěi 枯萎 (6.1091)
kūzào 枯燥 (6.1092)
kǔ 苦 (4.262)
kǔjìngānlái 苦尽甘来[苦盡甘來] (6.1093)
kǔsè 苦涩[苦澀] (6.1094)
kùzi 裤子[褲子] (3.143)
kuā 夸[誇] (5.563)

kuāzhāng 夸张[誇張] (5.564)
kuà 挎 (6.1095)
kuà 跨 (6.1096)
kuàijì 会计[會計] (5.565)
kuài 块[塊] (1.52)
kuài 快 (2.59)
kuàihuo 快活 (6.1097)
kuàilè 快乐[快樂] (2.60)
kuàizi 筷子 (3.144)
kuān 宽[寬] (5.566)
kuānchang 宽敞[寬敞] (6.1098)
kuānróng 宽容[寬容] (6.1099)
kuǎndài 款待 (6.1100)
kuǎnshì 款式 (6.1101)
kuāng 筐 (6.1102)
kuàngqiě 况且[況且] (6.1103)
kuàngkè 旷课[曠課] (6.1104)
kuàngjià 框架 (6.1105)
kuàngchǎn 矿产[礦產] (6.1106)
kuàngquánshuǐ 矿泉水[礦泉水] (4.263)
kuīdài 亏待[虧待] (6.1107)
kuīsǔn 亏损[虧損] (6.1108)
kūnchóng 昆虫[昆蟲] (5.567)
kǔnbǎng 捆绑[捆綁] (6.1109)
kùn 困 (4.264)
kùnnan 困难[困難] (4.265)
kuòchōng 扩充[擴充] (6.1110)
kuòdà 扩大[擴大] (5.568)
kuòsàn 扩散[擴散] (6.1111)
kuòzhāng 扩张[擴張] (6.1112)

L

lā 啦 (6.1113)
lājītǒng 垃圾桶 (4.266)
lā 拉 (4.267)
lǎba 喇叭 (6.1114)
làzhú 蜡烛[蠟燭] (6.1115)
là 辣 (4.268)
làjiāo 辣椒 (5.569)
lái 来[來] (1.53)
láibují 来不及[來不及] (4.269)
láidejí 来得及[來得及] (4.270)
láilì 来历[來歷] (6.1116)
láiyuán 来源[來源] (6.1117)
láizì 来自[來自] (4.271)
lán 拦[攔] (5.570)
lánmù 栏目[欄目] (6.1118)
lán 蓝[藍] (3.145)
lǎn 懒[懶] (4.272)
lǎnduò 懒惰[懶惰] (6.1119)
làn 烂[爛] (5.571)
lángbèi 狼狈[狼狽] (6.1120)
lángtūnhǔyàn 狼吞虎咽 (6.1121)
lǎngdú 朗读[朗讀] (5.572)
làngfèi 浪费[浪費] (4.273)
làngmàn 浪漫 (4.274)

INDEX

lāo 捞[撈] (6.1122)
láodòng 劳动[勞動] (5.573)
láojià 劳驾[勞駕] (5.574)
láodao 唠叨 (6.1123)
láogù 牢固 (6.1124)
láosāo 牢骚[牢騷] (6.1125)
lǎolao 姥姥 (5.575)
lǎo 老 (3.146)
lǎobǎixìng 老百姓 (5.576)
lǎobǎn 老板 (5.577)
lǎohǔ 老虎 (4.275)
lǎopó 老婆 (5.578)
lǎoshi 老实[老實] (5.579)
lǎoshī 老师[老師] (1.54)
lǎoshǔ 老鼠 (5.580)
le 了 (1.55)
lèguān 乐观[樂觀] (5.581)
lèqù 乐趣[樂趣] (6.1126)
lèyì 乐意[樂意] (6.1127)
léi 雷 (5.582)
léidá 雷达[雷達] (6.1128)
lèisì 类似[類似] (6.1129)
lèixíng 类型[類型] (5.583)
lèi 累 (2.61)
lěng 冷 (1.56)
lěngdàn 冷淡 (5.584)
lěngjìng 冷静[冷靜] (4.276)
lěngkù 冷酷 (6.1130)
lěngluò 冷落 (6.1131)
lěngquè 冷却[冷卻] (6.1132)
lèng 愣 (6.1133)
límǐ 厘米 (5.585)
lí 梨 (5.586)
lí 离[離] (2.62)
líhūn 离婚[離婚] (5.587)
líkāi 离开[離開] (3.147)
límíng 黎明 (6.1134)
lǐcǎi 理睬 (6.1135)
lǐfà 理发[理發] (4.277)
lǐjiě 理解 (4.278)
lǐlùn 理论[理論] (5.588)
lǐsuǒdāngrán 理所当然[理所當然] (6.1136)
lǐxiǎng 理想 (4.279)
lǐyóu 理由 (5.589)
lǐzhíqìzhuàng 理直气壮[理直氣壯] (6.1137)
lǐzhì 理智 (6.1138)
lǐbàitiān 礼拜天[禮拜天] (4.280)
lǐjié 礼节[禮節] (6.1139)
lǐmào 礼貌[禮貌] (4.281)
lǐshàngwǎnglái 礼尚往来[禮尚往來] (6.1140)
lǐwù 礼物[禮物] (3.148)
lǐ 里[裏] (1.57)

lǐchéngbēi 里程碑[裏程碑] (6.1141)
lìrú 例如 (4.282)
lìwài 例外 (6.1142)
lìhài 利害 (6.1143)
lìrùn 利润[利潤] (5.590)
lìxī 利息 (5.591)
lìyì 利益 (5.592)
lìyòng 利用 (5.593)
lìliang 力量 (5.594)
lìqi 力气[力氣] (4.283)
lìqiú 力求 (6.1144)
lìsuǒnéngjí 力所能及 (6.1145)
lìzhēng 力争[力爭] (6.1146)
lìdài 历代[歷代] (6.1147)
lìlái 历来[歷來] (6.1148)
lìshǐ 历史[歷史] (3.149)
lìhai 厉害[厲害] (4.284)
lìchǎng 立场[立場] (6.1149)
lìfāng 立方 (6.1150)
lìjí 立即 (5.595)
lìjiāoqiáo 立交桥[立交橋] (6.1151)
lìkè 立刻 (5.596)
lìtǐ 立体[立體] (6.1152)
lìzú 立足 (6.1153)
lì 粒 (6.1154)
liǎ 俩[倆] (4.285)
liánjié 廉洁[廉潔] (6.1155)
liánhé 联合[聯合] (5.597)
liánhuān 联欢[聯歡] (6.1156)
liánluò 联络[聯絡] (6.1157)
liánméng 联盟[聯盟] (6.1158)
liánxì 联系[聯系] (4.286)
liánxiǎng 联想[聯想] (6.1159)
lián 连[連] (4.287)
liánmáng 连忙[連忙] (5.598)
liánnián 连年[連年] (6.1160)
liánsuǒ 连锁[連鎖] (6.1161)
liántóng 连同[連同] (6.1162)
liánxù 连续[連續] (5.599)
liǎn 脸[臉] (3.150)
liànài 恋爱[戀愛] (5.600)
liànxí 练习[練習] (3.151)
liángkuai 凉快[涼快] (4.288)
liángshi 粮食[糧食] (5.601)
liánghǎo 良好 (5.602)
liángxīn 良心 (6.1163)
liǎng 两[兩] (2.63)
liàng 亮 (5.603)
liàng 晾 (6.1164)
liàngjiě 谅解[諒解] (6.1165)
liàng 辆[輛] (3.152)
liáotiān 聊天 (3.153)
liáokuò 辽阔[遼闊] (6.1166)
liǎobuqǐ 了不起 (5.604)
liǎojiě 了解 (3.154)

lièchē 列车[列車] (5.605)
lièjǔ 列举[列舉] (6.1167)
línchuáng 临床[臨床] (6.1168)
línshí 临时[臨時] (5.606)
lín 淋 (6.1169)
línjū 邻居[鄰居] (3.155)
lìnsè 吝啬 (6.1170)
línglì 伶俐 (6.1171)
língchén 凌晨[凌晨] (6.1172)
línggǎn 灵感[靈感] (6.1173)
línghún 灵魂[靈魂] (6.1174)
línghuó 灵活[靈活] (5.607)
língmǐn 灵敏[靈敏] (6.1175)
líng 铃[鈴] (5.608)
líng 零 (2.64)
língjiàn 零件 (5.609)
língqián 零钱[零錢] (4.289)
língshí 零食 (5.610)
língxīng 零星 (6.1176)
lǐngdǎo 领导[領導] (5.611)
lǐnghuì 领会[領會] (6.1177)
lǐngshìguǎn 领事馆[領事館] (6.1178)
lǐngtǔ 领土[領土] (6.1179)
lǐngwù 领悟[領悟] (6.1180)
lǐngxiān 领先[領先] (6.1181)
lǐngxiù 领袖[領袖] (6.1182)
lǐngyù 领域[領域] (5.612)
lìngwài 另外 (4.290)
liū 溜 (6.1183)
liúchuán 流传[流傳] (5.613)
liúlàng 流浪 (6.1184)
liúlèi 流泪[流淚] (5.614)
liúlì 流利 (4.291)
liúlù 流露 (6.1185)
liúmáng 流氓 (6.1186)
liútōng 流通 (6.1187)
liúxíng 流行 (4.292)
liúlǎn 浏览[瀏覽] (5.615)
liú 留 (4.293)
liúliàn 留恋[留戀] (6.1188)
liúniàn 留念 (6.1189)
liúshén 留神 (6.1190)
liúxué 留学[留學] (3.156)
liù 六 (1.58)
lóngyǎ 聋哑[聾啞] (6.1191)
lóngzhòng 隆重 (6.1192)
lóng 龙[龍] (5.616)
lǒngduàn 垄断[壟斷] (6.1193)
lǒngzhào 笼罩[籠罩] (6.1194)
lóu 楼[樓] (3.157)
lǒu 搂[摟] (6.1195)
lòu 漏 (5.617)
lúzào 炉灶[爐竈] (6.1196)
lǚxíng 旅行 (4.294)
lùqǔ 录取[錄取] (5.618)

INDEX

lùyīn 录音[錄音] (5.619)
lù 路 (2.65)
lùdì 陆地[陸地] (5.620)
lùxù 陆续[陸續] (5.621)
luàn 乱[亂] (4.295)
lúnchuán 轮船[輪船] (6.1197)
lúnkuò 轮廓[輪廓] (6.1198)
lúnliú 轮流[輪流] (5.622)
lúntāi 轮胎[輪胎] (6.1199)
lùntán 论坛[論壇] (6.1200)
lùnwén 论文[論文] (5.623)
lùnzhèng 论证[論證] (6.1201)
luōsuo 啰唆 (6.1202)
luóji 逻辑[邏輯] (5.624)
luòyìbùjué 络绎不绝[絡繹不絕] (6.1203)
luòchéng 落成 (6.1204)
luòhòu 落后[落後] (5.625)
luòshí 落实[落實] (6.1205)
lǚcì 屡次[屢次] (6.1206)
lǚxíng 履行 (6.1207)
lǚyóu 旅游[旅遊] (2.66)
lǜshī 律师[律師] (4.296)
lǜ 绿[綠] (3.158)
lüèduó 掠夺[掠奪] (6.1208)

M

ma 吗[嗎] (1.59)
ma 嘛 (6.1209)
māma 妈妈[媽媽] (1.60)
mábì 麻痹 (6.1210)
máfan 麻烦[麻煩] (4.297)
mámù 麻木 (6.1211)
mázuì 麻醉 (6.1212)
mǎtóu 码头[碼頭] (6.1213)
mǎyǐ 蚂蚁[螞蟻] (6.1214)
mǎ 马[馬] (3.159)
mǎhu 马虎[馬虎] (4.298)
mǎshàng 马上[馬上] (3.160)
mà 骂[罵] (5.626)
máifú 埋伏 (6.1215)
máimò 埋没[埋沒] (6.1216)
máizàng 埋葬 (6.1217)
mǎi 买[買] (1.61)
mài 卖[賣] (2.67)
màibó 脉搏[脈搏] (6.1218)
mài 迈[邁] (6.1219)
màikèfēng 麦克风[麥克風] (5.627)
mányuàn 埋怨 (6.1220)
mántou 馒头[饅頭] (5.628)
mǎn 满[滿] (4.299)
mǎnyì 满意[滿意] (3.161)
mǎnzú 满足[滿足] (5.629)
màn 慢 (2.68)
mànxìng 慢性 (6.1221)
màncháng 漫长[漫長] (6.1222)
mànhuà 漫画[漫畫] (6.1223)

mànyán 蔓延 (6.1224)
máng 忙 (2.69)
mánglù 忙碌 (6.1225)
mángmù 盲目 (6.1226)
mángmáng 茫茫 (6.1227)
mángrán 茫然 (6.1228)
māo 猫[貓] (1.62)
máo 毛 (4.300)
máobìng 毛病 (5.630)
máojīn 毛巾 (4.301)
máodùn 矛盾 (5.631)
màochōng 冒充 (6.1229)
màofàn 冒犯 (6.1230)
màoxiǎn 冒险[冒險] (5.632)
màozi 帽子 (3.162)
màoshèng 茂盛 (6.1231)
màoyì 贸易[貿易] (5.633)
méijiè 媒介 (6.1232)
méitǐ 媒体[媒體] (5.634)
méi 枚 (6.1233)
méiguānxi 没关系[沒關係] (1.63)
méiyǒu 没有[沒有] (1.64)
méitàn 煤炭 (5.635)
méimao 眉毛 (5.636)
měi 每 (2.70)
měiguān 美观[美觀] (6.1234)
měilì 美丽[美麗] (4.302)
měimǎn 美满[美滿] (6.1235)
měimiào 美妙 (6.1236)
měishù 美术[美術] (5.637)
mèimei 妹妹 (2.71)
mèilì 魅力 (5.638)
mén 门[門] (2.72)
méngyá 萌芽 (6.1237)
měngliè 猛烈 (6.1238)
mèng 梦[夢] (4.303)
mèngxiǎng 梦想[夢想] (5.639)
mī 眯 (6.1239)
míbǔ 弥补[彌補] (6.1240)
mímàn 弥漫[彌漫] (6.1241)
míyǔ 谜语[謎語] (6.1242)
míhuo 迷惑 (6.1243)
mílù 迷路 (4.304)
mírén 迷人 (6.1244)
míxìn 迷信 (6.1245)
mǐ 米 (3.163)
mǐfàn 米饭[米飯] (1.65)
mìdù 密度 (6.1246)
mìfēng 密封 (6.1247)
mìmǎ 密码[密碼] (4.305)
mìqiè 密切 (5.640)
mìmì 秘密 (5.641)
mìshū 秘书[秘書] (5.642)
mìfēng 蜜蜂 (5.643)
miánhua 棉花 (6.1248)

miǎnde 免得 (6.1249)
miǎnfèi 免费[免費] (4.306)
miǎnyì 免疫 (6.1250)
miǎnlì 勉励[勉勵] (6.1251)
miǎnqiǎng 勉强[勉強] (6.1252)
miànbāo 面包 (3.164)
miànduì 面对[面對] (5.644)
miànjī 面积[面積] (5.645)
miànlín 面临[面臨] (5.646)
miànmào 面貌 (6.1253)
miàntiáo 面条[面條] (2.73)
miànzi 面子 (5.1254)
miáohuì 描绘[描繪] (6.1255)
miáoxiě 描写[描寫] (5.647)
miáozhǔn 瞄准 (6.1256)
miáotiáo 苗条[苗條] (5.648)
miǎoxiǎo 渺小 (6.1257)
miǎo 秒 (4.307)
miǎoshì 藐视[藐視] (6.1258)
mièwáng 灭亡[滅亡] (6.1259)
mièshì 蔑视[蔑視] (6.1260)
mínjiān 民间[民間] (6.1261)
mínzhǔ 民主 (6.1262)
mínzú 民族 (4.308)
mǐngǎn 敏感 (5.649)
mǐnjié 敏捷 (6.1263)
mǐnruì 敏锐[敏銳] (6.1264)
míngcì 名次 (6.1265)
míngé 名额[名額] (6.1266)
míngfùqíshí 名副其实[名副其實] (6.1267)
míngpái 名牌 (5.650)
míngpiàn 名片 (5.651)
míngshènggǔjì 名胜古迹[名勝古迹] (5.652)
míngyù 名誉[名譽] (6.1268)
míngzi 名字 (1.66)
míngbai 明白 (3.165)
míngmíng 明明 (6.1269)
míngquè 明确[明確] (5.653)
míngtiān 明天 (1.67)
míngxiǎn 明显[明顯] (5.654)
míngxīng 明星 (5.655)
míngzhì 明智 (6.1270)
mìnglìng 命令 (5.656)
mìngmíng 命名 (6.1271)
mìngyùn 命运[命運] (5.657)
mō 摸 (5.658)
mōsuo 摸索 (6.1272)
mócā 摩擦 (6.1273)
mótuōchē 摩托车[摩托車] (5.659)
mófàn 模范[模範] (6.1274)
mófǎng 模仿 (5.660)
móhu 模糊 (5.661)
móshì 模式 (6.1275)

INDEX

mótè 模特 (5.662)
móxíng 模型 (6.1276)
móhé 磨合 (6.1277)
mó 膜 (6.1278)
móguǐ 魔鬼 (6.1279)
móshù 魔术[魔術] (6.1280)
mǒshā 抹杀[抹殺] (6.1281)
mòshuǐr 墨水儿[墨水兒] (6.1282)
mòmíngqímiào 莫名其妙 (6.1283)
mòshēng 陌生 (5.663)
mòmò 默默 (6.1284)
móuqiú 谋求[謀求] (6.1285)
mǒu 某 (5.664)
múyàng 模样[模樣] (6.1286)
mǔqīn 母亲[母親] (4.309)
mǔyǔ 母语[母語] (6.1287)
mùtou 木头[木頭] (5.665)
mùyù 沐浴 (6.1288)
mùbiāo 目标[目標] (5.666)
mùdì 目的 (4.310)
mùdǔ 目睹 (6.1289)
mùguāng 目光 (6.1290)
mùlù 目录[目錄] (5.667)
mùqián 目前 (5.668)

N

ná 拿 (3.166)
náshǒu 拿手 (6.1291)
nǎ 哪 (1.68)
nǎpà 哪怕 (5.669)
nǎr 哪儿[哪兒] (1.69)
nàmènr 纳闷儿[納悶兒] (6.1292)
nà 那 (1.70)
nǎinai 奶奶 (3.167)
nàixīn 耐心 (4.311)
nàiyòng 耐用 (6.1293)
nán 南 (3.168)
nányuánběizhé 南辕北辙[南轅北轍] (6.1294)
nán 男 (2.74)
nán 难[難] (3.169)
nándào 难道[難道] (4.312)
nándé 难得[難得] (6.1295)
nánguài 难怪[難怪] (5.670)
nánguò 难过[難過] (3.170)
nánkān 难堪[難堪] (6.1296)
nánmiǎn 难免[難免] (5.671)
nánnéngkěguì 难能可贵[難能可貴] (6.1297)
nánshòu 难受[難受] (4.313)
nǎohuǒ 恼火[惱火] (6.1298)
nǎodài 脑袋[腦袋] (5.672)
ne 呢 (1.71)
nèi 内[內] (4.314)
nèibù 内部[內部] (5.673)
nèihán 内涵[內涵] (6.1299)

nèikē 内科[內科] (5.674)
nèimù 内幕[內幕] (6.1300)
nèiróng 内容[內容] (4.315)
nèizài 内在[內在] (6.1301)
nèn 嫩 (5.675)
néng 能 (1.72)
nénggàn 能干[能幹] (5.676)
nénglì 能力 (4.316)
néngliàng 能量 (6.1302)
néngyuán 能源 (5.677)
ńg 嗯 (5.678)
nǐ 你 (1.73)
nǐdìng 拟定[擬定] (6.1303)
nìxíng 逆行 (6.1304)
nián 年 (1.74)
niándài 年代 (5.679)
niándù 年度 (6.1305)
niánjí 年级[年級] (3.171)
niánjì 年纪[年紀] (5.680)
niánlíng 年龄[年齡] (4.317)
niánqīng 年轻[年輕] (3.172)
niàn 念 (5.681)
niǎo 鸟[鳥] (3.173)
niē 捏 (6.1306)
nín 您 (2.75)
nínggù 凝固 (6.1307)
níngjù 凝聚 (6.1308)
níngshì 凝视[凝視] (6.1309)
níng 拧[擰] (6.1310)
nìngkě 宁可[寧可] (5.682)
nìngkěn 宁肯[寧肯] (6.1311)
nìngyuàn 宁愿[寧願] (6.1312)
niúnǎi 牛奶 (2.76)
niúzǎikù 牛仔裤[牛仔褲] (5.683)
niǔzhuǎn 扭转[扭轉] (6.1313)
niǔkòur 纽扣儿[紐扣兒] (6.1314)
nóngcūn 农村[農村] (5.684)
nónglì 农历[農曆] (6.1315)
nóngmín 农民[農民] (5.685)
nóngyè 农业[農業] (5.686)
nóng 浓[濃] (5.687)
nónghòu 浓厚[濃厚] (6.1316)
nòng 弄 (4.318)
núlì 奴隶[奴隸] (6.1317)
nǔlì 努力 (3.174)
nǚ 女 (2.77)
nuǎnhuo 暖和 (4.319)
nuó 挪 (6.1318)
nǚér 女儿[女兒] (1.75)
nǚshì 女士 (5.688)
nüèdài 虐待 (6.1319)

O

ò 哦 (6.1320)
Ōuzhōu 欧洲[歐洲] (5.689)
ōudǎ 殴打[毆打] (6.1321)

ǒuěr 偶尔[偶爾] (4.320)
ǒurán 偶然 (5.690)
ǒuxiàng 偶像 (6.1322)
ǒutù 呕吐[嘔吐] (6.1323)

P

pā 趴 (6.1324)
páshān 爬山 (3.175)
pāi 拍 (5.691)
páihuái 徘徊 (6.1325)
páichì 排斥 (6.1326)
páichú 排除 (6.1327)
páiduì 排队[排隊] (4.321)
páifàng 排放 (6.1328)
páiliàn 排练[排練] (6.1329)
páiliè 排列 (4.322)
pài 派 (5.692)
pàibié 派别[派別] (6.1330)
pàiqiǎn 派遣 (6.1331)
pāndēng 攀登 (6.1332)
pánxuán 盘旋[盤旋] (6.1333)
pánzi 盘子[盤子] (3.176)
pànduàn 判断[判斷] (4.323)
pànjué 判决[判決] (6.1334)
pàn 畔 (6.1335)
pànwàng 盼望 (5.693)
pángdà 庞大[龐大] (6.1336)
pángbiān 旁边[旁邊] (2.78)
pàng 胖 (3.177)
pāoqì 抛弃[拋棄] (6.1337)
pǎobù 跑步 (2.79)
pàomò 泡沫 (6.1338)
péixùn 培训[培訓] (5.694)
péiyǎng 培养[培養] (5.695)
péiyù 培育 (6.1339)
péicháng 赔偿[賠償] (5.696)
péi 陪 (4.324)
pèifú 佩服 (5.697)
pèibèi 配备[配備] (6.1340)
pèihé 配合 (5.698)
pèiǒu 配偶 (6.1341)
pèitào 配套 (6.1342)
pén 盆 (5.699)
péndì 盆地 (6.1343)
pēngrèn 烹饪 (6.1344)
péngyou 朋友 (1.76)
pěng 捧 (6.1345)
pèng 碰 (5.700)
pī 劈 (6.1346)
pī 批 (5.701)
pīfā 批发[批發] (6.1347)
pīpàn 批判 (6.1348)
pīpíng 批评[批評] (4.325)
pīzhǔn 批准 (5.702)
pī 披 (5.703)
píjiǔ 啤酒 (3.178)

píbèi 疲惫[疲憊] (6.1349)
píjuàn 疲倦 (6.1350)
píláo 疲劳[疲勞] (5.704)
pífū 皮肤[皮膚] (4.326)
pígé 皮革 (6.1351)
píxié 皮鞋 (3.179)
píqi 脾气[脾氣] (4.327)
pǐ 匹 (5.705)
pìgu 屁股 (6.1352)
pìrú 譬如 (6.1353)
piānchā 偏差 (6.1354)
piānjiàn 偏见[偏見] (6.1355)
piānpì 偏僻 (6.1356)
piānpiān 偏偏 (6.1357)
piān 篇 (4.328)
piányi 便宜 (2.80)
piàn 片 (5.706)
piànduàn 片断[片斷] (6.1358)
piànkè 片刻 (6.1359)
piànmiàn 片面 (5.707)
piàn 骗[騙] (4.329)
piāofú 漂浮 (6.1360)
piāo 飘[飄] (5.708)
piāoyáng 飘扬[飄揚] (6.1361)
piàoliang 漂亮 (1.77)
piào 票 (2.81)
piē 撇 (6.1362)
pīnbó 拼搏 (6.1363)
pīnmìng 拼命 (6.1364)
pīnyīn 拼音 (5.709)
pínfá 贫乏[貧乏] (6.1365)
pínkùn 贫困[貧困] (6.1366)
píndào 频道[頻道] (5.710)
pínfán 频繁[頻繁] (6.1367)
pínlǜ 频率[頻率] (6.1368)
pǐncháng 品尝[品嘗] (6.1369)
pǐndé 品德 (6.1370)
pǐnzhì 品质[品質] (6.1371)
pǐnzhǒng 品种[品種] (6.1372)
pīngpāngqiú 乒乓球 (4.330)
píng 凭[憑] (5.711)
píngmù 屏幕 (6.1373)
píngzhàng 屏障 (6.1374)
píngjūn 平均 (5.712)
píng 平 (5.713)
píng'ān 平安 (5.714)
píngcháng 平常 (5.715)
píngděng 平等 (5.716)
píngfán 平凡 (6.1375)
píngfāng 平方 (5.717)
pínghéng 平衡 (5.718)
píngjìng 平静[平靜] (5.719)
píngmiàn 平面 (6.1376)
píngshí 平时[平時] (4.331)
píngtǎn 平坦 (6.1377)

píngxíng 平行 (6.1378)
píngyōng 平庸 (6.1379)
píngyuán 平原 (6.1380)
píngzi 瓶子 (3.180)
píngguǒ 苹果[蘋果] (1.78)
pínggū 评估[評估] (6.1381)
píngjià 评价[評價] (5.720)
pínglùn 评论[評論] (6.1382)
pō 坡 (6.1383)
pō 泼[潑] (6.1384)
pō 颇[頗] (6.1385)
pò 破 (4.332)
pòchǎn 破产[破產] (5.721)
pòhuài 破坏[破壞] (5.722)
pòlì 破例 (6.1386)
pòbùjídài 迫不及待 (6.1387)
pòhài 迫害 (6.1388)
pòqiè 迫切 (5.723)
pòlì 魄力 (6.1389)
pū 扑[撲] (6.1390)
pū 铺[鋪] (6.1391)
pútao 葡萄 (4.333)
pǔbiàn 普遍 (4.334)
pǔjí 普及 (6.1392)
pǔtōnghuà 普通话[普通話] (4.335)
pǔshí 朴实[樸實] (6.1393)
pǔsù 朴素[樸素] (6.1394)
pùbù 瀑布 (6.1395)

Q

qī 七 (1.79)
qīliáng 凄凉[凄涼] (6.1396)
qīzi 妻子 (2.82)
qīdài 期待 (5.724)
qījiān 期间[期間] (5.725)
qīwàng 期望 (6.1397)
qīxiàn 期限 (6.1398)
qīfu 欺负[欺負] (6.1399)
qīpiàn 欺骗[欺騙] (6.1400)
qícì 其次 (4.336)
qíshí 其实[其實] (3.181)
qítā 其他 (3.182)
qíyú 其余 (5.726)
qízhōng 其中 (4.337)
qíguài 奇怪 (3.183)
qíjì 奇迹 (5.727)
qímiào 奇妙 (6.1401)
qípáo 旗袍 (6.1402)
qízhì 旗帜[旗幟] (6.1403)
qíshì 歧视[歧視] (6.1404)
qí 骑[騎] (3.184)
qíquán 齐全[齊全] (6.1405)
qíxīnxiélì 齐心协力[齊心協力] (6.1406)
qǐgài 乞丐 (6.1407)
qǐtú 企图[企圖] (6.1408)
qǐyè 企业[企業] (5.728)

qǐchéng 启程[啟程] (6.1409)
qǐfā 启发[啟發] (5.729)
qǐméng 启蒙[啟蒙] (6.1410)
qǐshì 启事[啟事] (6.1411)
qǐshì 启示[啟示] (6.1412)
qǐyǒucǐlǐ 岂有此理[豈有此理] (6.1413)
qǐcǎo 起草 (6.1414)
qǐchū 起初 (6.1415)
qǐchuáng 起床 (2.83)
qǐfēi 起飞[起飛] (3.185)
qǐfú 起伏 (6.1416)
qǐhòng 起哄 (6.1417)
qǐlái 起来[起來] (3.186)
qǐmǎ 起码[起碼] (6.1418)
qǐyuán 起源 (6.1419)
qìcái 器材 (6.1420)
qìguān 器官 (6.1421)
qìfēn 气氛[氣氛] (5.730)
qìgài 气概[氣概] (6.1422)
qìgōng 气功[氣功] (6.1423)
qìhòu 气候[氣候] (4.338)
qìpò 气魄[氣魄] (6.1424)
qìsè 气色[氣色] (6.1425)
qìshì 气势[氣勢] (6.1426)
qìwèi 气味[氣味] (6.1427)
qìxiàng 气象[氣象] (6.1428)
qìyā 气压[氣壓] (6.1429)
qìzhì 气质[氣質] (6.1430)
qìyóu 汽油 (5.731)
qìjīnwéizhǐ 迄今为止[迄今為止] (6.1431)
qiā 掐 (6.1432)
qiàdàng 恰当[恰當] (6.1433)
qiàdàohǎochù 恰到好处[恰到好處] (6.1434)
qiàqiǎo 恰巧 (6.1435)
qiàtán 洽谈[洽談] (6.1436)
qiān 千 (2.84)
qiānfāngbǎijì 千方百计[千方百計] (6.1437)
qiānwàn 千万[千萬] (4.339)
qiān 牵[牽] (6.1438)
qiānchě 牵扯[牽扯] (6.1439)
qiānzhì 牵制[牽制] (6.1440)
qiān 签[簽] (5.732)
qiānshǔ 签署[簽署] (6.1441)
qiānzhèng 签证[簽證] (4.340)
qiānxū 谦虚[謙虛] (5.733)
qiānxùn 谦逊[謙遜] (6.1442)
qiānjiù 迁就[遷就] (6.1443)
qiānxǐ 迁徙[遷徙] (6.1444)
qiānbǐ 铅笔[鉛筆] (2.85)
qiánjǐng 前景 (6.1445)
qiánmiàn 前面 (1.80)
qiántí 前提 (6.1446)
qiántú 前途 (5.734)

INDEX

qiánlì 潜力[潛力] (6.1447)
qiánshuǐ 潜水[潛水] (6.1448)
qiányímòhuà 潜移默化[潛移默化] (6.1449)
qián 钱[錢] (1.81)
qiǎn 浅[淺] (5.735)
qiǎnzé 谴责[譴責] (6.1450)
qiàn 欠 (5.736)
qiāngjié 抢劫[搶劫] (6.1451)
qiāng 枪[槍] (5.737)
qiáng 墙[牆] (5.738)
qiángdiào 强调[強調] (5.739)
qiángliè 强烈[強烈] (5.740)
qiángzhì 强制[強制] (6.1452)
qiǎngpò 强迫[強迫] (6.1453)
qiǎng 抢[搶] (5.741)
qiǎngjiù 抢救[搶救] (6.1454)
qiāoqiāo 悄悄 (5.742)
qiāo 敲 (4.341)
qiáo 桥[橋] (4.342)
qiáoliáng 桥梁[橋梁] (6.1455)
qiáo 瞧 (5.743)
qiǎokèlì 巧克力 (4.343)
qiǎomiào 巧妙 (5.744)
qiàomén 窍门[竅門] (6.1456)
qiào 翘[翹] (6.1457)
qiē 切 (5.745)
qièshí 切实[切實] (6.1458)
qièérbùshě 锲而不舍 (6.1459)
qīn'ài 亲爱[親愛] (5.746)
qīnmì 亲密[親密] (6.1460)
qīnqi 亲戚[親戚] (4.344)
qīnqiè 亲切[親切] (5.747)
qīnrè 亲热[親熱] (6.1461)
qīnzì 亲自[親自] (5.748)
qīnfàn 侵犯 (6.1462)
qīnlvè 侵略 (6.1463)
qīnpèi 钦佩[欽佩] (6.1464)
qínfèn 勤奋[勤奮] (5.749)
qínjiǎn 勤俭[勤儉] (6.1465)
qínláo 勤劳[勤勞] (6.1466)
qīngtīng 倾听[傾聽] (6.1467)
qīngxiàng 倾向[傾向] (6.1468)
qīngxié 倾斜[傾斜] (6.1469)
qīngchè 清澈 (6.1470)
qīngchén 清晨 (6.1471)
qīngchu 清楚 (3.187)
qīngchú 清除 (6.1472)
qīngdàn 清淡 (5.750)
qīngjié 清洁[清潔] (6.1473)
qīnglǐ 清理 (6.1474)
qīngxī 清晰 (6.1475)
qīngxǐng 清醒 (6.1476)
qīngzhēn 清真 (6.1477)
qīng 轻[輕] (4.345)

qīngshì 轻视[輕視] (5.751)
qīngsōng 轻松[輕鬆] (4.346)
qīng yì 轻易[輕易] (5.752)
qīng 青 (5.753)
qīngchūn 青春 (5.754)
qīngshàonián 青少年 (5.755)
qíngbào 情报[情報] (6.1478)
qíngjié 情节[情節] (6.1479)
qíngjǐng 情景 (5.756)
qíngkuàng 情况[情況] (4.347)
qínglǐ 情理 (6.1480)
qíngxíng 情形 (6.1481)
qíngxù 情绪[情緒] (5.757)
qíng 晴 (2.86)
qínglǎng 晴朗 (6.1482)
qǐng 请[請] (1.82)
qǐngjià 请假[請假] (3.188)
qǐngjiǎn 请柬[請柬] (6.1483)
qǐngjiào 请教[請教] (6.1484)
qǐngqiú 请求[請求] (5.758)
qǐngshì 请示[請示] (6.1485)
qǐngtiě 请帖[請帖] (6.1486)
qìngzhù 庆祝[慶祝] (5.759)
qióng 穷[窮] (4.348)
qiūlíng 丘陵 (6.1487)
qiū 秋 (3.189)
qiúmí 球迷 (5.760)
qūbié 区别[區別] (4.349)
qūfēn 区分[區分] (6.1488)
qūyù 区域[區域] (6.1489)
qūfú 屈服 (6.1490)
qūzhé 曲折 (6.1491)
qūshì 趋势[趨勢] (5.761)
qūzhú 驱逐[驅逐] (6.1492)
qúdào 渠道 (6.1493)
qǔ 取 (4.350)
qǔdì 取缔[取締] (6.1494)
qǔxiāo 取消 (5.762)
qǔ 娶 (5.763)
qǔzi 曲子 (6.1495)
qù 去 (1.83)
qùnián 去年 (2.87)
qùshì 去世 (5.764)
qùwèi 趣味 (6.1496)
quān 圈 (5.765)
quāntào 圈套 (6.1497)
quánbù 全部 (4.351)
quánjú 全局 (6.1498)
quánlìyǐfù 全力以赴 (6.1499)
quánmiàn 全面 (5.766)
quántou 拳头[拳頭] (6.1500)
quánhéng 权衡[權衡] (6.1501)
quánlì 权利[權利] (5.767)
quánlì 权力[權力] (5.768)
quánwēi 权威[權威] (6.1502)

quǎn 犬 (6.1503)
quàn 劝[勸] (5.769)
quēdiǎn 缺点[缺點] (4.352)
quēfá 缺乏 (5.770)
quēkǒu 缺口 (6.1504)
quēshǎo 缺少 (4.353)
quēxí 缺席 (6.1505)
quēxiàn 缺陷 (6.1506)
qué 瘸 (6.1507)
què 却[卻] (4.354)
quèbǎo 确保[確保] (6.1508)
quèdìng 确定[確定] (5.771)
quèlì 确立[確立] (6.1509)
quèqiè 确切[確切] (6.1510)
quèrèn 确认[確認] (5.772)
quèshí 确实[確實] (4.355)
quèxìn 确信[確信] (6.1511)
qún 群 (5.773)
qúnzhòng 群众[群眾] (6.1512)
qúnzi 裙子 (3.190)

R

ránér 然而 (4.356)
ránhòu 然后[然後] (3.191)
ránshāo 燃烧[燃燒] (5.774)
rǎn 染 (6.1513)
rǎng 嚷 (6.1514)
ràng 让[讓] (2.88)
ràngbù 让步[讓步] (6.1515)
ráoshù 饶恕[饒恕] (6.1516)
rǎoluàn 扰乱[擾亂] (6.1517)
rào 绕[繞] (5.775)
rěhuò 惹祸[惹禍] (6.1518)
rè 热[熱] (1.84)
rè'ài 热爱[熱愛] (5.776)
rèlèiyíngkuàng 热泪盈眶[熱淚盈眶] (6.1519)
rèliè 热烈[熱烈] (5.777)
rèmén 热门[熱門] (6.1520)
rènao 热闹[熱鬧] (4.357)
rèqíng 热情[熱情] (3.192)
rèxīn 热心[熱心] (5.778)
rén 人 (1.85)
réncái 人才 (5.779)
réndào 人道 (6.1521)
réngé 人格 (6.1522)
réngōng 人工 (6.1523)
rénjia 人家 (6.1524)
rénjiān 人间[人間] (6.1525)
rénkǒu 人口 (5.780)
rénlèi 人类[人類] (5.781)
rénmínbì 人民币[人民幣] (5.782)
rénshēng 人生 (5.783)
rénshì 人事 (5.784)
rénshì 人士 (6.1526)
rénwéi 人为[人為] (6.1527)

INDEX

rénwù 人物 (5.785)
rénxìng 人性 (6.1528)
rényuán 人员[人員] (5.786)
rénzhì 人质[人質] (6.1529)
réncí 仁慈 (6.1530)
rěnbuzhù 忍不住 (5.787)
rěnnài 忍耐 (6.1531)
rěnshòu 忍受 (6.1532)
rènhé 任何 (4.358)
rènmìng 任命 (6.1533)
rènwu 任务[任務] (4.359)
rènxìng 任性 (6.1534)
rènyì 任意 (6.1535)
rènzhòngdàoyuǎn 任重道远[任重道遠] (6.1536)
rèndìng 认定[認定] (6.1537)
rènkě 认可[認可] (6.1538)
rènshi 认识[認識] (1.86)
rènwéi 认为[認為] (3.193)
rènzhēn 认真[認真] (3.194)
rēng 扔 (4.360)
réngjiù 仍旧[仍舊] (6.1539)
réngrán 仍然 (4.361)
rì 日 (2.89)
rìcháng 日常 (5.788)
rìchéng 日程 (5.789)
rìjì 日记[日記] (4.362)
rìlì 日历[日曆] (5.790)
rìqī 日期 (5.791)
rìxīnyuèyì 日新月异[日新月異] (6.1540)
rìyì 日益 (6.1541)
rìyòngpǐn 日用品 (5.792)
rìzi 日子 (5.793)
róngmào 容貌 (6.1542)
róngnà 容纳[容納] (6.1543)
róngqì 容器 (6.1544)
róngrěn 容忍 (6.1545)
róngyì 容易 (3.195)
róngjiě 溶解 (6.1546)
róngxìng 荣幸[榮幸] (6.1547)
róngyù 荣誉[榮譽] (6.1548)
rónghuà 融化 (6.1549)
róngqià 融洽 (6.1550)
róu 揉 (6.1551)
róuhé 柔和 (6.1552)
rújiā 儒家 (6.1553)
rúguǒ 如果 (3.196)
rúhé 如何 (5.794)
rújīn 如今 (5.795)
rùkǒu 入口 (4.363)
ruǎn 软[軟] (5.796)
ruǎnjiàn 软件[軟件] (5.797)
ruò 弱 (5.798)
ruòdiǎn 弱点[弱點] (6.1554)
ruògān 若干 (6.1555)

S

sāhuǎng 撒谎[撒謊] (6.1556)
sǎ 洒[灑] (5.799)
sān 三 (1.87)
sǎn 伞[傘] (3.197)
sǎnwén 散文 (6.1557)
sànbù 散布 (6.1558)
sànbù 散步 (4.364)
sànfā 散发[散發] (6.1559)
sǎngzi 嗓子 (5.800)
sàngshī 丧失[喪失] (6.1560)
sāorǎo 骚扰[騷擾] (6.1561)
sǎozi 嫂子 (6.1562)
sècǎi 色彩 (5.801)
sēnlín 森林 (4.365)
shāchē 刹车[剎車] (6.1563)
shā 杀[殺] (5.802)
shāfā 沙发[沙發] (4.366)
shāmò 沙漠 (5.803)
shātān 沙滩[沙灘] (5.804)
shá 啥 (6.1564)
shǎ 傻 (5.805)
shāixuǎn 筛选[篩選] (6.1565)
shài 晒[曬] (5.806)
shānchú 删除[刪除] (5.807)
shānmài 山脉[山脈] (6.1566)
shǎndiàn 闪电[閃電] (5.808)
shǎnshuò 闪烁[閃爍] (6.1567)
shànliáng 善良 (5.809)
shànyú 善于 (5.810)
shànzi 扇子 (5.811)
shàncháng 擅长[擅長] (6.1568)
shànzì 擅自 (6.1569)
shānghài 伤害[傷害] (5.812)
shāngnǎojīn 伤脑筋[傷腦筋] (6.1570)
shāngxīn 伤心[傷心] (4.367)
shāngbiāo 商标[商標] (6.1571)
shāngdiàn 商店 (1.88)
shāngliang 商量 (4.368)
shāngpǐn 商品 (5.813)
shāngwù 商务[商務] (5.814)
shāngyè 商业[商業] (5.815)
shàng 上 (1.89)
shàngbān 上班 (2.90)
shàngdàng 上当[上當] (5.816)
shàngjí 上级[上級] (6.1572)
shàngjìn 上进[上進] (6.1573)
shàngrèn 上任 (6.1574)
shàngwǎng 上网[上網] (3.198)
shàngwǔ 上午 (1.90)
shàngyǐn 上瘾 (6.1575)
shàngyóu 上游[上遊] (6.1576)
shàngqiě 尚且 (6.1577)
shāo 捎 (6.1578)
shāo 梢 (6.1579)
shāowēi 稍微 (4.369)
sháozi 勺子 (4.370)
shǎo 少 (1.91)
shào 哨 (6.1580)
shēchǐ 奢侈 (6.1581)
shétou 舌头[舌頭] (6.1582)
shé 蛇 (5.817)
shěbude 舍不得 (5.818)
shèjī 射击[射擊] (5.819)
shèshìdù 摄氏度[攝氏度] (6.1583)
shèyǐng 摄影[攝影] (5.820)
shèjí 涉及 (6.1584)
shèhuì 社会[社會] (4.371)
shèqū 社区[社區] (6.1585)
shèbèi 设备[設備] (5.821)
shèjì 设计[設計] (5.822)
shèlì 设立[設立] (6.1586)
shèshī 设施[設施] (5.823)
shèxiǎng 设想[設想] (6.1587)
shèzhì 设置[設置] (6.1588)
shéi 谁[誰] (1.92)
shēn 伸 (5.824)
shēnyín 呻吟 (6.1589)
shēn 深 (4.372)
shēnào 深奥[深奧] (6.1590)
shēnchén 深沉[深沈] (6.1591)
shēnkè 深刻 (5.825)
shēnqínghòuyì 深情厚谊[深情厚誼] (6.1592)
shēnbào 申报[申報] (6.1593)
shēnqǐng 申请[申請] (4.373)
shēnshì 绅士[紳士] (6.1594)
shēncái 身材 (5.826)
shēnfèn 身份 (5.827)
shēntǐ 身体[身體] (2.91)
shénme 什么[什麼] (1.93)
shénhuà 神话[神話] (5.828)
shénjīng 神经[神經] (6.1595)
shénmì 神秘 (5.829)
shénqí 神奇 (6.1596)
shénqì 神气[神氣] (6.1597)
shénshèng 神圣[神聖] (6.1598)
shéntài 神态[神態] (6.1599)
shénxiān 神仙 (6.1600)
shěnchá 审查[審查] (6.1601)
shěnlǐ 审理[審理] (6.1602)
shěnměi 审美[審美] (6.1603)
shěnpàn 审判[審判] (6.1604)
shènzhòng 慎重 (6.1605)
shèntòu 渗透[滲透] (6.1606)
shènzhì 甚至 (4.374)
shēng 升 (5.830)
shēngdiào 声调[聲調] (5.831)
shēngmíng 声明[聲明] (6.1607)
shēngshì 声势[聲勢] (6.1608)

INDEX

shēngyīn 声音[聲音] (3.199)
shēngyù 声誉[聲譽] (6.1609)
shēngchù 牲畜 (6.1610)
shēngbìng 生病 (2.92)
shēngchǎn 生产[生產] (5.832)
shēngcún 生存 (6.1611)
shēngdòng 生动[生動] (5.833)
shēnghuó 生活 (4.375)
shēngjī 生机[生機] (6.1612)
shēnglǐ 生理 (6.1613)
shēngmìng 生命 (4.376)
shēngqì 生气[生氣] (3.200)
shēngrì 生日 (2.93)
shēngshū 生疏 (6.1614)
shēngtài 生态[生態] (6.1615)
shēngwù 生物 (6.1616)
shēngxiào 生效 (6.1617)
shēngxiào 生肖 (6.1618)
shēngxiù 生锈[生鏽] (6.1619)
shēngyì 生意 (4.377)
shēngyù 生育 (6.1620)
shēng zhǎng 生长[生長] (5.834)
shéngzi 绳子[繩子] (5.835)
shěng 省 (4.378)
shěnghuì 省会[省會] (6.1621)
shěnglvè 省略 (5.836)
shèng 剩 (4.379)
shèngchǎn 盛产[盛產] (6.1622)
shèngkāi 盛开[盛開] (6.1623)
shèngqíng 盛情 (6.1624)
shèngxíng 盛行 (6.1625)
shèngfù 胜负[勝負] (6.1626)
shènglì 胜利[勝利] (5.837)
shībài 失败[失敗] (4.380)
shīmián 失眠 (5.838)
shīqù 失去 (5.839)
shīshì 失事 (6.1627)
shīwàng 失望 (4.381)
shīwù 失误[失誤] (6.1628)
shīyè 失业[失業] (5.840)
shīzōng 失踪[失蹤] (6.1629)
shītǐ 尸体[屍體] (6.1630)
shīfàn 师范[師範] (6.1631)
shīfu 师傅[師傅] (4.382)
shījiā 施加 (6.1632)
shīzhǎn 施展 (6.1633)
shīrùn 湿润[濕潤] (5.841)
shīzi 狮子[獅子] (5.842)
shī 诗[詩] (5.843)
shí 十 (1.94)
shífēn 十分 (4.383)
shízú 十足 (6.1634)
shíhuà 实话[實話] (5.844)
shíhuì 实惠[實惠] (6.1635)
shíjì 实际[實際] (4.384)

shíjiàn 实践[實踐] (5.845)
shílì 实力[實力] (6.1636)
shíshī 实施[實施] (6.1637)
shíshìqiúshì 实事求是[實事求是] (6.1638)
shíxí 实习[實習] (5.846)
shíxiàn 实现[實現] (5.847)
shíxíng 实行[實行] (6.1639)
shíyàn 实验[實驗] (5.848)
shíyòng 实用[實用] (5.849)
shízài 实在[實在] (4.385)
shízhì 实质[實質] (6.1640)
shí 拾 (6.1641)
shíchā 时差[時差] (5.850)
shícháng 时常[時常] (6.1642)
shídài 时代[時代] (5.851)
shíér 时而[時而] (6.1643)
shíguāng 时光[時光] (6.1644)
shíhou 时候[時候] (1.95)
shíjī 时机[時機] (6.1645)
shíjiān 时间[時間] (2.94)
shíkè 时刻[時刻] (5.852)
shímáo 时髦[時髦] (5.853)
shíqī 时期[時期] (5.854)
shíshàng 时尚[時尚] (5.855)
shíshì 时事[時事] (6.1646)
shítou 石头[石頭] (5.856)
shíyóu 石油 (6.1647)
shíbié 识别[識別] (6.1648)
shíwù 食物 (5.857)
shǐ 使 (4.386)
shǐjìnr 使劲儿[使勁兒] (5.858)
shǐmìng 使命 (6.1649)
shǐyòng 使用 (4.387)
shǐzhōng 始终[始終] (5.859)
shìqing 事情 (2.95)
shìdài 世代 (6.1650)
shìjì 世纪[世紀] (4.388)
shìjiè 世界 (3.201)
shìgù 事故 (6.1651)
shìjì 事迹 (6.1652)
shìjiàn 事件 (6.1653)
shìshí 事实[事實] (5.860)
shìtài 事态[事態] (6.1654)
shìwù 事务[事務] (6.1655)
shìwù 事物 (5.861)
shìxiān 事先 (5.862)
shìxiàng 事项[事項] (6.1656)
shìyè 事业[事業] (6.1657)
shìde 似的 (5.863)
shìbì 势必[勢必] (6.1658)
shìlì 势力[勢力] (6.1659)
shìbīng 士兵 (5.864)
shìchǎng 市场[市場] (5.865)
shì 是 (1.96)

shìfēi 是非 (6.1660)
shìfǒu 是否 (4.389)
shìfàn 示范[示範] (6.1661)
shìwēi 示威 (6.1662)
shìyì 示意 (6.1663)
shìlì 视力[視力] (6.1664)
shìpín 视频[視頻] (6.1665)
shìxiàn 视线[視線] (6.1666)
shìyě 视野[視野] (6.1667)
shì 试[試] (3.202)
shìjuàn 试卷[試卷] (5.866)
shìtú 试图[試圖] (6.1668)
shìyàn 试验[試驗] (6.1669)
shìhé 适合[適合] (4.390)
shìyí 适宜[適宜] (6.1670)
shìyìng 适应[適應] (4.391)
shìshì 逝世 (6.1671)
shìfàng 释放[釋放] (6.1672)
shōu 收 (4.392)
shōucáng 收藏 (6.1673)
shōuhuò 收获[收獲] (5.867)
shōujù 收据[收據] (5.868)
shōurù 收入 (4.393)
shōushi 收拾 (4.394)
shōusuō 收缩[收縮] (6.1674)
shōuyì 收益 (6.1675)
shōuyīnjī 收音机[收音機] (6.1676)
shǒuhù 守护[守護] (6.1677)
shǒubiǎo 手表 (2.96)
shǒufǎ 手法 (6.1678)
shǒugōng 手工 (5.869)
shǒujī 手机[手機] (2.97)
shǒushì 手势[手勢] (6.1679)
shǒushù 手术[手術] (5.870)
shǒutào 手套 (5.871)
shǒuxù 手续[手續] (5.872)
shǒuyì 手艺[手藝] (6.1680)
shǒuzhǐ 手指 (5.873)
shǒu 首 (5.874)
shǒudū 首都 (4.395)
shǒushì 首饰[首飾] (6.1681)
shǒuxiān 首先 (4.396)
shǒuyào 首要 (6.1682)
shòubùliǎo 受不了 (4.397)
shòudào 受到 (4.398)
shòushāng 受伤[受傷] (5.875)
shòuzuì 受罪 (6.1683)
shòuhuòyuán 售货员[售貨員] (4.399)
shòumìng 寿命[壽命] (5.876)
shòuyǔ 授予 (6.1684)
shòu 瘦 (3.203)
shū 书[書] (1.97)
shūfǎ 书法[書法] (6.1685)
shūjì 书记[書記] (6.1686)
shūjí 书籍[書籍] (6.1687)

INDEX

shūjià 书架[書架] (5.877)
shūmiàn 书面[書面] (6.1688)
shūshu 叔叔 (3.204)
shūzi 梳子 (5.878)
shūhu 疏忽 (6.1689)
shūyuǎn 疏远[疏遠] (6.1690)
shūchàng 舒畅[舒暢] (6.1691)
shūfu 舒服 (3.205)
shūshì 舒适[舒適] (5.879)
shūcài 蔬菜 (5.880)
shū 输[輸] (4.400)
shūrù 输入[輸入] (5.881)
shúliàn 熟练[熟練] (5.882)
shúxī 熟悉 (4.401)
shǔyú 属于[屬于] (5.883)
shǔ 数[數] (5.884)
shǔbiāo 鼠标[鼠標] (5.885)
shùé 数额[數額] (6.1692)
shùjù 数据[數據] (5.886)
shùliàng 数量[數量] (4.402)
shùmǎ 数码[數碼] (5.887)
shùxué 数学[數學] (3.206)
shùzì 数字[數字] (4.403)
shù 束 (6.1693)
shùfù 束缚[束縛] (6.1694)
shù 树[樹] (3.207)
shùlì 树立[樹立] (6.1695)
shù 竖[豎] (6.1696)
shuāyá 刷牙 (3.208)
shuǎ 耍 (6.1697)
shuāi dǎo 摔倒 (5.888)
shuāilǎo 衰老 (6.1698)
shuāituì 衰退 (6.1699)
shuǎi 甩 (5.889)
shuài 帅[帥] (4.404)
shuàilǐng 率领[率領] (6.1700)
shuànhuǒguō 涮火锅[涮火鍋] (6.1701)
shuāng 双[雙] (3.209)
shuāngbāotāi 双胞胎[雙胞胎] (6.1702)
shuāngfāng 双方[雙方] (5.890)
shuǎngkuài 爽快 (6.1703)
shuǐ 水 (1.98)
shuǐlì 水利 (6.1704)
shuǐlóngtóu 水龙头[水龍頭] (5.1705)
shuǐní 水泥 (6.1706)
shuǐpíng 水平 (3.210)
shuǐguǒ 水果 (1.99)
shuìjiào 睡觉[睡覺] (1.100)
shuì 税[稅] (5.891)
shùnjiān 瞬间[瞬間] (6.1707)
shùnbiàn 顺便[順便] (4.405)
shùnlì 顺利[順利] (4.406)
shùnxù 顺序[順序] (4.407)
shuō 说[說] (1.101)
shuōbudìng 说不定[說不定] (5.892)

shuōfú 说服[說服] (5.893)
shuōhuà 说话[說話] (2.98)
shuōmíng 说明[說明] (4.408)
shuòshì 硕士[碩士] (4.409)
sīchóu 丝绸[絲綢] (5.894)
sīháo 丝毫[絲毫] (5.895)
sīfǎ 司法 (6.1708)
sījī 司机[司機] (3.211)
sīlìng 司令 (6.1709)
sīkǎo 思考 (5.896)
sīniàn 思念 (6.1710)
sīsuǒ 思索 (6.1711)
sīwéi 思维[思維] (6.1712)
sīxiǎng 思想 (5.897)
sī 撕 (5.898)
sīwen 斯文 (6.1713)
sīrén 私人 (5.899)
sīzì 私自 (6.1714)
sǐ 死 (4.410)
sǐwáng 死亡 (6.1715)
sìhū 似乎 (5.900)
sì 四 (1.102)
sìzhī 四肢 (6.1716)
sìmiào 寺庙[寺廟] (6.1717)
sìwújìdàn 肆无忌惮[肆無忌憚] (6.1718)
sìyǎng 饲养[飼養] (6.1719)
sǒng 耸[聳] (6.1720)
sòng 送 (2.99)
sōusuǒ 搜索 (5.901)
sōu 艘 (6.1721)
sūxǐng 苏醒[蘇醒] (6.1722)
súhuà 俗话[俗話] (6.1723)
sùliàodài 塑料袋 (4.411)
sùzào 塑造 (6.1724)
sùshè 宿舍 (5.902)
sùshí 素食 (6.1725)
sùzhì 素质[素質] (6.1726)
sùsòng 诉讼[訴訟] (6.1727)
sùdù 速度 (4.412)
suān 酸 (4.413)
suànshù 算数[算數] (6.1728)
suīrán...dànshì... 虽然...但是...[雖然...但是...] (2.100)
suíbiàn 随便[隨便] (4.414)
suíjí 随即[隨即] (6.1729)
suíshēn 随身[隨身] (5.903)
suíshí 随时[隨時] (5.904)
suíshǒu 随手[隨手] (5.905)
suíyì 随意[隨意] (6.1730)
suízhe 随着[隨著] (4.415)
suì 岁[歲] (1.103)
suìyuè 岁月[歲月] (6.1731)
suì 碎 (5.906)
suìdào 隧道 (6.1732)
sūnzi 孙子[孫子] (4.416)

sǔnhuài 损坏[損壞] (6.1733)
sǔnshī 损失[損失] (5.907)
suōduǎn 缩短[縮短] (5.908)
suǒ 所 (5.909)
suǒyǒu 所有 (4.417)
suǒqǔ 索取 (6.1734)
suǒxìng 索性 (6.1735)
suǒ 锁[鎖] (5.910)

T

tā 他 (1.104)
tā 塌 (6.1736)
tā 她 (1.105)
tā 它 (2.101)
tāshi 踏实[踏實] (6.1737)
tǎ 塔 (6.1738)
tái 台 (4.418)
táifēng 台风[台風] (6.1739)
táijiē 台阶[台階] (5.911)
tái 抬[擡] (4.419)
tài 太 (1.106)
tàijíquán 太极拳[太極拳] (5.912)
tàikōng 太空 (6.1740)
tàitai 太太 (5.913)
tàiyáng 太阳[太陽] (3.212)
tàidu 态度[態度] (4.420)
tàidǒu 泰斗[泰鬥] (6.1741)
tān 摊[攤] (6.1742)
tānhuàn 瘫痪[癱瘓] (6.1743)
tānlán 贪婪[貪婪] (6.1744)
tānwū 贪污[貪汙] (6.1745)
tángāngqín 弹钢琴[彈鋼琴] (4.421)
tánxìng 弹性[彈性] (6.1746)
tán 谈[談] (4.422)
tánpàn 谈判[談判] (5.914)
tǎnbái 坦白 (6.1747)
tǎnshuài 坦率 (5.915)
tànqì 叹气[嘆氣] (6.1748)
tàncè 探测[探測] (6.1749)
tànsuǒ 探索 (6.1750)
tàntǎo 探讨[探討] (6.1751)
tànwàng 探望 (6.1752)
tāng 汤[湯] (4.423)
táng 糖 (4.424)
tǎngruò 倘若 (6.1753)
tǎng 躺 (4.425)
tàng 烫[燙] (5.916)
tàng 趟 (4.426)
tāo 掏 (6.1754)
tāotāobùjué 滔滔不绝[滔滔不絕] (6.1755)
táo 桃 (5.917)
táoqì 淘气[淘氣] (5.918)
táotài 淘汰 (6.1756)
táo 逃 (5.919)
táobì 逃避 (5.920)

INDEX

táocí 陶瓷 (6.1757)
táozuì 陶醉 (6.1758)
tǎohǎo 讨好[討好] (6.1759)
tǎojiàhuánjià 讨价还价[討價還價] (5.921)
tǎolùn 讨论[討論] (4.427)
tǎoyàn 讨厌[討厭] (4.428)
tào 套 (5.922)
tèbié 特别[特別] (3.213)
tècháng 特长[特長] (6.1760)
tèdiǎn 特点[特點] (4.429)
tèdìng 特定 (6.1761)
tèsè 特色 (5.923)
tèshū 特殊 (5.924)
tèyì 特意 (6.1762)
tèzhēng 特征 (5.925)
téng 疼 (3.214)
téngài 疼爱[疼愛] (5.926)
tīzúqiú 踢足球 (2.102)
tí 提 (4.430)
tíbá 提拔 (6.1763)
tíchàng 提倡 (5.927)
tígāng 提纲[提綱] (5.928)
tígāo 提高 (3.215)
tígōng 提供 (4.431)
tíliàn 提炼[提煉] (6.1764)
tíqián 提前 (4.432)
tíshì 提示 (6.1765)
tíwèn 提问[提問] (5.929)
tíxǐng 提醒 (4.433)
tíyì 提议[提議] (6.1766)
tí 题[題] (2.103)
tícái 题材[題材] (6.1767)
tímù 题目[題目] (5.930)
tǐcái 体裁[體裁] (6.1768)
tǐhuì 体会[體會] (5.931)
tǐjī 体积[體積] (6.1769)
tǐliàng 体谅[體諒] (6.1770)
tǐmiàn 体面[體面] (6.1771)
tǐtiē 体贴[體貼] (5.932)
tǐxì 体系[體系] (6.1772)
tǐxiàn 体现[體現] (5.933)
tǐyàn 体验[體驗] (5.934)
tǐyù 体育[體育] (3.216)
tiāncái 天才 (6.1773)
tiānfù 天赋[天賦] (6.1774)
tiānkōng 天空 (5.935)
tiānlúnzhīlè 天伦之乐[天倫之樂] (6.1775)
tiānqì 天气[天氣] (1.107)
tiānránqì 天然气[天然氣] (6.1776)
tiānshēng 天生 (6.1777)
tiāntáng 天堂 (6.1778)
tiānwén 天文 (6.1779)
tiānzhēn 天真 (5.936)

tiánkòng 填空 (4.434)
tián 甜 (3.217)
tiánjìng 田径[田徑] (6.1780)
tiányě 田野 (6.1781)
tiǎn 舔 (6.1782)
tiāoti 挑剔 (6.1783)
tiáo 条[條] (3.218)
tiáojiàn 条件[條件] (4.435)
tiáokuǎn 条款[條款] (6.1784)
tiáolǐ 条理[條理] (6.1785)
tiáoyuē 条约[條約] (6.1786)
tiáohé 调和[調和] (6.1787)
tiáojì 调剂[調劑] (6.1788)
tiáojié 调节[調節] (6.1789)
tiáojiě 调解[調解] (6.1790)
tiáoliào 调料[調料] (6.1791)
tiáopí 调皮[調皮] (5.937)
tiáozhěng 调整[調整] (5.938)
tiǎobō 挑拨[挑撥] (6.1792)
tiǎoxìn 挑衅[挑釁] (6.1793)
tiǎozhàn 挑战[挑戰] (5.939)
tiàowǔ 跳舞 (2.104)
tiàoyuè 跳跃[跳躍] (6.1794)
tīng 听[聽] (1.108)
tíngzi 亭子 (6.1795)
tíng 停 (4.436)
tíngbó 停泊 (6.1796)
tíngdùn 停顿[停頓] (6.1797)
tíngzhì 停滞[停滯] (6.1798)
tǐng 挺 (4.437)
tǐngbá 挺拔 (6.1799)
tōngcháng 通常 (5.940)
tōngguò 通过[通過] (4.438)
tōnghuòpéngzhàng 通货膨胀[通貨膨脹] (6.1800)
tōngjī 通缉[通緝] (6.1801)
tōngsú 通俗 (6.1802)
tōngxùn 通讯[通訊] (6.1803)
tōngyòng 通用 (6.1804)
tōngzhī 通知 (4.439)
tóngbāo 同胞 (6.1805)
tóngqíng 同情 (4.440)
tóngshí 同时[同時] (4.441)
tóngshì 同事 (3.219)
tóngxué 同学[同學] (1.109)
tóngyì 同意 (3.220)
tóngzhì 同志 (6.1806)
tónghuà 童话[童話] (6.1807)
tóng 铜[銅] (6.1808)
tǒngchóujiāngù 统筹兼顾[統籌兼顧] (6.1809)
tǒngjì 统计[統計] (6.1810)
tǒngtǒng 统统[統統] (6.1811)
tǒngyī 统一[統一] (5.941)
tǒngzhì 统治[統治] (6.1812)

tòngkǔ 痛苦 (5.942)
tòngkuài 痛快 (5.943)
tōu 偷 (5.944)
tóufa 头发[頭髮] (3.221)
tóujī 投机[投機] (6.1813)
tóupiào 投票 (6.1814)
tóurù 投入 (5.945)
tóusù 投诉[投訴] (6.1815)
tóuxiáng 投降 (6.1816)
tóuzhì 投掷[投擲] (6.1817)
tóuzī 投资[投資] (5.946)
tòulù 透露 (6.1818)
tòumíng 透明 (5.947)
tū 秃[禿] (6.1819)
tūchū 突出 (5.948)
tūpò 突破 (6.1820)
tūrán 突然 (3.222)
túàn 图案[圖案] (6.1821)
túshūguǎn 图书馆[圖書館] (3.223)
túdì 徒弟 (6.1822)
túmǒ 涂抹[塗抹] (6.1823)
tújìng 途径[途徑] (6.1824)
tǔdì 土地 (5.949)
tǔdòu 土豆 (5.950)
tǔrǎng 土壤 (6.1825)
tùzi 兔子 (5.951)
tù 吐 (5.952)
tuán 团[團] (5.953)
tuánjié 团结[團結] (6.1826)
tuántǐ 团体[團體] (6.1827)
tuányuán 团圆[團圓] (6.1828)
tuī 推 (4.442)
tuīcè 推测[推測] (6.1829)
tuīchí 推迟[推遲] (4.443)
tuīcí 推辞[推辭] (5.954)
tuīfān 推翻 (6.1830)
tuīguǎng 推广[推廣] (5.955)
tuījiàn 推荐[推薦] (5.956)
tuīlǐ 推理 (6.1831)
tuīlùn 推论[推論] (6.1832)
tuīxiāo 推销[推銷] (6.1833)
tuǐ 腿 (3.224)
tuì 退 (5.957)
tuìbù 退步 (5.958)
tuìxiū 退休 (5.959)
tūntūntǔtǔ 吞吞吐吐 (6.1834)
tuōyùn 托运[托運] (6.1835)
tuōyán 拖延 (6.1836)
tuō 脱[脫] (4.444)
tuōlí 脱离[脫離] (6.1837)
tuǒdang 妥当[妥當] (6.1838)
tuǒshàn 妥善 (6.1839)
tuǒxié 妥协[妥協] (6.1840)
tuǒyuán 椭圆[橢圓] (6.1841)
tuòqì 唾弃[唾棄] (6.1842)

INDEX

W

wa 哇 (6.1843)
wājué 挖掘 (6.1844)
wáwa 娃娃 (6.1845)
wǎjiě 瓦解 (6.1846)
wàzi 袜子[襪子] (4.445)
wāi 歪 (5.960)
wāiqū 歪曲 (6.1847)
wài 外 (2.105)
wàibiǎo 外表 (6.1848)
wàigōng 外公 (5.961)
wàiháng 外行 (6.1849)
wàijiāo 外交 (5.962)
wàijiè 外界 (6.1850)
wàixiàng 外向 (6.1851)
wán 丸 (6.1852)
wán 完 (2.106)
wánbèi 完备[完備] (6.1853)
wánbì 完毕[完畢] (6.1854)
wánchéng 完成 (3.225)
wánměi 完美 (5.963)
wánquán 完全 (4.446)
wánshàn 完善 (5.964)
wánzhěng 完整 (5.965)
wán 玩 (2.107)
wánjù 玩具 (5.966)
wánnòng 玩弄 (6.1855)
wányìr 玩意儿[玩意兒] (6.1856)
wángù 顽固[頑固] (6.1857)
wánqiáng 顽强[頑強] (6.1858)
wǎnxī 惋惜 (6.1859)
wǎnhuí 挽回 (6.1860)
wǎnjiù 挽救 (6.1861)
wǎnshang 晚上 (2.108)
wǎn 碗 (3.226)
wàn 万[萬] (3.227)
wànfēn 万分[萬分] (6.1862)
wànyī 万一[萬一] (5.967)
wángzǐ 王子 (5.968)
wǎng 往 (2.109)
wǎngcháng 往常 (6.1863)
wǎngfǎn 往返 (5.969)
wǎngshì 往事 (6.1864)
wǎngwǎng 往往 (4.447)
wǎngluò 网络[網絡] (5.970)
wǎngqiú 网球[網球] (4.448)
wǎngzhàn 网站[網站] (4.449)
wàngxiǎng 妄想 (6.1865)
wàngjì 忘记[忘記] (3.228)
wēihài 危害 (5.971)
wēijī 危机[危機] (6.1866)
wēixiǎn 危险[危險] (4.450)
wēifēng 威风[威風] (6.1867)
wēilì 威力 (6.1868)
wēiwàng 威望 (6.1869)
wēixié 威胁[威脅] (5.972)
wēixìn 威信 (6.1870)
wēibùzúdào 微不足道 (6.1871)
wēiguān 微观[微觀] (6.1872)
wēixiào 微笑 (5.973)
wéinán 为难[為難] (6.1873)
wéiqī 为期[為期] (6.1874)
wéidú 唯独[唯獨] (6.1875)
wéiyī 唯一 (5.974)
wéi 喂 (1.110)
wéijīn 围巾[圍巾] (5.975)
wéirào 围绕[圍繞] (5.976)
wéichí 维持[維持] (6.1876)
wéihù 维护[維護] (6.1877)
wéishēngsù 维生素[維生素] (6.1878)
wéixiū 维修[維修] (5.977)
wéibèi 违背[違背] (6.1879)
wéifǎn 违反[違反] (5.978)
wěidà 伟大[偉大] (5.979)
wěizào 伪造[偽造] (6.1880)
wěiqū 委屈 (5.980)
wěituō 委托 (6.1881)
wěiyuán 委员[委員] (6.1882)
wěiba 尾巴 (5.981)
wèi 为[為] (3.229)
wèile 为了[為了] (3.230)
wèishénme 为什么[為什麼] (2.110)
wèi 位 (3.231)
wèiyú 位于 (5.982)
wèizhi 位置 (5.983)
wèishēngjiān 卫生间[衛生間] (4.451)
wèixīng 卫星[衛星] (6.1883)
wèidào 味道 (4.452)
wèi 喂 (6.1884)
wèiwèn 慰问[慰問] (6.1885)
wèibì 未必 (5.984)
wèilái 未来[未來] (5.985)
wèimiǎn 未免 (6.1886)
wèijù 畏惧[畏懼] (6.1887)
wèi 胃 (5.986)
wèikǒu 胃口 (5.987)
wèilán 蔚蓝[蔚藍] (6.1888)
wēndài 温带[溫帶] (6.1889)
wēndù 温度 (4.453)
wēnhé 温和[溫和] (6.1890)
wēnnuǎn 温暖[溫暖] (5.988)
wēnróu 温柔[溫柔] (5.989)
wénhuà 文化 (3.232)
wénjiàn 文件 (5.990)
wénjù 文具 (5.991)
wénmíng 文明 (5.992)
wénpíng 文凭[文憑] (6.1891)
wénwù 文物 (6.1892)
wénxiàn 文献[文獻] (6.1893)
wénxué 文学[文學] (5.993)
wényǎ 文雅 (6.1894)
wényì 文艺[文藝] (6.1895)
wénzhāng 文章 (4.454)
wénzì 文字 (5.994)
wén 闻[聞] (5.995)
wěn 吻 (5.996)
wěndìng 稳定[穩定] (5.997)
wèn 问[問] (2.111)
wènhòu 问候[問候] (5.998)
wènshì 问世[問世] (6.1896)
wèntí 问题[問題] (2.112)
wō 窝[窩] (6.1897)
wǒ 我 (1.111)
wǒmen 我们[我們] (1.112)
wòshì 卧室[臥室] (5.999)
wòshǒu 握手 (5.1000)
wūhēi 乌黑[烏黑] (6.1898)
wūzi 屋子 (5.1001)
wūmiè 污蔑[汙蔑] (6.1899)
wūrǎn 污染[汙染] (4.455)
wūxiàn 诬陷[誣陷] (6.1900)
wú 无[無] (4.456)
wúbǐ 无比[無比] (6.1901)
wúcháng 无偿[無償] (6.1902)
wúchǐ 无耻[無恥] (6.1903)
wúdòngyúzhōng 无动于衷[無動於衷] (6.1904)
wúfēi 无非[無非] (6.1905)
wúgū 无辜[無辜] (6.1906)
wújīngdǎcǎi 无精打采[無精打采] (6.1907)
wúlài 无赖[無賴] (6.1908)
wúlǐqǔnào 无理取闹[無理取鬧] (6.1909)
wúliáo 无聊[無聊] (4.457)
wúlùn 无论[無論] (4.458)
wúnài 无奈 (5.1002)
wúnéngwéilì 无能为力[無能為力] (6.1910)
wúqióngwújìn 无穷无尽[無窮無盡] (6.1911)
wúshù 无数[無數] (5.1003)
wúsuǒwèi 无所谓[無所謂] (5.1004)
wúwēibùzhì 无微不至[無微不至] (6.1912)
wúyōuwúlǜ 无忧无虑[無憂無慮] (6.1913)
wúzhī 无知[無知] (6.1914)
wǔ 五 (1.113)
wǔrǔ 侮辱 (6.1915)
wǔqì 武器 (6.1916)
wǔshù 武术[武術] (5.1005)
wǔxiá 武侠[武俠] (6.1917)
wǔzhuāng 武装[武裝] (6.1918)
wǔdǎo 舞蹈 (6.1919)
wùbì 务必[務必] (6.1920)

INDEX

wù 勿 (5.1006)
wùlǐ 物理 (5.1007)
wùměijiàlián 物美价廉[物美價廉] (6.1921)
wùyè 物业[物業] (6.1922)
wùzhì 物质[物質] (5.1008)
wùzī 物资[物資] (6.1923)
wùchā 误差[誤差] (6.1924)
wùhuì 误会[誤會] (4.459)
wùjiě 误解[誤解] (6.1925)
wù 雾[霧] (5.1009)

X

xīqǔ 吸取 (5.1010)
xīshōu 吸收 (5.1011)
xīyǐn 吸引 (4.460)
xīyáng 夕阳[夕陽] (6.1926)
xīwàng 希望 (2.113)
xīrì 昔日 (6.1927)
xī 溪 (6.1928)
xīmiè 熄灭[熄滅] (6.1929)
xīshēng 牺牲[犧牲] (6.1930)
xīgài 膝盖[膝蓋] (6.1931)
xī 西 (3.233)
xīguā 西瓜 (2.114)
xīhóngshì 西红柿[西紅柿] (4.461)
xíguàn 习惯[習慣] (3.234)
xísú 习俗[習俗] (6.1932)
xífu 媳妇[媳婦] (6.1933)
xíjī 袭击[襲擊] (6.1934)
xǐhuan 喜欢[喜歡] (1.114)
xǐwénlèjiàn 喜闻乐见[喜聞樂見] (6.1935)
xǐyuè 喜悦[喜悅] (6.1936)
xǐ 洗 (2.115)
xǐshǒujiān 洗手间[洗手間] (3.235)
xǐzǎo 洗澡 (3.236)
xìjù 戏剧[戲劇] (5.1012)
xì 系 (5.1013)
xìliè 系列 (6.1937)
xìtǒng 系统[系統] (5.1014)
xìjūn 细菌[細菌] (6.1938)
xìbāo 细胞[細胞] (6.1939)
xìjié 细节[細節] (5.1015)
xìzhì 细致[細致] (6.1940)
xiā 瞎 (5.1016)
xiágǔ 峡谷[峽谷] (6.1941)
xiáài 狭隘[狹隘] (6.1942)
xiázhǎi 狭窄[狹窄] (6.1943)
xiá 霞 (6.1944)
xià 下 (1.115)
xiàshǔ 下属[下屬] (6.1945)
xiàwǔ 下午 (1.116)
xiàyǔ 下雨 (1.117)
xiàzǎi 下载[下載] (5.1017)
xià 吓[嚇] (5.1018)

xià 夏 (3.237)
xiàlìngyíng 夏令营[夏令營] (5.1019)
xiān 先 (3.238)
xiānjìn 先进[先進] (6.1946)
xiānqián 先前 (6.1947)
xiānsheng 先生 (1.118)
xiānqǐ 掀起 (6.1948)
xiānwéi 纤维[纖維] (6.1949)
xiānmíng 鲜明[鮮明] (6.1950)
xiānyàn 鲜艳[鮮艷] (5.1020)
xián 咸[鹹] (4.462)
xián 嫌 (6.1951)
xiányí 嫌疑 (6.1952)
xián 弦 (6.1953)
xiánjiē 衔接[銜接] (6.1954)
xiánhuì 贤惠[賢惠] (6.1955)
xiánhuà 闲话[閑話] (6.1956)
xiǎnde 显得[顯得] (5.1021)
xiǎnrán 显然[顯然] (5.1022)
xiǎnshì 显示[顯示] (5.1023)
xiǎnzhù 显著[顯著] (6.1957)
xiàn 县[縣] (5.1024)
xiànfǎ 宪法[憲法] (6.1958)
xiànchǎng 现场[現場] (6.1959)
xiànchéng 现成[現成] (6.1960)
xiàndài 现代[現代] (5.1025)
xiànjīn 现金[現金] (4.463)
xiànshí 现实[現實] (5.1026)
xiànxiàng 现象[現象] (5.1027)
xiànzài 现在[現在] (1.119)
xiànzhuàng 现状[現狀] (6.1961)
xiànsuǒ 线索[線索] (6.1962)
xiànmù 羡慕[羨慕] (4.464)
xiànzhì 限制 (5.1028)
xiànhài 陷害 (6.1963)
xiànjǐng 陷阱 (6.1964)
xiànrù 陷入 (6.1965)
xiànr 馅儿[餡兒] (6.1966)
xiāngzhèn 乡镇[鄉鎮] (6.1967)
xiāngchà 相差 (6.1968)
xiāngchǔ 相处[相處] (5.1029)
xiāngdāng 相当[相當] (5.1030)
xiāngděng 相等 (6.1969)
xiāngduì 相对[相對] (5.1031)
xiāngfǎn 相反 (4.465)
xiāngfǔxiāngchéng 相辅相成[相輔相成] (6.1970)
xiāngguān 相关[相關] (5.1032)
xiāngsì 相似 (5.1033)
xiāngtóng 相同 (4.466)
xiāngxìn 相信 (3.239)
xiāngyìng 相应[相應] (6.1971)
xiāngqiàn 镶嵌[鑲嵌] (6.1972)
xiāng 香 (4.467)
xiāngcháng 香肠[香腸] (5.1034)

xiāngjiāo 香蕉 (3.240)
xiángxì 详细[詳細] (4.468)
xiǎngshòu 享受 (5.1035)
xiǎng 响[響] (4.469)
xiǎngliàng 响亮[響亮] (6.1973)
xiǎngyìng 响应[響應] (6.1974)
xiǎng 想 (1.120)
xiǎngfāngshèfǎ 想方设法[想方設法] (6.1975)
xiǎngniàn 想念 (5.1036)
xiǎngxiàng 想象 (5.1037)
xiàng 像 (3.241)
xiàng 向 (3.242)
xiàngdǎo 向导[向導] (6.1976)
xiànglái 向来[向來] (6.1977)
xiàngwǎng 向往 (6.1978)
xiàng 巷 (6.1979)
xiàngpí 橡皮 (4.470)
xiàngsheng 相声[相聲] (6.1980)
xiàngqí 象棋 (5.1038)
xiàngzhēng 象征 (5.1039)
xiàng 项[項] (5.1040)
xiàngliàn 项链[項鏈] (5.1041)
xiàngmù 项目[項目] (5.1042)
xiāochú 消除 (6.1981)
xiāodú 消毒 (6.1982)
xiāofáng 消防 (6.1983)
xiāofèi 消费[消費] (5.1043)
xiāohào 消耗 (6.1984)
xiāohuà 消化 (5.1044)
xiāojí 消极[消極] (5.1045)
xiāomiè 消灭[消滅] (6.1985)
xiāoshī 消失 (5.1046)
xiāoxi 消息 (4.471)
xiāosǎ 潇洒[瀟灑] (6.1986)
xiāohuǐ 销毁[銷毀] (6.1987)
xiāoshòu 销售[銷售] (5.1047)
xiǎo 小 (1.121)
xiǎochī 小吃 (4.472)
xiǎohuǒzi 小伙子[小夥子] (4.473)
xiǎojie 小姐 (1.122)
xiǎomài 小麦[小麥] (5.1048)
xiǎoqi 小气[小氣] (5.1049)
xiǎoshí 小时[小時] (2.116)
xiǎoshuō 小说[小說] (4.474)
xiǎoxīn 小心 (3.243)
xiǎoxīnyìyì 小心翼翼 (6.1988)
xiàoshun 孝顺[孝順] (5.1050)
xiàoguǒ 效果 (4.475)
xiàolǜ 效率 (5.1051)
xiàoyì 效益 (6.1989)
xiàozhǎng 校长[校長] (3.244)
xiào 笑 (2.117)
xiàohuà 笑话[笑話] (4.476)
xiàoxiàng 肖像 (6.1990)

INDEX

xiē 些 (1.123)
xiē 歇 (5.1052)
xiéhuì 协会[協會] (6.1991)
xiéshāng 协商[協商] (6.1992)
xiétiáo 协调[協調] (6.1993)
xiéyì 协议[協議] (6.1994)
xiézhù 协助[協助] (6.1995)
xiédài 携带[攜帶] (6.1996)
xié 斜 (5.1053)
xiě 写[寫] (1.124)
xiězuò 写作[寫作] (5.1054)
xiè 屑 (6.1997)
xièlù 泄露 (6.1998)
xièqì 泄气[泄氣] (6.1999)
xièjué 谢绝[謝絕] (6.2000)
xièxie 谢谢[謝謝] (1.125)
xīndé 心得 (6.2001)
xīngānqíngyuàn 心甘情愿[心甘情願] (6.2002)
xīnlǐ 心理 (5.1055)
xīnlíng 心灵[心靈] (6.2003)
xīnqíng 心情 (4.477)
xīntài 心态[心態] (6.2004)
xīnténg 心疼 (6.2005)
xīnxuè 心血 (6.2006)
xīnyǎnr 心眼儿[心眼兒] (6.2007)
xīnzàng 心脏[心臟] (5.1056)
xīn 新 (2.118)
xīnchéndàixiè 新陈代谢[新陳代謝] (6.2008)
xīnláng 新郎 (6.2009)
xīnniáng 新娘 (6.2010)
xīnwén 新闻[新聞] (3.245)
xīnxiān 新鲜[新鮮] (3.246)
xīnyǐng 新颖[新穎] (6.2011)
xīnshǎng 欣赏[欣賞] (5.1057)
xīnwèi 欣慰 (6.2012)
xīnxīnxiàngróng 欣欣向荣[欣欣向榮] (6.2013)
xīnshuǐ 薪水 (6.2014)
xīnkǔ 辛苦 (4.478)
xīnqín 辛勤 (6.2015)
xìnfēng 信封 (4.479)
xìnhào 信号[信號] (5.1058)
xìnlài 信赖[信賴] (6.2016)
xìnniàn 信念 (6.2017)
xìnrèn 信任 (5.1059)
xìnxī 信息 (4.480)
xìnxīn 信心 (4.481)
xìnyǎng 信仰 (6.2018)
xìnyòngkǎ 信用卡 (3.247)
xìnyù 信誉[信譽] (6.2019)
xīngfèn 兴奋[興奮] (4.482)
xīnggāocǎiliè 兴高采烈[興高采烈] (6.2020)

Xīnglóng 兴隆[興隆] (6.2021)
xīngwàng 兴旺[興旺] (6.2022)
xīngqī 星期 (1.126)
xīng 腥 (6.2023)
xíngshì 刑事 (6.2024)
xíngchéng 形成 (5.1060)
xíngróng 形容 (5.1061)
xíngshì 形势[形勢] (5.1062)
xíngshì 形式 (5.1063)
xíngtài 形态[形態] (6.2025)
xíngxiàng 形象 (5.1064)
xíngzhuàng 形状[形狀] (5.1065)
xíng 行 (4.483)
xíngdòng 行动[行動] (5.1066)
xínglixiāng 行李箱 (3.248)
xíngrén 行人 (5.1067)
xíngwéi 行为[行為] (5.1068)
xíngzhèng 行政 (6.2026)
xǐng 醒 (4.484)
xìngzhìbóbó 兴致勃勃[興致勃勃] (6.2027)
xìng 姓 (2.119)
xìngfú 幸福 (4.485)
xìngkuī 幸亏[幸虧] (5.1069)
xìngyùn 幸运[幸運] (5.1070)
xìngbié 性别[性別] (4.486)
xìnggǎn 性感 (6.2028)
xìnggé 性格 (4.487)
xìngmìng 性命 (6.2029)
xìngnéng 性能 (6.2030)
xìngzhì 性质[性質] (5.1071)
xiōngdì 兄弟 (5.1072)
xiōngè 凶恶[凶惡] (6.2031)
xiōngshǒu 凶手 (6.2032)
xiōngyǒng 汹涌[洶湧] (6.2033)
xiōng 胸 (5.1073)
xiōnghuái 胸怀[胸懷] (6.2034)
xiōngtáng 胸膛 (6.2035)
xióngmāo 熊猫[熊貓] (3.249)
xiónghòu 雄厚 (6.2036)
xióngwěi 雄伟[雄偉] (6.2037)
xiūxi 休息 (2.120)
xiūxián 休闲[休閑] (5.1074)
xiūfù 修复[修複] (6.2038)
xiūgǎi 修改 (5.1075)
xiūjiàn 修建 (6.2039)
xiūlǐ 修理 (4.488)
xiūyǎng 修养[修養] (6.2040)
xiūchǐ 羞耻[羞恥] (6.2041)
xiùjué 嗅觉[嗅覺] (6.2042)
xiù 绣[繡] (6.2043)
xūjiǎ 虚假[虛假] (6.2044)
xūróng 虚荣[虛榮] (6.2045)
xūwěi 虚伪[虛偽] (6.2046)
xūxīn 虚心[虛心] (5.1076)

xūqiú 需求 (6.2047)
xūyào 需要 (3.250)
xūzhī 须知[須知] (6.2048)
xǔduō 许多[許多] (4.489)
xǔkě 许可[許可] (6.2049)
xùshù 叙述[敘述] (5.1077)
xùyán 序言 (6.2050)
xùmù 畜牧 (6.2051)
xùjiǔ 酗酒 (6.2052)
xuānhuá 喧哗[喧嘩] (6.2053)
xuānbù 宣布 (5.1078)
xuānchuán 宣传[宣傳] (5.1079)
xuānshì 宣誓 (6.2054)
xuānyáng 宣扬[宣揚] (6.2055)
xuánguà 悬挂[懸掛] (6.2056)
xuánniàn 悬念[懸念] (6.2057)
xuánshū 悬殊[懸殊] (6.2058)
xuányáqiàobì 悬崖峭壁[懸崖峭壁] (6.2059)
xuánlǜ 旋律 (6.2060)
xuánzhuǎn 旋转[旋轉] (6.2061)
xuǎnbá 选拔[選拔] (6.2062)
xuǎnjǔ 选举[選舉] (6.2063)
xuǎnshǒu 选手[選手] (6.2064)
xuǎnzé 选择[選擇] (3.251)
xuànyào 炫耀 (6.2065)
xuē 削 (6.2066)
xuēruò 削弱 (6.2067)
xuélì 学历[學曆] (5.1080)
xuéqī 学期[學期] (4.490)
xuésheng 学生[學生] (1.127)
xuéshù 学术[學術] (5.1081)
xuéshuō 学说[學說] (6.2068)
xuéwèi 学位[學位] (6.2069)
xuéwèn 学问[學問] (5.1082)
xuéxí 学习[學習] (1.128)
xuéxiào 学校[學校] (1.129)
xuě 雪 (2.121)
xuěshàngjiāshuāng 雪上加霜 (6.2070)
xuè 血 (5.1083)
xuèyā 血压[血壓] (6.2071)
xūntáo 熏陶 (6.2072)
xúnmì 寻觅[尋覓] (6.2073)
xúnzhǎo 寻找[尋找] (5.1084)
xúnluó 巡逻[巡邏] (6.2074)
xúnhuán 循环[循環] (6.2075)
xúnxùjiànjìn 循序渐进[循序漸進] (6.2076)
xúnwèn 询问[詢問] (5.1085)
xùnliàn 训练[訓練] (5.1086)
xùnsù 迅速 (5.1087)

Y

ya 呀 (4.491)
yālì 压力[壓力] (4.492)
yāpò 压迫[壓迫] (6.2077)

INDEX

yāsuìqián 压岁钱[壓歲錢] (6.2078)
yāsuō 压缩[壓縮] (6.2079)
yāyì 压抑[壓抑] (6.2080)
yāzhà 压榨[壓榨] (6.2081)
yāzhì 压制[壓制] (6.2082)
yājīn 押金 (5.1088)
yāquèwúshēng 鸦雀无声[鴉雀無聲] (6.2083)
yáchǐ 牙齿[牙齒] (5.1089)
yágāo 牙膏 (4.493)
yàjūn 亚军[亞軍] (6.2084)
Yàzhōu 亚洲[亞洲] (4.494)
yānmò 淹没[淹沒] (6.2085)
yānhuābàozhú 烟花爆竹[煙花爆竹] (6.2086)
yánjùn 严峻[嚴峻] (6.2087)
yángé 严格[嚴格] (4.495)
yánhán 严寒[嚴寒] (6.2088)
yánjìn 严禁[嚴禁] (6.2089)
yánlì 严厉[嚴厲] (6.2090)
yánmì 严密[嚴密] (6.2091)
yánsù 严肃[嚴肅] (5.1090)
yánzhòng 严重[嚴重] (4.496)
yánshí 岩石 (6.2092)
yáncháng 延长[延長] (5.1091)
yánqī 延期 (6.2093)
yánshēn 延伸 (6.2094)
yánxù 延续[延續] (6.2095)
yánhǎi 沿海 (6.2096)
yánrè 炎热[炎熱] (6.2097)
yán 盐[鹽] (4.497)
yánjiū 研究 (4.498)
yánlùn 言论[言論] (6.2098)
yánsè 颜色[顏色] (2.122)
yǎngài 掩盖[掩蓋] (6.2099)
yǎnhù 掩护[掩護] (6.2100)
yǎnshì 掩饰[掩飾] (6.2101)
yǎnbiàn 演变[演變] (6.2102)
yǎnchū 演出 (4.499)
yǎnjiǎng 演讲[演講] (5.1092)
yǎnxí 演习[演習] (6.2103)
yǎnyì 演绎[演繹] (6.2104)
yǎnyuán 演员[演員] (4.500)
yǎnzòu 演奏 (6.2105)
yǎnguāng 眼光 (6.2106)
yǎnjing 眼睛 (2.123)
yǎnjìng 眼镜[眼鏡] (4.501)
yǎnsè 眼色 (6.2107)
yǎnshén 眼神 (6.2108)
yànwù 厌恶[厭惡] (6.2109)
yànhuì 宴会[宴會] (5.1093)
yànshōu 验收[驗收] (6.2110)
yànzhèng 验证[驗證] (6.2111)
yángròu 羊肉 (2.124)
yángguāng 阳光[陽光] (4.502)

yángtái 阳台[陽台] (5.1094)
yǎngchéng 养成[養成] (4.503)
yǎngqì 氧气[氧氣] (6.2112)
yǎng 痒[癢] (5.1095)
yàngpǐn 样品[樣品] (6.2113)
yàngshì 样式[樣式] (5.1096)
yàngzi 样子[樣子] (4.504)
yāo 腰 (5.1097)
yāoqiú 要求 (3.252)
yāoqǐng 邀请[邀請] (4.505)
yáo 摇[搖] (5.1098)
yáobǎi 摇摆[搖擺] (6.2114)
yáogǔn 摇滚[搖滾] (6.2115)
yáoyán 谣言[謠言] (6.2116)
yáokòng 遥控[遙控] (6.2117)
yáoyuǎn 遥远[遙遠] (6.2118)
yǎo 咬 (5.1099)
yàoyǎn 耀眼 (6.2119)
yào 药[藥] (2.125)
yào 要 (2.126)
yàobù 要不 (5.1100)
yàodiǎn 要点[要點] (6.2120)
yàomìng 要命 (6.2121)
yàoshi 要是 (4.506)
yàosù 要素 (6.2122)
yàoshi 钥匙[鑰匙] (4.507)
yéye 爷爷[爺爺] (3.253)
yě 也 (2.127)
yěxǔ 也许[也許] (4.508)
yěmán 野蛮[野蠻] (6.2123)
yěxīn 野心 (6.2124)
yèwù 业务[業務] (5.1101)
yèyú 业余[業餘] (5.1102)
yèzi 叶子[葉子] (4.509)
yè 夜 (5.1103)
yètǐ 液体[液體] (6.2125)
yè 页[頁] (4.510)
yī 一 (1.130)
yīdiǎn er 一点儿[一點兒] (1.131)
yīliú 一流 (6.2126)
yīqiè 一切 (4.511)
yīrújìwǎng 一如既往 (6.2127)
yīxià 一下 (2.128)
yīzhí 一直 (3.254)
yījiù 依旧[依舊] (6.2128)
yījù 依据[依據] (6.2129)
yīkào 依靠 (6.2130)
yīlài 依赖[依賴] (6.2131)
yīrán 依然 (5.1104)
yītuō 依托 (6.2132)
yīshēng 医生[醫生] (1.132)
yīyuàn 医院[醫院] (1.133)
yīfu 衣服 (1.134)
yīshang 衣裳 (6.2133)
yíbèizi 一辈子[一輩子] (5.1105)

yídàn 一旦 (5.1106)
yídìng 一定 (3.255)
yídù 一度 (6.2134)
yígòng 一共 (3.256)
yíguàn 一贯[一貫] (6.2135)
yíhuìr 一会儿[一會兒] (3.257)
yílǜ 一律 (5.1107)
yímùliǎorán 一目了然 (6.2136)
yíxiàng 一向 (6.2137)
yíyàng 一样[一樣] (3.258)
yízài 一再 (5.1108)
yízhì 一致 (5.1109)
yíqì 仪器[儀器] (6.2138)
yíshì 仪式[儀式] (6.2139)
yíhuò 疑惑 (6.2140)
yíwèn 疑问[疑問] (5.1110)
yídòng 移动[移動] (5.1111)
yímín 移民 (5.1112)
yíchǎn 遗产[遺產] (6.2141)
yíchuán 遗传[遺傳] (6.2142)
yíhàn 遗憾[遺憾] (5.1113)
yíliú 遗留[遺留] (6.2143)
yíshī 遗失[遺失] (6.2144)
yǐ 乙 (5.1114)
yǐ 以 (4.512)
yǐbiàn 以便 (6.2145)
yǐjí 以及 (5.1115)
yǐlái 以来[以來] (5.1116)
yǐmiǎn 以免 (6.2146)
yǐqián 以前 (3.259)
yǐwǎng 以往 (6.2147)
yǐwéi 以为[以為] (4.513)
yǐzhì 以至 (6.2148)
yǐzhì 以致 (6.2149)
yǐjīng 已经[已經] (2.129)
yǐzi 椅子 (1.135)
yìbān 一般 (3.260)
yìbiān 一边[一邊] (3.261)
yìfānfēngshùn 一帆风顺[一帆風順] (6.2150)
yìjǔliǎngdé 一举两得[一舉兩得] (6.2151)
yìqǐ 一起 (2.130)
yìsībùgǒu 一丝不苟[一絲不苟] (6.2152)
yìwù 义务[義務] (5.1117)
yì 亦 (6.2153)
yì 亿[億] (5.1118)
yìcháng 异常[異常] (6.2154)
yìjiàn 意见[意見] (4.514)
yìliào 意料 (6.2155)
yìshí 意识[意識] (6.2156)
yìsi 意思 (2.131)
yìtú 意图[意圖] (6.2157)
yìwài 意外 (5.1119)
yìwèizhe 意味着[意味著] (6.2158)
yìxiàng 意向 (6.2159)

INDEX

yìyì 意义[意義] (5.1120)
yìzhì 意志 (6.2160)
yìlì 毅力 (6.2161)
yìrán 毅然 (6.2162)
yì 翼 (6.2163)
yìshù 艺术[藝術] (4.515)
yìlùn 议论[議論] (5.1121)
yīncǐ 因此 (4.516)
yīnér 因而 (5.1122)
yīnsù 因素 (5.1123)
yīnwèi...suǒyǐ... 因为...所以...[因為 ..所以...] (2.132)
yīn 阴[陰] (2.133)
yīnmóu 阴谋[陰謀] (6.2164)
yīnxiǎng 音响[音響] (6.2165)
yīnyuè 音乐[音樂] (3.262)
yín 银[銀] (5.1124)
yínháng 银行[銀行] (3.263)
yǐndǎo 引导[引導] (6.2166)
yǐnqǐ 引起 (4.517)
yǐnqíng 引擎 (6.2167)
yǐnyòng 引用 (6.2168)
yǐnbì 隐蔽[隱蔽] (6.2169)
yǐnhuàn 隐患[隱患] (6.2170)
yǐnmán 隐瞒[隱瞞] (6.2171)
yǐnsī 隐私[隱私] (6.2172)
yǐnyuē 隐约[隱約] (6.2173)
yǐnliào 饮料[飲料] (3.264)
yǐnshí 饮食[飲食] (6.2174)
yìnshuā 印刷 (5.1125)
yìnxiàng 印象 (4.518)
yīngér 婴儿[嬰兒] (6.2175)
yīnggāi 应该[應該] (3.265)
yīngjùn 英俊 (5.1126)
yīngmíng 英明 (6.2176)
yīngxióng 英雄 (5.1127)
yīngyǒng 英勇 (6.2177)
yínglì 盈利 (6.2178)
yíngyǎng 营养[營養] (5.1128)
yíngyè 营业[營業] (5.1129)
yíng 赢[贏] (4.519)
yíngjiē 迎接 (5.1130)
yíngmiàn 迎面 (6.2179)
yǐngxiǎng 影响[影響] (3.266)
yǐngzi 影子 (5.1131)
yìngchou 应酬[應酬] (6.2180)
yìngfu 应付[應付] (5.1132)
yìngpìn 应聘[應聘] (4.520)
yìngyāo 应邀[應邀] (6.2181)
yìngyòng 应用[應用] (5.1133)
yìng 硬 (5.1134)
yìngjiàn 硬件 (5.1135)
yōngsú 庸俗 (6.2182)
yōngbào 拥抱[擁抱] (5.1136)
yōnghù 拥护[擁護] (6.2183)
yōngjǐ 拥挤[擁擠] (5.1137)
yōngyǒu 拥有[擁有] (6.2184)
yǒnggǎn 勇敢 (4.521)
yǒngqì 勇气[勇氣] (5.1138)
yǒngyú 勇于 (6.2185)
yǒnghéng 永恒 (6.2186)
yǒngyuǎn 永远[永遠] (4.522)
yǒngxiàn 涌现[湧現] (6.2187)
yǒngyuè 踊跃[踴躍] (6.2188)
yòng 用 (3.267)
yònggōng 用功 (5.1139)
yònghù 用户[用戶] (6.2189)
yòngtú 用途 (5.1140)
yōudiǎn 优点[優點] (4.523)
yōuhuì 优惠[優惠] (5.1141)
yōuměi 优美[優美] (5.1142)
yōushènglièètài 优胜劣汰[優勝劣汰] (6.2190)
yōushì 优势[優勢] (5.1143)
yōuxiān 优先[優先] (6.2191)
yōuxiù 优秀[優秀] (4.524)
yōuyì 优异[優異] (6.2192)
yōuyuè 优越[優越] (6.2193)
yōumò 幽默 (4.525)
yōuyù 忧郁[憂郁] (6.2194)
yōujiǔ 悠久 (5.1144)
yóuqí 尤其 (4.526)
yóunì 油腻[油膩] (6.2195)
yóuqī 油漆 (6.2196)
yóuzhá 油炸 (5.1145)
yóulǎn 游览[遊覽] (5.1146)
yóuxì 游戏[遊戲] (3.268)
yóuyǒng 游泳[遊泳] (2.134)
yóurú 犹如[猶如] (6.2197)
yóuyù 犹豫[猶豫] (5.1147)
yóu 由 (4.527)
yóuyú 由于 (4.528)
yóujú 邮局[郵局] (4.529)
yǒuhǎo 友好 (4.530)
yǒuyì 友谊[友誼] (4.531)
yǒu 有 (1.136)
yǒulì 有利 (5.1148)
yǒumíng 有名 (3.269)
yǒuqù 有趣 (4.532)
yǒutiáobùwěn 有条不紊[有條不紊] (6.2198)
yòu 又 (3.270)
yòubian 右边[右邊] (2.135)
yòuéryuán 幼儿园[幼兒園] (5.1149)
yòuzhì 幼稚 (6.2199)
yòuhuò 诱惑[誘惑] (6.2200)
yúshì 于是 (4.533)
yúlè 娱乐[娛樂] (5.1150)
yúkuài 愉快 (4.534)
yúchǔn 愚蠢 (6.2201)
yúmèi 愚昧 (6.2202)
yúmín 渔民[漁民] (6.2203)
yúlùn 舆论[輿論] (6.2204)
yú 鱼[魚] (2.136)
yǔ 与[與] (4.535)
yǔqí 与其[與其] (5.1151)
yǔrìjùzēng 与日俱增[與日俱增] (6.2205)
yǔzhòu 宇宙 (6.2206)
yǔmáoqiú 羽毛球 (4.536)
yǔróngfú 羽绒服[羽絨服] (6.2207)
yǔfǎ 语法[語法] (4.537)
yǔqì 语气[語氣] (5.1152)
yǔyán 语言[語言] (4.538)
yùyán 寓言 (6.2208)
yù 愈 (6.2209)
yùwàng 欲望 (6.2210)
yù 熨 (6.2211)
yù 玉 (6.2212)
yùmǐ 玉米 (5.1153)
yùdào 遇到 (3.271)
yùbào 预报[預報] (5.1154)
yùdìng 预订[預訂] (5.1155)
yùfáng 预防[預防] (5.1156)
yùliào 预料[預料] (6.2213)
yùqī 预期[預期] (6.2214)
yùsuàn 预算[預算] (6.2215)
yùxí 预习[預習] (4.539)
yùxiān 预先[預先] (6.2216)
yùyán 预言[預言] (6.2217)
yùzhào 预兆[預兆] (6.2218)
yuānwang 冤枉 (6.2219)
yuán 元 (3.272)
yuándàn 元旦 (5.1157)
yuánshǒu 元首 (6.2220)
yuánsù 元素 (6.2221)
Yuánxiāojié 元宵节[元宵節] (6.2222)
yuángào 原告 (6.2223)
yuánlái 原来[原來] (4.540)
yuánlǐ 原理 (6.2224)
yuánliàng 原谅[原諒] (4.541)
yuánliào 原料 (5.1158)
yuánshǐ 原始 (6.2225)
yuánxiān 原先 (6.2226)
yuányīn 原因 (4.542)
yuánzé 原则[原則] (5.1159)
yuángōng 员工[員工] (5.1160)
yuánlín 园林[園林] (6.2227)
yuán 圆[圓] (5.1161)
yuánmǎn 圆满[圓滿] (6.2228)
yuánquán 源泉 (6.2229)
yuángù 缘故[緣故] (6.2230)
yuǎn 远[遠] (2.137)
yuànwàng 愿望[願望] (5.1162)
yuànyì 愿意[願意] (3.273)
yuēhuì 约会[約會] (4.543)

INDEX

yuēshù 约束[約束] (6.2231)
yuèpǔ 乐谱[樂譜] (6.2232)
yuèqì 乐器[樂器] (5.1163)
yuèmǔ 岳母[嶽母] (6.2233)
yuè 月 (1.137)
yuèliang 月亮 (3.274)
yuè 越 (3.275)
yuèdú 阅读[閱讀] (4.544)
yūn 晕[暈] (5.1164)
yún 云[雲] (4.545)
yǔnxǔ 允许[允許] (4.546)
yùnyù 孕育 (6.2234)
yùncáng 蕴藏[蘊藏] (6.2235)
yùndòng 运动[運動] (2.138)
yùnqi 运气[運氣] (5.1165)
yùnshū 运输[運輸] (5.1166)
yùnsuàn 运算[運算] (6.2236)
yùnxíng 运行[運行] (6.2237)
yùnyòng 运用[運用] (5.1167)
yùnniàng 酝酿[醞釀] (6.2238)

Z

zájì 杂技[雜技] (6.2239)
zájiāo 杂交[雜交] (6.2240)
zázhì 杂志[雜志] (4.547)
zá 砸 (6.2241)
zǎ 咋 (6.2242)
zāipéi 栽培 (6.2243)
zāihài 灾害[災害] (5.1168)
zāinàn 灾难[災難] (6.2244)
zǎi 宰 (6.2245)
zài 再 (2.139)
zàijiàn 再见[再見] (1.138)
zàijiēzàilì 再接再厉[再接再厲] (6.2246)
zàisān 再三 (5.1169)
zài 在 (1.139)
zàihu 在乎 (5.1170)
zàiyì 在意 (6.2247)
zàiyú 在于 (5.1171)
zánmen 咱们[咱們] (4.548)
zǎn 攒[攢] (6.2248)
zànqiě 暂且[暫且] (6.2249)
zànshí 暂时[暫時] (4.549)
zànchéng 赞成[贊成] (5.1172)
zànměi 赞美[贊美] (5.1173)
zàntàn 赞叹[贊歎] (6.2250)
zànzhù 赞助[贊助] (6.2251)
zāng 脏[髒] (4.550)
zāogāo 糟糕 (5.1174)
zāotà 糟蹋 (6.2252)
zāoshòu 遭受 (6.2253)
zāoyāng 遭殃 (6.2254)
zāoyù 遭遇 (6.2255)
zǎoshang 早上 (2.140)
zàoyīn 噪音 (6.2256)
zàochéng 造成 (5.1175)

zàoxíng 造型 (6.2257)
zé 则[則] (5.1176)
zébèi 责备[責備] (5.1177)
zéguài 责怪[責怪] (6.2258)
zérèn 责任[責任] (4.551)
zéi 贼[賊] (6.2259)
zěnme 怎么[怎麼] (1.140)
zěnmeyàng 怎么样[怎麼樣] (1.141)
zēngjiā 增加 (4.552)
zēngtiān 增添 (6.2260)
zèngsòng 赠送[贈送] (6.2261)
zhā 扎[紮] (6.2262)
zhāshi 扎实[紮實] (6.2263)
zhā 渣 (6.2264)
zhǎ 眨 (6.2265)
zhàpiàn 诈骗[詐騙] (6.2266)
zhāi 摘 (5.1178)
zhāiyào 摘要 (6.2267)
zhǎi 窄 (5.1179)
zhàiquàn 债券[債券] (6.2268)
zhānguāng 沾光 (6.2269)
zhānyǎng 瞻仰 (6.2270)
zhāntiē 粘贴[粘貼] (5.1180)
zhǎnkāi 展开[展開] (5.1181)
zhǎnlǎn 展览[展覽] (5.1182)
zhǎnshì 展示 (6.2271)
zhǎnwàng 展望 (6.2272)
zhǎnxiàn 展现[展現] (6.2273)
zhǎnxīn 崭新[嶄新] (6.2274)
zhǎndīngjiétiě 斩钉截铁[斬釘截鐵] (6.2275)
zhàn 占 (5.1183)
zhànjù 占据[佔據] (6.2276)
zhànlǐng 占领[佔領] (6.2277)
zhànxiàn 占线[佔線] (4.553)
zhàndòu 战斗[戰鬥] (6.2278)
zhànlvè 战略[戰略] (6.2279)
zhànshù 战术[戰術] (6.2280)
zhànyì 战役[戰役] (6.2281)
zhànzhēng 战争[戰爭] (5.1184)
zhàn 站 (3.276)
zhāng 张[張] (3.277)
zhāngchéng 章程 (6.2282)
zhǎngwò 掌握 (5.1185)
zhǎng 涨[漲] (5.1186)
zhǎng 长[長] (3.278)
zhǎngbèi 长辈[長輩] (5.1187)
zhàngfu 丈夫 (2.141)
zhàngpeng 帐篷[帳篷] (6.2283)
zhànghù 账户[賬戶] (5.1188)
zhàngài 障碍[障礙] (6.2284)
zhāobiāo 招标[招標] (6.2285)
zhāodài 招待 (5.1189)
zhāopìn 招聘 (4.554)
zhāoshōu 招收 (6.2286)

zhāoqìpéngbó 朝气蓬勃[朝氣蓬勃] (6.2287)
zháohuǒ 着火[著火] (5.1190)
zháojí 着急[著急] (3.279)
zháoliáng 着凉[著涼] (5.1191)
zháomí 着迷[著迷] (6.2288)
zhǎo 找 (2.142)
zhǎozé 沼泽[沼澤] (6.2289)
zhàokāi 召开[召開] (5.1192)
zhào 照 (4.555)
zhàocháng 照常 (5.1193)
zhàogu 照顾[照顧] (3.280)
zhàopiàn 照片 (3.281)
zhàoxiàngjī 照相机[照相機] (3.282)
zhàoyàng 照样[照樣] (6.2290)
zhàoyào 照耀 (6.2291)
zhe 着[著] (2.143)
zhēteng 折腾[折騰] (6.2292)
zhēdǎng 遮挡[遮擋] (6.2293)
zhéxué 哲学[哲學] (5.1194)
zhé 折 (6.2294)
zhémó 折磨 (6.2295)
zhè 这[這] (1.142)
zhēntàn 侦探[偵探] (6.2296)
zhēnzhuó 斟酌 (6.2297)
zhēnguì 珍贵[珍貴] (6.2298)
zhēnxī 珍惜 (5.1195)
zhēnxī 珍稀 (6.2299)
zhēnzhū 珍珠 (6.2300)
zhēn 真 (2.144)
zhēnlǐ 真理 (6.2301)
zhēnshí 真实[真實] (5.1196)
zhēnxiàng 真相 (6.2302)
zhēnzhèng 真正 (4.556)
zhēnzhì 真挚[真摯] (6.2303)
zhēnduì 针对[針對] (5.1197)
zhěntou 枕头[枕頭] (6.2304)
zhěnduàn 诊断[診斷] (5.1198)
zhèndòng 振动[振動] (5.1199)
zhènfèn 振奋[振奮] (6.2305)
zhènxīng 振兴[振興] (6.2306)
zhèndìng 镇定[鎮定] (6.2307)
zhènjìng 镇静[鎮靜] (6.2308)
zhèn 阵[陣] (5.1200)
zhèndì 阵地[陣地] (6.2309)
zhènróng 阵容[陣容] (6.2310)
zhènhàn 震撼 (6.2311)
zhènjīng 震惊[震驚] (6.2312)
zhēngduān 争端[爭端] (6.2313)
zhēngduó 争夺[爭奪] (6.2314)
zhēnglùn 争论[爭論] (5.1201)
zhēngqì 争气[爭氣] (6.2315)
zhēngqǔ 争取[爭取] (5.1202)
zhēngxiānkǒnghòu 争先恐后[爭先恐後] (6.2316)

INDEX

zhēngyì 争议[爭議] (6.2317)
zhēngfú 征服 (6.2318)
zhēngqiú 征求 (5.1203)
zhēngshōu 征收 (6.2319)
zhēng 挣[掙] (5.1204)
zhēngzhá 挣扎[掙紮] (6.2320)
zhēngyuè 正月 (6.2321)
zhēng 睁[睜] (5.1205)
zhēngfā 蒸发[蒸發] (6.2322)
zhěngdùn 整顿[整頓] (6.2323)
zhěnggè 整个[整個] (5.1206)
zhěnglǐ 整理 (4.557)
zhěngqí 整齐[整齊] (5.1207)
zhěngtǐ 整体[整體] (5.1208)
zhèngcè 政策 (6.2324)
zhèngfǔ 政府 (5.1209)
zhèngquán 政权[政權] (6.2325)
zhèngzhì 政治 (5.1210)
zhèng 正 (5.1211)
zhèngcháng 正常 (4.558)
zhèngdāng 正当[正當] (6.2326)
zhèngfù 正负[正負] (6.2327)
zhèngguī 正规[正規] (6.2328)
zhènghǎo 正好 (4.559)
zhèngjing 正经[正經] (6.2329)
zhèngqì 正气[正氣] (6.2330)
zhèngquè 正确[正確] (4.560)
zhèngshì 正式 (4.561)
zhèngyì 正义[正義] (6.2331)
zhèngzài 正在 (2.145)
zhèngzōng 正宗 (6.2332)
zhèngzhuàng 症状[症狀] (6.2333)
zhèngjiàn 证件[證件] (5.1212)
zhèngjù 证据[證據] (5.1213)
zhèngmíng 证明[證明] (4.562)
zhèngshí 证实[證實] (6.2334)
zhèngshū 证书[證書] (6.2335)
zhèngzhòng 郑重[鄭重] (6.2336)
zhī 之 (4.563)
zhī jì 之际[之際] (6.2337)
zhī 支 (5.1214)
zhīchēng 支撑[支撐] (6.2338)
zhīchí 支持 (4.564)
zhīchū 支出 (6.2339)
zhīliú 支流 (6.2340)
zhīpèi 支配 (6.2341)
zhīpiào 支票 (5.1215)
zhīyuán 支援 (6.2342)
zhīzhù 支柱 (6.2343)
zhī 枝 (6.2344)
zhīdào 知道 (2.146)
zhījué 知觉[知覺] (6.2345)
zhīshi 知识[知識] (4.565)
zhīzúchánglè 知足常乐[知足常樂] (6.2346)

zhīfáng 脂肪 (6.2347)
zhízi 侄子 (6.2348)
zhíbān 值班 (6.2349)
zhíde 值得 (4.566)
zhíxíng 执行[執行] (6.2350)
zhízhào 执照[執照] (5.1216)
zhízhuó 执着[執著] (6.2351)
zhíwù 植物 (4.567)
zhímíndì 殖民地 (6.2352)
zhí 直 (5.1217)
zhíbō 直播 (6.2353)
zhíjiē 直接 (4.568)
zhíjìng 直径[直徑] (6.2354)
zhínéng 职能[職能] (6.2355)
zhíwèi 职位[職位] (6.2356)
zhíwù 职务[職務] (6.2357)
zhíyè 职业[職業] (4.569)
zhǐ 只 (3.283)
zhī 只 (3.284)
zhǐhǎo 只好 (4.570)
zhǐyào 只要 (4.571)
zhǐyǒu...cái... 只有...才... (3.285)
zhǐ 指 (4.572)
zhǐbiāo 指标[指標] (6.2358)
zhǐdǎo 指导[指導] (5.1218)
zhǐdìng 指定 (6.2359)
zhǐhuī 指挥[指揮] (5.1219)
zhǐjia 指甲 (6.2360)
zhǐlìng 指令 (6.2361)
zhǐnánzhēn 指南针[指南針] (6.2362)
zhǐshì 指示 (6.2363)
zhǐwàng 指望 (6.2364)
zhǐzé 指责[指責] (6.2365)
zhìcái 制裁 (6.2366)
zhìdìng 制定 (5.1220)
zhìdù 制度 (5.1221)
zhìfú 制服 (6.2367)
zhìyuē 制约[制約] (6.2368)
zhìzào 制造 (5.1222)
zhìzhǐ 制止 (6.2369)
zhìzuò 制作 (5.1223)
zhìqì 志气[志氣] (6.2370)
zhìyuànzhě 志愿者[志願者] (5.1224)
zhìhuì 智慧 (5.1225)
zhìlì 智力 (6.2371)
zhìnéng 智能 (6.2372)
zhìshāng 智商 (6.2373)
zhì'ān 治安 (6.2374)
zhìlǐ 治理 (6.2375)
zhìliáo 治疗[治療] (5.1226)
zhìliú 滞留[滯留] (6.2376)
zhìxù 秩序 (5.1227)
zhìjīn 至今 (5.1228)
zhìshǎo 至少 (4.573)
zhìyú 至于 (5.1229)

zhìcí 致辞[致辭] (6.2377)
zhìlì 致力 (6.2378)
zhìshǐ 致使 (6.2379)
zhìliàng 质量[質量] (4.574)
zhōngduàn 中断[中斷] (6.2380)
Zhōngguó 中国[中國] (1.143)
zhōngjiān 中间[中間] (3.286)
zhōngjiè 中介 (5.1230)
zhōnglì 中立 (6.2381)
Zhōngwén 中文 (3.287)
zhōngwǔ 中午 (1.144)
zhōngxīn 中心 (5.1231)
zhōngxún 中旬 (5.1232)
zhōngyāng 中央 (6.2382)
zhōngchéng 忠诚[忠誠] (6.2383)
zhōngshí 忠实[忠實] (6.2384)
zhōngdiǎn 终点[終點] (6.2385)
zhōngjiū 终究[終究] (6.2386)
zhōngshēn 终身[終身] (6.2387)
zhōngyú 终于[終于] (3.288)
zhōngzhǐ 终止[終止] (6.2388)
zhōngxīn 衷心 (6.2389)
zhǒng 种[種] (3.289)
zhǒnglèi 种类[種類] (5.1233)
zhǒngzi 种子[種子] (6.2390)
zhǒngzú 种族[種族] (6.2391)
zhǒngliú 肿瘤[腫瘤] (6.2392)
zhòngsuǒzhōuzhī 众所周知[衆所周知] (6.2393)
zhòngzhí 种植[種植] (6.2394)
zhòng 重 (4.575)
zhòngdà 重大 (5.1234)
zhòngdiǎn 重点[重點] (4.576)
zhòngliàng 重量 (5.1235)
zhòngshì 重视[重視] (4.577)
zhòngxīn 重心 (6.2395)
zhòngyào 重要 (3.290)
zhōubiān 周边[周邊] (6.2396)
zhōudao 周到 (5.1236)
zhōumì 周密 (6.2397)
zhōumò 周末 (3.291)
zhōunián 周年 (6.2398)
zhōuqī 周期 (6.2399)
zhōuwéi 周围[周圍] (4.578)
zhōuzhé 周折 (6.2400)
zhōuzhuǎn 周转[周轉] (6.2401)
zhōu 州 (6.2402)
zhōu 粥 (6.2403)
zhōu 舟 (6.2404)
zhòuyè 昼夜[晝夜] (6.2405)
zhòuwén 皱纹[皺紋] (6.2406)
zhū 株 (6.2407)
zhū 猪[豬] (5.1237)
zhūwèi 诸位[諸位] (6.2408)
zhúzi 竹子 (5.1238)

INDEX

zhúbù 逐步 (5.1239)
zhújiàn 逐渐[逐漸] (5.1240)
zhúnián 逐年 (6.2409)
zhǔbàn 主办[主辦] (6.2410)
zhǔchí 主持 (5.1241)
zhǔdǎo 主导[主導] (6.2411)
zhǔdòng 主动[主動] (5.1242)
zhǔguān 主观[主觀] (5.1243)
zhǔguǎn 主管 (6.2412)
zhǔliú 主流 (6.2413)
zhǔquán 主权[主權] (6.2414)
zhǔrén 主人 (5.1244)
zhǔrèn 主任 (5.1245)
zhǔtí 主题[主題] (5.1246)
zhǔxí 主席 (5.1247)
zhǔyào 主要 (3.292)
zhǔyi 主意 (4.579)
zhǔyì 主义[主義] (6.2415)
zhǔzhāng 主张[主張] (5.1248)
zhǔfù 嘱咐[囑咐] (6.2416)
zhǔ 拄 (6.2417)
zhǔ 煮 (5.1249)
zhù 住 (1.145)
zhùzhái 住宅 (6.2418)
zhùlǐ 助理 (6.2419)
zhùshǒu 助手 (6.2420)
zhùcè 注册[注冊] (5.1250)
zhùshè 注射 (6.2421)
zhùshì 注视[注視] (6.2422)
zhùshì 注释[注釋] (6.2423)
zhùyì 注意 (3.293)
zhùzhòng 注重 (6.2424)
zhùfú 祝福 (5.1251)
zhùhè 祝贺[祝賀] (4.580)
zhùmíng 著名 (4.581)
zhùzuò 著作 (6.2425)
zhùzào 铸造[鑄造] (6.2426)
zhùzhā 驻扎[駐紮] (6.2427)
zhuā 抓 (5.1252)
zhuājǐn 抓紧[抓緊] (5.1253)
zhuāi 拽 (6.2428)
zhuāncháng 专长[專長] (6.2429)
zhuānchéng 专程[專程] (6.2430)
zhuānjiā 专家[專家] (5.1254)
zhuānlì 专利[專利] (6.2431)
zhuānmén 专门[專門] (4.582)
zhuāntí 专题[專題] (6.2432)
zhuānxīn 专心[專心] (5.1255)
zhuānyè 专业[專業] (4.583)
zhuān 砖[磚] (6.2433)
zhuǎn 转[轉] (4.584)
zhuǎnbiàn 转变[轉變] (5.1256)
zhuǎndá 转达[轉達] (6.2434)
zhuǎngào 转告[轉告] (5.1257)
zhuǎnràng 转让[轉讓] (6.2435)
zhuǎnyí 转移[轉移] (6.2436)
zhuǎnzhé 转折[轉折] (6.2437)
zhuànjì 传记[傳記] (6.2438)
zhuàn 赚[賺] (4.585)
zhuāngjià 庄稼[莊稼] (6.2439)
zhuāngyán 庄严[莊嚴] (6.2440)
zhuāngzhòng 庄重[莊重] (6.2441)
zhuāng 装[裝] (5.1258)
zhuāngbèi 装备[裝備] (6.2442)
zhuāngshì 装饰[裝飾] (5.1259)
zhuāngxiè 装卸[裝卸] (6.2443)
zhuāngxiū 装修[裝修] (5.1260)
zhuàngguān 壮观[壯觀] (6.2444)
zhuànglì 壮丽[壯麗] (6.2445)
zhuàngliè 壮烈[壯烈] (6.2446)
zhuàng 幢 (6.2447)
zhuàng 撞 (5.1261)
zhuàngkuàng 状况[狀況] (5.1262)
zhuàngtài 状态[狀態] (5.1263)
zhuī 追 (5.1264)
zhuīdào 追悼 (6.2448)
zhuījiū 追究 (6.2449)
zhuīqiú 追求 (5.1265)
zhuì 坠[墜] (6.2450)
zhǔnbèi 准备[準備] (2.147)
zhǔnquè 准确[準確] (4.586)
zhǔnshí 准时[準時] (4.587)
zhǔnzé 准则[準則] (6.2451)
zhuōzi 桌子 (1.146)
zhuóyuè 卓越 (6.2452)
zuómó 琢磨 (6.2453)
zhuóshǒu 着手[著手] (6.2454)
zhuóxiǎng 着想[著想] (6.2455)
zhuózhòng 着重[著重] (6.2456)
zīxún 咨询[咨詢] (5.1266)
zīshì 姿势[姿勢] (5.1267)
zītài 姿态[姿態] (6.2457)
zīrùn 滋润[滋潤] (6.2458)
zīwèi 滋味 (6.2459)
zīběn 资本[資本] (6.2460)
zīchǎn 资产[資產] (6.2461)
zīgé 资格[資格] (5.1268)
zījīn 资金[資金] (5.1269)
zīliào 资料[資料] (5.1270)
zīshēn 资深[資深] (6.2462)
zīyuán 资源[資源] (5.1271)
zīzhù 资助[資助] (6.2463)
zǐxì 仔细[仔細] (4.588)
zǐdàn 子弹[子彈] (6.2464)
zǐ 紫 (5.1272)
zì 字 (1.147)
zìmǔ 字母 (5.1273)
zìmù 字幕 (5.1274)
zìbēi 自卑 (6.2465)
zìcóng 自从[自從] (5.1275)
zìdòng 自动[自動] (5.1276)
zìfā 自发[自發] (6.2466)
zìháo 自豪 (5.1277)
zìjǐ 自己 (3.294)
zìjué 自觉[自覺] (5.1278)
zìlìgēngshēng 自力更生 (6.2467)
zìmǎn 自满[自滿] (6.2468)
zìrán 自然 (4.589)
zìsī 自私 (5.1279)
zìxìn 自信 (4.590)
zìxíngchē 自行车[自行車] (3.295)
zìyóu 自由 (5.1280)
zìyuàn 自愿[自願] (5.1281)
zìzhǔ 自主 (6.2469)
zōngjiào 宗教 (6.2470)
zōngzhǐ 宗旨 (6.2471)
zōngsè 棕色 (6.2472)
zōnghé 综合[綜合] (5.1282)
zōngjì 踪迹[蹤迹] (6.2473)
zǒngcái 总裁[總裁] (5.1283)
zǒngéryánzhī 总而言之[總而言之] (6.2474)
zǒnggòng 总共[總共] (5.1284)
zǒnghé 总和[總和] (6.2475)
zǒngjié 总结[總結] (4.591)
zǒnglǐ 总理[總理] (5.1285)
zǒngshì 总是[總是] (3.296)
zǒngsuàn 总算[總算] (5.1286)
zǒngtǒng 总统[總統] (5.1287)
zǒngzhī 总之[總之] (5.1288)
zònghéng 纵横[縱橫] (6.2476)
zǒu 走 (2.148)
zǒuláng 走廊 (6.2477)
zǒulòu 走漏 (6.2478)
zǒusī 走私 (6.2479)
zòu 揍 (6.2480)
zū 租 (4.592)
zūlìn 租赁[租賃] (6.2481)
zúyǐ 足以 (6.2482)
zǔfù 祖父 (6.2483)
zǔguó 祖国[祖國] (6.2484)
zǔxiān 祖先 (6.2485)
zǔ 组[組] (5.1289)
zǔchéng 组成[組成] (5.1290)
zǔhé 组合[組合] (5.1291)
zǔzhī 组织[組織] (5.1292)
zǔài 阻碍[阻礙] (6.2486)
zǔlán 阻拦[阻攔] (6.2487)
zǔnáo 阻挠[阻撓] (6.2488)
zǔzhǐ 阻止 (5.1293)
zuānyán 钻研[鑽研] (6.2489)
zuànshí 钻石[鑽石] (6.2490)
zuǐ 嘴 (3.297)
zuǐchún 嘴唇 (6.2491)
zuì 最 (2.149)

INDEX

zuìchū 最初 (5.1294)
zuìhǎo 最好 (4.593)
zuìhòu 最后[最後] (3.298)
zuìjìn 最近 (3.299)
zuìfàn 罪犯 (6.2492)
zuì 醉 (5.1295)
zūnjìng 尊敬 (5.1296)
zūnyán 尊严[尊嚴] (6.2493)
zūnzhòng 尊重 (4.594)
zūnshǒu 遵守 (5.1297)
zūnxún 遵循 (6.2494)

zuótiān 昨天 (1.148)
zuǒbian 左边[左邊] (2.150)
zuǒyòu 左右 (4.595)
zuòbì 作弊 (6.2495)
zuòfèi 作废[作廢] (6.2496)
zuòfēng 作风[作風] (6.2497)
zuòjiā 作家 (4.596)
zuòpǐn 作品 (5.1298)
zuòwéi 作为[作為] (5.1299)
zuòwén 作文 (5.1300)
zuòxī 作息 (6.2498)

zuòyè 作业[作業] (3.300)
zuòyòng 作用 (4.597)
zuòzhě 作者 (4.598)
zuò 做 (1.149)
zuòzhǔ 做主 (6.2499)
zuò 坐 (1.150)
zuò 座 (4.599)
zuòwèi 座位 (4.600)
zuòyòumíng 座右铭[座右銘] (6.2500)

Online Resources

www.hsk.academy: learn more and test yourself with hanzi, pinyin, audio vocabulary quizzes

facebook.com/hsk.academy: stay tuned and find additional quizzes and information

Copyright © 2016 HSK Academy

All rights reserved

Made in the USA
Coppell, TX
13 November 2023